中國學術思想研究輯刊

十七編

林 慶 彰 主編

第34冊

《寶性論》如來藏思想之研究

廖雅慧 著

花木蘭文化出版社

國家圖書館出版品預行編目資料

《寶性論》如來藏思想之研究／廖雅慧 著 — 初版 — 新北市：
花木蘭文化出版社，2013〔民102〕
目 2+202 面；19×26 公分
（中國學術思想研究輯刊 十七編；第 34 冊）
ISBN：978-986-322-424-2（精裝）
1. 瑜伽部 2. 佛教哲學
030.8 102014824

ISBN-978-986-322-424-2

中國學術思想研究輯刊
十七編 第三四冊 ISBN：978-986-322-424-2

《寶性論》如來藏思想之研究

作 者 廖雅慧
主 編 林慶彰
總 編 輯 杜潔祥
出 版 花木蘭文化出版社
發 行 所 花木蘭文化出版社
發 行 人 高小娟
聯絡地址 235 新北市中和區中安街七二號十三樓
電話：02-2923-1455／傳眞：02-2923-1452
網 址 http://www.huamulan.tw 信箱 sut81518@gmail.com
印 刷 普羅文化出版廣告事業
封面設計 劉開工作室
初 版 2013 年 9 月
定 價 十七編 34 冊（精裝）新台幣 60,000 元

《寶性論》如來藏思想之研究

廖雅慧　著

作者簡介

廖雅慧，現為臺灣師範大學國文研究所博士候選人，華梵大學中文系、嘉義大學中文所碩士班畢業。主修義理之學，研究領域為佛教思想。曾於華梵大學中文系、龍華科技大學、德明財經科技大學兼任講師，擔任中華文化、大一國文、大學閱讀等課程。

提　要

《寶性論》（Ratnagotravibhāga Mahāyānottaratantra śāstra）是大乘佛教中闡述如來藏（tathāgata-garbha）思想的重要論典，與《如來藏經》、《不增不減經》、《勝鬘經》為如來藏思想的「三經一論」，是一本集大成的論典。對於難以言喻的如來藏，《寶性論》給予多種面向的詮解，主要在於直接肯定眾生皆有如來藏，具備成佛的本質，本論文即由《寶性論》如來藏思想的研究，以佛性（buddha-dhātu）隱顯問題之探討為中心，探討眾生雖具有如來藏，卻因客塵染垢遮蔽而隱藏，藉由無明障垢的去除，最終朗現佛的領域，了知隱藏的時候是眾生、顯現的時候是佛陀，生佛不二，僅有隱顯之別，如此才能夠覓得自家寶藏。

首先，說明有關《寶性論》的相關背景問題，包含其名義、作者、內容架構之考定等，並對本論文核心之「如來藏思想」的淵源與進程，建立基礎的瞭解，直陳《寶性論》在如來藏思想中的地位，以作為本論文開展的背景，才能對其思想義理作深入的發掘與梳理。

其次，分析眾生具有如來藏的三個意義，以及四種對治障礙的能淨因，清淨障礙後，能夠得到淨、我、樂、常的法身四波羅蜜多果，並且闡述顯現如虛空與日輪般的自性清淨，與斷除所知障與煩惱障後的離垢清淨，可証得全然清淨的菩提佛果，此是眾生具如來藏所隱的特質，証悟成佛的本質。

復次，由眾生皆具如來藏之自性，卻因被無明煩惱所遮障而無法證悟佛性，這樣的狀態可分為凡夫位、聖人菩薩位、佛位三分位，呈現出不清淨、部分清淨、圓滿清淨的三個階段，以九種譬喻比喻如來藏在有所遮障的情況下仍終可清淨，顯現出原本清淨的自性。

最後，論及全然的証悟如來藏，可藉由佛身論說明，以三身說或二身說闡釋佛陀的果德。其中，可分為功德與事業兩大部分，功德乃言說佛身所具有的自利利他力量，事業則顯發佛陀利眾的任運不間斷，此要說明的不只是開顯如來藏的可能性，並且闡明証悟之後所展現的不可思議境界。

以佛性隱顯統攝《寶性論》的內容，由自性的染淨探究如來藏的思想，以及所延展的種種層次，在了解如來藏思想之後，能夠貞定究竟的歸依處，歸依內在本具的本初善，透過修行實踐的活動可將無明染垢的遮障淨除，如來藏有如佛日當空出雲聚，破除烏雲般無明煩惱的遮蔽，無限的光明普照大地，佛的境界全然朗現。

目次

第一章　緒　論

第一節　研究動機與目的

「人人皆可以成佛」是佛教中十分動人的語詞，以此為基礎與目標的如來藏（tathāgata-garbha）思想無疑是可以提供生命實相的答案，尤其從印度傳入中國對整個漢傳佛教有著巨大的影響，自竺道生首倡「一切眾生悉有佛性，一闡提亦可以成佛」之說，華嚴宗有「性起」說、天台宗主張「性具」說、禪宗言「見性成佛」等，均是建立在如來藏思想的基礎之上。「一切眾生悉有佛性」〔註1〕確立成佛的可能性，在於思想層次上，吾人可透過經論進行分析探討，讓此思想能夠清晰呈現其系統理論，了解思想內在所要傳達的眞正意涵，發揮佛教思想最具特色的部份。此外，不單僅僅是思維理論的表現，還可以滲透於行為當中，由內在思維顯揚於外在作為，此與中國哲學中所言的生命實踐是無二無別，展現超越語言文字的力量。

《寶性論》（Ratnagotravibhāga Mahāyānottaratantra śāstra）是大乘佛教中闡述如來藏思想的重要論典，與《如來藏經》、《不增不減經》、《勝鬘經》是為如來藏思想的「三經一論」，承襲《如來藏經》、《不增不減經》、《勝鬘經》等諸經的內容而來，在如來藏思想興起於三世紀，盛行於四、五世紀之間，所產生的一本集大成的論典〔註2〕，影響之後的《佛性論》、《大乘法界無差別

〔註1〕《大般涅槃經》，《大正藏》冊12，p.402c。

〔註2〕漢譯本四卷，由北魏・勒那摩提譯於西元511年，由此可以判斷《寶性論》之成立約在四世紀末至五世紀初。

論》等論典。西元 1931 年，E. Obermiller 在蘇俄領土中亞細亞的藏傳佛教僧院中學習藏譯本的《寶性論》與達磨林親（Dhar-ma Rin-chen）的註釋，將所學結集成書出版之後，《寶性論》與如來藏思想由歐美學界的首發，日本學界的群起，在學術研究領域當中得到極大的關注。

在藏傳佛教之中，《寶性論》被許多教派列爲高年級佛學院的課程，噶舉派、薩迦派、寧瑪派、格魯派、覺囊派……之中的許多大師爲《寶性論》註釋，例如：多羅瓦、達摩林親、麥彭仁波切、蔣貢康楚羅卓泰耶（工珠・雲丹嘉措）等等，不勝枚舉。關於思想見地的不同觀點，在教派之間引起許多辯論，一直受到高度的重視，許多上師將《寶性論》視爲經續與密續的橋樑，尤其噶舉派更是把《寶性論》列爲必須學習的三論之一〔註 3〕，是關於大手印禪修見地的典籍，且與寧瑪派大圓滿修行亦有密切的關連〔註 4〕。

作爲一本集如來藏思想大成的論典，《寶性論》的義理思想是深奧費解的，單就作者、形式構造等外緣問題即引發許多論文篇幅的討論〔註 5〕，在其優美簡潔的詩偈當中，飽含如來藏思想的內容意涵，存在著對生命崇高境界的謳歌，因此透過對《寶性論》的思維分析，可以對如來藏思想有全面且精闢的了解，一如日本學者柏木弘雄所說：

> 《寶性論》的如來藏・佛性的學說，沒有出現在中國與日本佛教的教理學之表面上。其理由可以舉出：第一、漢譯文仍舊是難以理解的；第二、《佛性論》《大乘法界無差別論》《無上依經》《大般涅槃經》對環繞一切眾生悉有佛性的教學上的關心，給予明快的回應；第三、嘗試折衷唯識的阿賴耶識說與如來藏之《大乘起信論》盛行等。……因此，《寶性論》的說法，至少與中國・日本佛教的教學上的關心，沒有直接地結合。但是，不限於印度佛教，對於今後想要正式從事，在中國與日本佛教的如來藏・佛性之思想研究的人來說，透過梵、藏、

〔註 3〕 噶舉派的三大教典：甚深內義、喜金剛本續二章、寶性論。參見卡盧仁波切著：《密乘解脫之道》（台北：利生佛學中心，1985 年），p.37、105。

〔註 4〕 「在彌勒的《寶性論》或是《如來藏經》中所談到的本有澄明心，最終所指的確實是淨覺或是大圓滿中所說的自然現前。」參見第十四世達賴喇嘛著・丁乃竺譯：《大圓滿》（台北：心靈工坊文化事業股份有限公司，2003 年 6 月），p.176。

〔註 5〕 日本學界相當重視歷史文獻的整理，因此有一法眞証、高田仁覺、宇井伯壽、中村瑞隆、高崎直道等學者對此有相關研究的論文，在第二節〈前人研究〉當中條列此些著作。

漢三本完整的《寶性論》原典，得到對於如來藏說在印度的意義，與在它之前的佛教諸經論、諸學派的思想、教理、信仰具有怎樣的關係，想做全面性的透視；就試從現有的佛教文獻與學術界之研究動向看來，即使是作爲最基本的研究態勢，也要加以期望的。〔註6〕

現今，梵、藏、漢三本皆已中譯，可試圖突破漢譯文的難以理解，本論文即由《寶性論》如來藏思想的研究，說明眾生皆具如來藏，以佛性（buddha-dhātu）隱顯問題之探討爲中心。《寶性論》當中廣泛的使用 buddha-dhātu〔註 7〕，界（dhātu）有本元義與領域義〔註8〕。buddha-dhātu 就領域而言，是指佛的全幅領域，眾生修行至此境界已成，於中統攝無限之德，是實踐後的果地；就本元而言，眾生以此性爲依據，通過修行實踐的活動呈顯而出。由隱而顯，乃就眾生的立場而言，是許多學者所強調的：

如欲完全發揮如來藏思想爲宗教思想之意義的話，應該要以現實世界之「迷」爲問題，提示如何來對處這個（迷）之方法才行。換言之，要站在如來藏爲我們現實的基體之立場，以作宗教實踐的基礎依據才行。〔註9〕

畢竟，我們應視如來藏的本性不能言詮、不可思議。事實上，評論點實不應加在佛性上，而應在貪染的思想特質上探討。〔註10〕

迷或貪染的是眾生，眾生雖具有如來藏，卻爲客塵染垢遮蔽所隱藏，藉由無明障垢的去除，最終朗現佛的領域，成佛即是 buddha-dhātu 的顯現，以此作爲進路，研究《寶性論》中的如來藏思想。

〔註 6〕 見柏木弘雄：〈如來藏思想〉，平川彰等著・許明銀譯：《佛學研究入門》（台北：法爾出版社，1990 年），p.237。

〔註 7〕 日本學者小川一乘將《寶性論》漢譯本與梵本比對的結果，發現「佛性」乃譯自 buddha-dhātu、tathāgata-dhātu、dhātu、tathāgata-gotra、gotra、buddha-gotra、buddha-garbha、tathāgata-garbha 數詞，高崎直道指出其中引用最廣泛的，是 buddha-dhātu。參見小川一乘：《仏性思想》（京都：文榮堂，1982 年），p.24～27；高崎直道：《如來藏思想の形成》（東京：春秋社，1974），p.137、141～142。

〔註 8〕 參見高崎直道等著・李世傑譯：《如來藏思想》（台北：華宇出版社，1986 年 6 月），p.27～30。

〔註 9〕 見柏木弘雄：〈如來藏的緣起思想〉，玉城康四郎主編・李世傑譯：《佛教思想（一）：在印度的開展》（台北：幼獅文化事業公司，1987 年 4 月再版），p.201。

〔註10〕 見大衛・渥德侯斯〈序〉，談錫永譯著：《寶性論新譯》（香港：密乘佛學會，1996 年 12 月），p.13。

現在社會生活的忙碌與紛亂，人心難以保持片刻的寧靜，壓力與困難彷彿接踵不斷而來，造成內心焦慮不安，或者憂鬱症、自殺事件頻傳，如此內在的痛苦延伸到外在，可能會發生恐怖攻擊、種族戰爭等等世界性的災難。在此內外在的煩惱煎熬中，如來藏思想追根究底的說明每一個有情眾生都有自身本具的佛性，人人皆可以成佛，從茫然的苦海中解脫，臻至圓滿覺悟的境界。《寶性論》有如藏寶地圖，記載著如來寶藏的隱藏地，按圖索驥，熟悉圖中的路徑，了知隱藏的時候是眾生、顯現的時候是佛陀，生佛不二，僅有隱顯之別，如此才能夠覓得自家寶藏。

第二節　前人研究與研究範圍

一、前人研究

現今學術界對如來藏思想的研究課題相當重視，涉及譬如「如來藏」、「佛性」等議題的探討，已有不少的單篇論文；此外，在如來藏思想通論或相關專論的著作裡，亦多所述及〔註 11〕。然而，檢視現有研究成果，如果要求一一加以評述，顯然不僅篇幅不足，且力有未逮，況且未必與本論文研究相關，因此吾人檢討現有可見的研究成果，僅就與《寶性論》如來藏思想較有相關的論著，以著作年代由先至後排列，逐一加以分類、審視，針對這些研究成果予以總括的論述。

（一）外文參考資料

1、歐美研究成果

1931

E. Obermiller，The Sublime Science of the Great Behicle to Salvation，Being a Manual of Buddhist Monism. The work of Ārya Maitreya with commentary by Āryāsaṅga. Acta Orientalia vol. IX parts ii，iii and iv，1931.

1935

H.W. Bailey & E.H. Johnston，“A Fragment of the Uttaratantra in Sanskrit”，

〔註 11〕參見高崎直道等著・李世傑譯：《如來藏思想》，p.1～7。杜正民，〈如來藏學研究小史〉，《佛教圖書館館訊》第 10／11 期，1997 年 6／9 月。

Bulletin of School of Oriental and African Studies 8－1：77～89，1935.

1950

E.H. Johnston &（T. Chowdhury），The Ratnagotravibhāga Mahāyānottaratantraśāstra. patna：The Bihar Tesearch Society，1950.

1963

David Seyfort Ruegg，"The Jo-nang-pas：a school of Buddhist ontologists according to the Grub-mtha oshel-gyi me-long"，Journal of the American Oriental Society，vol. 83：73～91，1963.

1969

David Seyfort Ruegg，La theorie du Tathagatagarbha et du Gotra，Paris：Publications de l' Ecole Franxaise d'Extreme-Orient，no.70，1969.

1973

David Seyfort Ruegg，Le traite du Tathagatagarbha de Bu ston Rin chen grub，traduction du De bzhin gshegs pa'i snying po gsal zhing mdzes par byed pa'i rgyan. Paris：Ecole Franxaise d'Extreme Orient，no.88，1973.

1991

S.K. Hookham，The Buddha Within：Tathagatagarbha Doctrine According to the Shentong Interpretation of the Ratnagotravibhaga. Albany，State University of New York Press，1991.

近代西方關於《寶性論》研究的新開端是 E. Obermiller 的著作，他在蘇俄領土中亞細亞的藏傳佛教僧院中學習藏譯本的《寶性論》與達磨林親（Dar-ma Rin-chen)註釋，於 1931 年將其所學以英文著書並附上序論出版《The Sublime Science of the Great Behicle to Salvation，Being a Manual of Buddhist Monism》。

1935 年 H.W. Bailey 於中亞細亞發現《寶性論》的梵文斷片，又 1936 年 Rāhulu Sāṁkrtyāyana 在西藏寺院發現《寶性論》的梵文寫本，之後由 E.H. Johnston 於 1940 年完成初稿校定，但因爲第二次世界大戰與 E.H. Johnston 之死，使該項工作中斷，直至 1950 年 T. Chowdhury 繼續完成而出版。因爲梵文本與藏文本的出版，引起東西方學者的注意，而有各種關於《寶性論》的研究著作出現。

法國的 David Seyfort Ruegg 的《La theorie du Tathagatagarbha et du Gotra》（1969 年）、《Le traite du Tathagatagarbha de Bu ston Rin chen grub》（1973 年）兩書，以及其他幾篇論著為如來藏學藏傳文獻的重要參考資料。《如來藏與種性理論》《La theorie du Tathagatagarbha et du Gotra》以藏譯的《寶性論》及註釋做研究，以此討論不可思議「第一義諦」的本質，並以此理解如來藏與空性的關係，進而說明藏傳佛教的如來藏與種性理論。

1991 年 S.K. Hookham 的著作《The Buddha Within》，是依據藏傳佛教噶瑪噶舉派工珠・雲丹嘉措的《寶性論註》來研究如來藏思想，對歐美學術界造成不小的影響力。

2、日本研究成果

1936

月輪賢隆：〈究竟一乘寶性論について〉，《日本佛教學協會年報》第 7 年。

1951

一法眞証：〈究竟一乘寶性論の作者について〉，《佛教學紀要》2。

1953

高崎直道：〈寶性論における如來藏の意義〉，《印度學佛教學研究》1～2：110～111。

1955

高田仁覺：〈究竟一乘寶性論の序品について〉，《密教文化》三一：9～25。

1958

高崎直道：〈《究竟一乘寶性論》の構造と原型〉，《宗教研究》一五五：14～33。

高田仁覺：〈寶性論における轉依（梵文）について〉，《印度學佛教學研究》6～2：190～193。

武邑尚邦：〈如來藏の究竟性——寶性論の始終——〉，《龍谷大學論叢》359：35～53。

1959

宇井伯壽：《寶性論研究》，東京：岩波書局。

1961

管沼晃：〈寶性論における adhimukti について〉，《印度學佛教學研究》9～1：190～131。

中村瑞隆：《梵漢對照究竟一乘寶性論研究》，東京：山喜房佛書林。

1969

小川一乘：《インド大乘佛教にわける如來藏・佛性の研究——グルマルンチエン造寶性論釋疏の解讀》，京都：文榮堂。

1970

市川良哉：〈寶性論の引用經典〉，《印度學佛教學研究》19～1：212～216。

1974

高崎直道：《如來藏思想の形成》（インド大乘佛教思想研究），東京：春秋社。

1979

宇井伯壽：《寶性論研究》，東京：岩波書店。

1982

小川一乘：《佛性思想》，京都：文榮堂。

平川彰・梶山雄一編：《如來藏思想講座・大乘佛教（6）》，東京：春秋社。

1988

高崎直道：《如來藏思想Ｉ》，京都：法藏館。

1989

高崎直道：《如來藏思想II》，京都：法藏館。

高崎直道：《寶性論》（インド古典叢書），京都：講談社。

1997

高崎直道：《佛性とは何か》，京都，法藏館。

近代日本對於如來藏學的研究，肇始於 1930 年常盤大定《佛性の研究》一書的出版，此書以漢譯典籍為主，對印度、中國、日本的佛性教義，有整體性的論述，可作為入門的概論書，但內容鮮少論及《寶性論》與其相關問題。

關於《寶性論》的研究，乃是由於 E. Obermiller 與 E.H. Johnston 所出版的《寶性論》資料，促使月輪賢隆、宇井伯壽、中村瑞隆、小川一乘等學者提出回應，因而進行許多研究與討論、文獻比對與翻譯等工作。首先，1936 年月輪賢隆的〈究竟一乘寶性論について〉是一篇《寶性論》的介紹論文，開啓日本學界對西藏譯本的研究。

二次世界大戰之後，1951 年山口益出版《般若思想史》的著作，其中的第六章〈如來藏思想〉對《寶性論》有部分的介紹。此外，宇井伯壽有《寶性論研究》的二部書，他研究漢譯的《寶性論》，而且批評 E. Obermiller 的學說，1959 年出版《寶性論研究》第一部書；之後宇井伯壽以 E.H. Johnston 的《寶性論》梵文版翻譯成日文，將此與以前的研究論文合併出版爲《寶性論研究》的第二部書。

中村瑞隆將漢文本與梵文本對照，1961 年出版《梵漢對照究竟一乘寶性論研究》。小川一乘基於達磨林親（Dhar-ma Rin-chen）的註釋研究如來藏思想，1969 年出版《インド大乘佛教にわける如來藏・佛性の研究——グルマルンチエン造寶性論釋疏の解讀》。

高崎直道英譯《寶性論》梵文本，1966 年出版《A Study on the Ratnagotravjbhā（Uttaratantra）Being a Treatise on the Tathāgatagarbha Theory of mahāyāna Buddhism》，開啓他對如來藏思想的研究。再者，從文獻學角度整理如來藏思想開展的歷史，於 1974 年出版《如來藏思想の形成》，此外，高崎直道陸續將研究如來藏思想的論文結集成冊出版，1988 年出版《如來藏思想Ⅰ》，1989 出版《如來藏思想II》、《寶性論》，1997 年出版《佛性とは何か》，是當代研究如來藏學具有代表性的學者與著作。

（二）中文參考資料

1981

印順：《如來藏之研究》，台北：正聞出版社。

1986

高崎直道等著・李世傑譯：《如來藏思想》，台北：華宇出版社。

1988

楊惠珊：〈《寶性論》中佛性思想之研究〉，中華佛學研究所碩士論文。

1996

談錫永：《寶性論新譯》，香港：密乘佛學會。

1997

釋恆清：《佛性思想》，台北：東大圖書公司。

1999

創古仁波切：《佛性——《究竟一乘寶性論》十講》，台北：眾生文化出版有限公司。

2000

鄭郁慧：〈《究竟一乘寶性論》如來藏思想之研究〉，輔仁大學宗教研究所碩士論文。

2006

談錫永：《寶性論梵文新譯》，台北：全佛文化事業有限公司。

談錫永、邵頌雄：《如來藏論集》，台北：全佛文化事業有限公司。

賴賢宗：《如來藏說與唯識思想的交涉》，台北：新文豐出版公司。

印順導師在《如來藏之研究》一書中，肯定如來藏思想在中國佛教中的地位，在中觀、唯識之外，展現獨到的立場與見解，而將大乘佛教分為三大系，如來藏學乃是眞常唯心系。該書對於如來藏的名稱意涵、經典與思想發展的過程，都有詳細的探討與論述，並將《寶性論》確立為如來藏學之主流，對《寶性論》的形式與內容作重點式的討論，認為《寶性論》比接接近初期的如來藏說，雖受瑜珈學派的影響，但亦從中脫出而自成體系，神我的色彩已大為淡化。

恆清法師著《佛性思想》，其中第二章「《寶性論》的如來藏思想」依印順導師的觀點為基礎，並加入許多西方學者與日本學者的研究成果，對《寶性論》作專題的研究。

〈《寶性論》中佛性思想之研究〉為楊惠珊的碩士論文，探討空性義的邪解與對治，闡明如來藏的空性義，藉由對如來藏空性義的正確理解，消除對如來藏可能產生的誤解。〈《究竟一乘寶性論》如來藏思想之研究〉為鄭郁慧的碩士論文，針對寶性論中「轉依」思想為探討，在「一切眾生有如來藏」的前提下提出「轉依」的可能性，並且說明具體實踐的部份，又比較《寶性論》與唯識學派「轉依」思想之關係，因而論述如來藏轉依的脈絡與意涵。

此二者，可說是一者偏於中觀的面向探討《寶性論》，一者偏於唯識的面向探討《寶性論》，而本論文則是基於如來藏的思想，詮釋《寶性論》所欲闡釋的義蘊。

談錫永 1996 年出版的《寶性論新譯》是由藏文本所翻譯，而 2006 出版的《寶性論梵文新譯》則依 E.H. Johnstonn 與 T. Chowdhury 出版的《The Ratnagotravibhāga Mahāyānottaratantraśāstra. patna：The Bihar Tesearch Society》所翻譯，此外，又出版另一本與邵頌雄之著作所合編而成的《如來藏論集》。《寶性論新譯》以藏傳佛教寧瑪派的大圓滿實修觀點爲詮釋進路，並且引用許多東西方學者的研究文獻，對《寶性論》的論題、結構、內容以及相關的思想都予以討論，有其詳盡的成果。然而，因爲日本學者高崎直道對《寶性論新譯》一書的批評，因此談錫永重新依照梵文本翻譯此論，並且在中文用語上作了部分的更動，在《寶性論新譯》的基礎上，將本論的文本內容與相關論題區分，出版爲《寶性論梵文新譯》、《如來藏論集》二書。

《如來藏說與唯識思想的交涉》乃是賴賢宗收羅其 1991 年 8 月至 2005 年 1 月之間所發表有關如來藏說與唯識思想的論文，經過重新修正增補而成書。其中第二章〈如來藏說三經一論中的如來藏說之內在發展〉將如來藏三義視爲如來藏說的基本思想模型而加以闡明，以《寶性論》對先前如來藏說三經的繼承與發展爲總結。第四章〈如來藏說與唯識思想交涉中的「信」與「佛性」：一個比較研究與佛教信仰論的哲學考察〉，則是從〈「寶性論」及相關論典論佛性與信：論早期如來藏說的基本模型及如來藏說與唯識思想的交涉中三種佛性與信之三義之交涉〉（《正觀》第 11 期，1999 年 12 月）其中的一部份修改而成，此二章是與《寶性論》相關的文獻。

二、研究範圍

《寶性論》的相關研究，最好是以梵、藏版本爲佳，但限於語言障礙，筆者不懂梵文、藏文的情況下，就僅能就目前的中文譯本作爲研究基礎。目前有四種中譯本，北魏．勒那摩提的漢譯本，談錫永 1996 年出版由藏文本所翻譯的《寶性論新譯》，與 2006 出版的《寶性論梵文新譯》，以及四川色達縣喇榮五明佛學院益西彭措堪布 2004 年翻譯完成的《大乘無上續論》〔註 12〕。

〔註 12〕 多羅瓦釋著．堪布益西彭措譯：《大乘無上續論（一）》，四川：色達喇榮五明佛學院，2004 年 1 月翻譯完成，出版日期不詳。

在版本對照之下，可知其中所據的藏文底本是西藏俄·智具慧譯師（rNgog blo ldan shes rab，1059～1109）所譯的《大乘無上續論釋》《Theg pa chen po rgyud bla na'I bstan bcos kyi rnam par bshad pa》，而北魏·勒那摩提的漢譯本所根據的梵文底本，與藏譯本、近代發現的梵文本均不同，而藏譯本與梵文本則相近。由此可知，勒那摩提所據的梵文底本，是爲較早時期的流通版本，而西藏譯師所據的版本，則爲較晚的流通版本，以勒那摩提與俄·智具慧的年代比較，兩種版本大約相差五百餘年。

版本的選擇應以古本、善本爲首，勒那摩提所譯的《究竟一乘寶性論》是中譯最早的版本，此譯本偈頌的部分皆是五言四句，中文學界大都採用此譯本，但勒那摩提的翻譯，有學者認爲是執如來藏爲眞實本體的「他空見」，譯文當中有用詞不當之處〔註 13〕。勒那摩提的譯本的確當中多次出現「實體」、「實性」等詞，可能會令讀者有所混淆或誤解。再者，勒那摩提的年代屬於中國翻譯佛經的早期，因此許多的譯詞並非後代所使用的專有名詞，表義不清晰，再對照其他三種版本，偈頌中所闡述的意義亦有不足〔註 14〕，難以全面的瞭解《寶性論》，此是梵文底本的不同，亦可能是譯師翻譯的缺失。

談錫永《寶性論梵文新譯》由梵文翻譯而成，是一手資料的翻譯，理應較接近論典原貌，但其參考漢藏譯本，而有部分意譯、有部分直譯等等，又爲符應梵文而使用一些新的名詞，或依梵文所翻譯的偈頌與漢藏譯本，乃至《寶性論》所引經典皆不相同〔註 15〕。進一步比較原文偈頌翻譯部分，益西彭措堪布的譯詞皆以七言表達，而談錫永的兩個譯本則是以五言爲主，雜以七言，不一而定，在翻譯語詞的運用上，七言似乎比五言有更大的彈性空間，而且益西彭措堪布通達五明，擔任喇榮五明佛學院國際漢經堂傳法工

〔註 13〕 參見談錫永·邵頌雄：《如來藏論集》（台北：全佛文化事業有限公司，2006 年 2 月），p.207～218。

〔註 14〕 如附錄一第一品如來藏十義之果，說明四波羅蜜果其中一偈，北魏漢譯本言：「如清淨眞空，得第一無我，諸佛得淨體，是名得大身」，僅表明大我；而益西彭措藏文中譯本言：「法身自性清淨故，及斷習氣故爲淨；我與無我諸戲論，寂滅之故爲聖我；彼意生身及其因，捨離故爲大安樂；三有輪迴及涅槃，證悟平等故爲常」，清楚論及淨、我、常、樂四德。

〔註 15〕 如附錄一第一品之如來藏九喻所譬喻的第九種垢染，談錫永梵文新譯爲「如火燒地」，而勒那摩提譯爲「泥模」，益西彭措堪布譯爲「黑泥模」，《大方等如來藏經》云：「譬如大冶鑄，無量眞金像，愚者自外觀，但見焦黑土；鑄師量已冷，開摸令質現，眾穢既已除，相好晝然顯。」《大正藏》冊 16，p.459c。如此可知此垢染應爲「泥模」，而非談譯的「如火燒地」。

作，翻譯或注疏多本著作，其翻譯的功力自然較爲精練，所翻譯的語言用詞更較爲符合文言文，翻譯的譯詞與偈頌字句的排列順次亦較接近勒那摩提的譯本〔註 16〕。在同樣能傳達原典之眞的基礎下，就文言譯詞及字句所傳達的深度與寓意，益西彭措堪布的譯本似乎較符合學術研究的要求。此外，梵文與藏文的關係極爲密切，西藏佛典的翻譯是採取極爲嚴格的直譯方式，極有利於梵文原典的研究〔註 17〕，所以即便是藏文中譯，亦是相當接近梵文原典。

基於上述原因，所以本論文選擇以益西彭措堪布的譯本爲研究底本，以北魏・勒那摩提的譯本爲輔助參考版本，取其長文釋論的優點，以期兼採兩者之長，補其所不足。當然，此處並無法斷言四個版本所有的出入處，都以益西彭措堪布的譯本爲優，但在語言障礙下，目前所能考慮、判斷能力條件相當有限，但在需抉擇一版本情況下，只能以現有考量做出決定。

第三節　研究方法與論述程序

一、研究方法

對於研究主題與研究範圍清楚掌握之後，爲了「以學術的手段處理佛法的材料與課題，使佛法也可從學術處理的過程得到瞭解」〔註 18〕，應選擇合適的研究方法當以有效達成研究目的。學術工作上，對佛學研究方法的涵養乃漸趨專業化，從早期翻譯或評介歐美日的研究方法〔註 19〕，至近幾年的期

〔註 16〕如附錄一第一品如來藏十義之果與用的論本偈，勒那摩提譯爲「淨我樂常等，彼岸功德果，厭苦求涅槃，欲願等諸業。」益西彭措堪布譯爲「淨我大樂及恆常，功德波羅蜜多果，厭離輪迴求涅槃，欲願彼等之作業。」談錫永梵文新譯爲「淨我樂常等，德波羅蜜果，其用爲厭苦，願成就寂靜。」談錫永藏文譯本爲「淨我樂常等，勝義功德果，其用爲厭苦，願成就寂靜。」此外還有許多如此的例子，由版本對照表相較之下，可知益西彭措堪布之翻譯較接近勒那摩提的譯本。

〔註 17〕參見霍韜晦：《絕對與圓融》（台北：東大圖書公司，1989 年 12 月再版），p.444。

〔註 18〕見蔡耀明：《佛教的研究方法與學術資訊》（台北：法鼓文化事業股份有限公司，2006 年），p.267。

〔註 19〕如舟橋一哉等著，關世謙譯：《佛學研究指南》（台北：東大出版社，1986 年）。吳汝鈞：《佛學研究方法論》（台北：臺灣學生書局，1996 年 7 月增訂版）。

刊、學位論文與專書的討論〔註 20〕，皆可見佛學研究方法之專門論述的日漸成型。本論文以「思想」或「義理」的研究爲重心，以《寶性論》中「如來藏」思想與內涵爲研究主軸，因此該如何對《寶性論》如來藏思想作一恰當的詮釋，更周延且深入的探討，成爲在研究方法上所面對的主要問題。本論文的研究方法擬從「文獻的歸納與分析」、「義理詮釋的方法」二方面論之，以期獲得較爲理想的成果。

（一）文獻的歸納與分析

《寶性論》原典的掌握，是文獻資料分析的基本要件，因此以益西彭措堪布翻譯《大乘無上續論》、北魏・勒那摩提譯《究竟一乘寶性論》、談錫永先後翻譯的《寶性論新譯》、《寶性論梵文新譯》四個版本相互對照，將梵藏本原先沒有標舉分明的論本偈、釋論偈，以及漢本中無有分別出的釋論偈，分條表列，以力求清晰，藉此釐清各文本之間的差異〔註 21〕，以便依文解義之時，不致產生訛誤。

此外，對於如來藏思想的淵源與進程，建立基礎的瞭解，由漢譯經論中尋跡，閱讀與《寶性論》相關的經論內容，梳理《寶性論》如來藏思想的脈絡。在藏傳佛教如來藏思想以《寶性論》爲依據的情形下〔註 22〕，援引藏傳佛教祖師的相關釋論，以資作爲深入如來藏思想之用。再者，整理與收羅有關《寶性論》如來藏思想的中文學術論文，且發現其中多爲探究外緣問題與一切眾生有如來藏之三義，僅少數篇章涉及其他內容。

將這些資料蒐集之後，抉擇其著作中之重要義理概念加以歸納，進而分析討論以成篇章，此乃本論文具體所使用的研究方法之一。

〔註 20〕期刊部分如龔雋：〈近代中國佛學研究方法及其批判〉，《二十一世紀雙月刊》第 43 期（1997 年 10 月）；蕭振邦：〈佛學研究一般方法論〉，《正觀》第 24 期（2003 年 3 月）。學位論文如朱文光：《佛學研究方法論》（嘉義：國立中正大學中國文學系博士論文，2002 年）。至於書籍部分，最新出版者有蔡耀明《佛教的研究方法與學術資訊》（台北：法鼓文化事業股份有限公司，2006 年）。

〔註 21〕這一方面的成果，請參見本論文最後附錄的《寶性論》四種版本對照表。

〔註 22〕「藏傳如來藏思想以《寶性論》爲依據，其思想根源於《大方廣如來藏經》。」見聖嚴法師・丹增諦深喇嘛著：《漢藏佛學同異答問》（台北市：東初出版社，1995 年），p.64。

（二）義理詮釋的方法

基於義理研究，主要是針對某一學說，就其中義理成分的思想內容，釐清主張與眞意，除了依文解義之外，並進一步澄清在文本脈絡中的意涵，分析問題意識、理論差異，消解彼此衝突的詮釋工作，以求清楚掌握相關題材，運用方法如下：

1、採取當代「創造性詮釋」的方法論觀點。包括袁保新先生提出的「鬆動唯一性」、「尊重傳統的創造發展、繼承傳統的抉擇批判」等中正穩健之態度，〔註 23〕「文獻印證與支持」、「視經典爲思想一致和諧之整體」、「時代文化的特定觀察與超越理解」等合理詮釋的基本條件之樹立，〔註 24〕以及傅偉勳先生「實謂、意謂、蘊謂、當謂、必謂」，這五個辯證層次的構建，〔註 25〕皆爲本文在義理詮釋時所服膺之信念，及內在自我檢證省思之憑藉。

2、透過《寶性論》原典的解讀與釐析，闡發全論所涵藏的義理主題，再以如來藏思想的角度，檢驗各主題與如來藏的相關性，以佛界隱顯問題爲中心，隱是因位，顯是果位，即是由原理與成果的兩個面向，嘗試統攝《寶性論》如來藏思想的系統結構，對於全論所言一一檢別，一一貞定，以各安其位。雖然《寶性論》每品皆有一主題與要旨，但就思想脈絡而言，並無決然切割獨存的論題，所以從《寶性論》七品間，可以發現各義理主題無不適時穿插交錯論述，相得益彰而互顯其要，將以此隱顯問題去釐清且深化其內蘊，詮辨大義。

研究本論文的最大限制，是語言隔閡而無法運用第一手資料，僅能以現有漢譯相關的有限資料爲主要研究對象，此亦是吾人清楚交代文獻及版本選擇之因，因本論文的研究價值，即是以此基礎爲立足。爲了彌補文獻的不足，吾人亦收集各道場開示《寶性論》的錄音〔註 26〕而聆聽了知，以祈在諸位有修証法師的開示法語中，更能領受、契入《寶性論》的要義，希望透過不同管道的努力，補充本論文研究基礎的種種不足之處。

〔註 23〕參見袁保新：《老子哲學之詮釋與重建》（台北：文津出版社，1991 年 9 月），p.62～63。

〔註 24〕參見同前註，p.77。

〔註 25〕參見傅偉勳：〈創造的詮釋學及其應用〉，《從創造的詮釋學到大乘佛學》（台北：東大圖書出版社，1990 年 7 月），頁 1～46。

〔註 26〕2001 年慈誠羅珠仁波切於台北講解第四金剛句如來藏，2005 年創古仁波切於尼泊爾講解《寶性論》全論，2006～2007 年宗薩欽哲仁波切於台北講解佛寶、法寶、僧寶、如來藏前四個金剛句。

二、論述程序

本論文大分為六章進行研討，其程序依前所述目的與方法而安排之：

第一章〈緒論〉，論述研究動機與目的、前人研究與研究範圍、研究方法與論述程序三個部份，旨在闡明本論文寫作的基本精神，所選取的探討議題及方法論的操作。

第二章〈《寶性論》與如來藏思想〉，瞭解《寶性論》的外緣問題與如來藏思想的起源，才能對其意涵作深入的發掘與梳理，因此，先考定《寶性論》名義、作者與內容架構；其次，對如來藏思想名稱的意義進行解釋，並從印度與中國兩方面探討如來藏思想的興起；最後直陳《寶性論》在如來藏思想中的地位，以作為本論文發揮的背景與基礎。

第三章〈如來藏的特質〉，如來藏思想是《寶性論》所闡述的重點，建立「眾生皆具如來藏」的理論依據，釐清確知此三個理由之後，其疑自然是眾生為何未証佛果之緣由？此可從兩方面說之：首先，眾生乃因具有四種障礙，而無法真正契入究竟一乘法，此障礙以佛性的四種能淨因對治之後，即能証得超越的淨、我、樂、常四德，所謂的法身四波羅蜜果。再者，闡述顯現如虛空與日輪般的自性清淨，與斷除所知障與煩惱障後的離垢清淨，可証得全然清淨的菩提佛果，此是眾生具如來藏所隱的特質，証悟成佛的本質。

第四章〈如來藏的三分位與九喻〉，《寶性論》引用《不增不減經》的說法，將對如來藏證知的不同，分為凡夫位、聖人菩薩位、佛位。此三分位的分別關乎客塵煩惱淨除的不同程度，呈現不清淨、部分清淨、圓滿清淨的三個階段，亦相當於「境」、「行」、「果」三種階段。針對在修道過程中的凡夫眾生、聖人菩薩等，《寶性論》假以《如來藏經》的九種譬喻，闡釋修道上不同階位所應斷除的障礙，以及所証得的果報，生動的比喻客塵煩惱與佛性，說明在客塵遮障的情況下，如來藏本質無任何變異，染垢是可以被淨除的，顯現本來清淨的自性。

第五章〈證悟如來藏的佛果〉，論及全然的証悟如來藏，唯有佛才能成就，佛陀証悟佛性的境界可藉由佛身論說明，以三身說或二身說闡釋佛陀的果德。其中，可分為功德與事業兩大部分，功德乃言說佛身所具有的自利利他力量，事業則顯發佛陀利眾的任運不間斷，此要說明的不只是開顯如來藏的可能性，而是闡明証悟之後所展現的不可思議境界。

第六章〈結論〉，殿以研究成果與研究展望，總申本論文之旨趣，點出《寶性論》如來藏思想的深刻意義，並且檢討本論文的得失，反思此論典於未來學術研究之展望。

第二章　《寶性論》與如來藏思想

第一節　《寶性論》的相關背景

一、《寶性論》的名義

《寶性論》，梵文名稱爲 Ratnagotravibhāga Mahāyānottaratantra śāstra，意譯爲「寶性分別大乘無上續論」或「寶性分別一乘增上論」。北魏・勒那摩提所譯之名爲《究竟一乘寶性論》，漢譯本取梵文名稱前字 Ratnagotravibhāga，有「寶性分別」的意思，而簡名爲《寶性論》；藏譯本取梵文名稱後字 Mahāyānottaratantra śāstra，有「大乘無上」、「一乘增上」的意思，而名爲《大乘無上續論》，簡稱 Uttaratantra。

「寶性分別大乘無上續論」此十字之中，前九字爲所詮法義，最後一字爲能詮文字。「寶性」之「性」（gotra），在梵文解釋中有「種性」的意思，而在此論中所言的是如來種性，乃是能夠証悟成佛的珍貴體性，因此稱之爲「寶性」（ratnagotra），即是本論主題所攝的如來藏（tathāgatagarbha）。「分別」（vibhāga）是從不同角度分析此寶性，解釋如來藏的種種面向，以便說明一切有情眾生都具有如來藏。〔註 1〕

「大乘」（Mahāyāno）一詞的意含，並非僅是佛教教派上分別大、小乘的泛稱，其深刻的義蘊乃是具有「一乘」（eka-yāna）的思想，三乘眾生同具有成佛之性的一乘思想，此一乘思想歸結於如來藏，是爲了主張三乘之人皆得以成佛，非得基於悉有如來藏不可，依於如來藏而修行成佛的究竟一乘。

〔註 1〕 參見談錫永、邵頌雄：《如來藏論集》，p.158。

再者，「uttara」的意思是至高或無上的意思，用以形容「tantra」是至高無上的。「tantra」是「續」的意思，有著「連續性」或「連續的體性」的意思〔註2〕，這即是說如來藏在境、行、果〔註3〕三個階段都是具有連續性的，無論是眾生無明障蔽的時候，或者是成正等覺的時候，佛性都是不曾消失或變異的。假設眾生的佛性不是連續的，那就會有中斷的時候，也就是有可能由外在所給予或附加的，同樣也就可能會消失無蹤，若是如此就無法有成佛的可能性，所有的修行與工夫，以及所要達至的成果，都失去著力之處。因此，論題標舉「無上的連續體性」（uttaratantra）〔註4〕，即是直指佛性的連續性，說明佛性僅有隱顯之別，在世俗上有能顯現與無法顯現的差別，究竟上是沒有任何差異的。

「論」（śāstra），經律論三藏之一，即明示教法的意思，明示教法的作用在於指出正道及改變煩惱，將經典所說的要義，加以分別、整理或解說，因而稱之爲論。所以《寶性論》彙整引用許多經典，包括《不增不減經》、《勝鬘經》、《如來藏經》、《陀羅尼自在王經》、《虛空藏菩薩所問品》、《海意菩薩所問經》、《智光莊嚴經》等，其中不少經典今乃收入《大集經》之內，《寶性論》將此些經典內容的精華提煉而出，以有系統的論述方式闡釋如來藏的思想，藉此可進入學習如來藏思想的正道。

由上可知此十字的論名可簡略說明本論所要表達的中心主題，一切有情眾生都是具有寶貴的如來藏，此如來藏無論在生命的哪一個階段都是連續性的，此無上的連續性是諸佛與眾生同具的本然覺性，因此一切有情眾生皆有成佛的可能性，證悟佛的境界。

二、《寶性論》的作者

關於《寶性論》的成立年代與作者，歷來爭議而未有定論，大抵有二說：

〔註2〕參見創古仁波切：《佛性——《究竟一乘寶性論》十講》（台北：眾生文化出版有限公司，1999年），p.23。

〔註3〕即原理、工夫、成果。又名「根道果」、「基道果」、「因道果」、「體道果」、「見修行果」、「信解行證」、「教理行果」等。

〔註4〕「uttaratantra」，日本學者高崎直道說明「《寶性論》從此經（涅槃經）繼承『佛性』一詞，又將『論』的別名，叫做『究竟論』（uttara tantra），也很明顯，可能是將此經自己的立場比擬於醫方的究竟論之命名，適用於如來藏說全體在大乘佛教之地位的名稱」，此可作爲相關的解釋。參見高崎直道等著・李世傑譯：《如來藏思想》，p.40。

(一)依照漢地的說法認為是堅慧或堅意所造,但未提及釋論者。

天台智者大師《摩訶止觀》中有「堅意寶性論云……」〔註5〕之句,可知智者大師認為《寶性論》是堅意所造。華嚴三祖法藏大師在《大乘法界無差別論疏》中云:

> 堅慧菩薩者,梵名娑囉末底。……西域相傳,此是地上菩薩,於佛滅後七百年時,出中天竺大刹利種,聰叡逸群,備窮俗典出家學道,慧解踰明,大小乘教,無不綜練。但以行菩薩行,留意大乘,以已所遊平等法界,傳示眾生,方為究竟廣大饒益,是故造究竟一乘寶性論、及法界無差別論等,皆於大乘捨權歸實,顯實究竟之說矣。〔註6〕

西元 689 年至漢地的提雲般若,翻譯了與《寶性論》有密切關係的《大乘法界無差別論》,當時在譯場擔任筆授任務的法藏大師由此獲知此事,認為《寶性論》與《大乘法界無差別論》皆是堅慧(Sāramati)所作,且堅慧是佛滅後七百年之人。此外,在玄奘大師的《大唐西域記》則將堅慧列於唯識的十大論師之一:

> 佛涅槃後未久,此國先王鑠迦羅阿逸多,敬重一乘,遵崇三寶;式占福地,建此伽藍。……印度諸國皆仰則焉,請益談玄竭日不足,夙夜警誡少長相成,其有不談三藏幽旨者,則形影自愧矣。……至如護法、護月,振芳塵于遺教;德慧、堅慧,流雅譽于當時;光友之清論;勝友之高談;智月則風鑒明敏;戒賢乃至德幽邃。〔註7〕

堅慧曾在那爛陀大學講學,是當時大乘有宗著名的論師,綜觀《大唐西域記》卷九、卷十所載,堅慧是出生於佛滅後九百年之人,乃在世親之後。

關於堅意的記載在唐・僧詳的《法華傳記》中也提到:

> 眞諦三藏云:西方相傳,說法華大教,流演五天竺,造優婆提舍,釋其文義五十餘家。佛涅槃後五百年終,龍樹菩薩造法華論。六百年初,堅意菩薩造釋論。〔註8〕

慧祥把堅意視為眞諦之傳承,並且是佛滅後六百年初的人。另外,有北涼・道泰等譯的《入大乘論》二卷題為堅意菩薩造。

〔註5〕《摩訶止觀》,隋・智顗說,灌頂錄,《大正藏》冊 46,p.31b。
〔註6〕《大乘法界無差別論疏》,唐・法藏傳,《大正藏》冊 44,p.63c。
〔註7〕《大唐西域記》,唐・玄奘述,辯機集,《大正藏》冊 51,p.92a。
〔註8〕《法華傳記》,唐・僧詳撰,《大正藏》冊 51,p.52c。

由此可知，無論是堅慧或堅意，在史籍經典上皆有不同時代的記載，無一而定。Sāramati 的 Sāra 是堅，而 mati 則有兩種可能：一種是譯爲「慧」與「意」均可，另一種是將「慧」與「意」作有所分別的翻譯，因此堅慧與堅意有可能是同一人，但由於歷史資料的不足與紛雜，未能相互應証，無法斷定是哪一朝代之人，唯能得知中國史籍上記載《寶性論》爲堅慧或堅意所著。

（二）依照藏傳佛教所傳，認爲《寶性論》是「彌勒五論」之一，故說論本偈爲彌勒菩薩所造，無著論師釋論，此在藏地並無異說。

藏傳佛教中的彌勒五論爲《大乘莊嚴經論》（Mahāyāna-sūtrālajkāra）、《辨中邊論》（《中邊分別論》Madhyānta-vibhāga-tīkā）、《現觀莊嚴論》（Abhisamayālajkāra-śāstra）、《辨法法性論》（《法法性分別論》Dharmadharmatā-vibhavga）、《寶性論》。漢傳佛教的彌勒五論爲《瑜伽師地論》（Yogacārabhūmi）、《分別瑜伽論》（Yogācāravibhāga）、《辯中邊論》、《大乘莊嚴經論》、《金剛般若論》（Vajracchedikā-prajñāpāramitopadeśa），其中《分別瑜伽論》已佚失，不過《解深密經》裏有一個〈分別瑜伽品〉，內容是彌勒就瑜伽法門向佛發問，由佛作答的，與該論相當。漢藏兩地彌勒五論的不同是因爲《現觀莊嚴論》與《辨法法性論》自古便無漢譯，而又漢地不以彌勒爲《寶性論》的造論者，所以有此差別。《辨法法性論》及《寶性論》其初並未流傳，後至慈護（Maitrīpa）見有一寶塔於隙縫中放出光明，由是始覓出這兩本論典。他祈禱彌勒菩薩，彌勒現身爲其講授。慈護得法後傳與歡喜名稱（Ānandakīrti），再傳智諦，由是廣弘，並傳入西藏。〔註 9〕

根據 E.H. Johnston，1935 年發表的中亞于闐文字的《寶性論》斷片，大約是八世紀末的于闐，記載《寶性論》乃是彌勒菩薩的著作。參照前面提及翻譯《大乘法界無差別論》的提雲般若乃是出生于闐，於七世紀來到中國，前後約有一百多年的時間之差，竟有二種不同的說法，亦是令人費解。此外，E.H. Johnston 在 1950 年初版的梵文本序言中，則以安慧（Sthiramati）爲《寶性論》的作者，安慧是佛陀入滅後一千一百年左右之人，爲南印度大乘佛教的大學者，師承德慧，下傳眞諦，由此可知此人與堅慧或堅意都不能混爲一談，因其年代在此二者之後。

〔註 9〕見《青史》卷一，郭和卿譯，轉引自談錫永、邵頌雄：《如來藏論集》，p.195～196。

《寶性論》的作者究竟是堅慧、堅意或者是彌勒，此二說孰是孰非，國內外學者們各執一說，相持不下，因爲佐證的歷史文獻材料並非充分與完整，在此僅並陳二說，以供明瞭。

三、《寶性論》的內容架構

《寶性論》的內容架構相當嚴謹，系統清晰，因此藉由對全文組織的了解，更能在切入主題之前，明白如來藏思想在其中的關鍵地位。

梵藏本的正宗分爲四品，即〈如來藏品第一〉、〈菩提品第二〉、〈功德品第三〉、〈事業品第四〉，又〈校量功德品第五〉爲流通分。其中〈如來藏品第一〉篇幅最巨，內容可分爲佛寶、法寶、僧寶、如來藏四個部分，以此四個部分與菩提、功德、事業合爲「七金剛句」，是本論的根本論題，統攝全論，由此廣解。至於漢譯本則分爲十一品，即〈教化品第一〉、〈佛寶品第二〉、〈法寶品第三〉、〈僧寶品第四〉、〈一切眾生有如來藏品第五〉、〈無量煩惱所纏品第六〉、〈爲何義說品第七〉、〈身轉清淨成菩提品第八〉、〈如來功德品第九〉、〈自然不休息佛業品第十〉、〈校量信功德品第十一〉。將其架構列表如下：

<table>
<tr><th>科 判</th><th>金剛句</th><th>梵藏本</th><th>北魏漢譯本</th></tr>
<tr><td>序分</td><td></td><td rowspan="5">〈如來藏品第一〉</td><td>〈教化品第一〉</td></tr>
<tr><td rowspan="7">正宗分</td><td>第一金剛句：佛寶</td><td>〈佛寶品第二〉</td></tr>
<tr><td>第二金剛句：法寶</td><td>〈法寶品第三〉</td></tr>
<tr><td>第三金剛句：僧寶</td><td>〈僧寶品第四〉</td></tr>
<tr><td>第四金剛句：如來藏</td><td>〈一切眾生有如來藏品第五〉、〈無量煩惱所纏品第六〉、〈爲何義說品第七〉</td></tr>
<tr><td>第五金剛句：証菩提</td><td>〈菩提品第二〉</td><td>〈身轉清淨成菩提品第八〉</td></tr>
<tr><td>第六金剛句：功德</td><td>〈功德品第三〉</td><td>〈如來功德品第九〉</td></tr>
<tr><td>第七金剛句：事業</td><td>〈事業品第四〉</td><td>〈自然不休息佛業品第十〉</td></tr>
<tr><td>流通分</td><td></td><td>〈校量功德品第五〉</td><td>〈校量信功德品第十一〉</td></tr>
</table>

由此圖表中正宗分的比對可以得知無論是梵藏本、或是勒那摩提的漢譯本，都依循著七金剛句分品，這在〈如來藏品第一〉序論或〈教化品第一〉皆有提及，「七金剛句」是全論的根幹，偈頌言：

佛法僧及如來藏，菩提功德與事業，

論體一切攝略說，如是七種金剛處。（一）〔註 10〕

「金剛」（vajra）由堅不可摧之物構成，有堅固與最勝的意思。稱之「金剛句」是比喻如同金剛杵不為任何物所破壞，而能摧破一切，金剛是所証義，所以七種意義是自內証之境；且以語言文字傳達若能證知此法教，一切無明煩惱皆可被摧毀無遺，由是體現佛性。為了證實七金剛句是符合經說，並且次第是言之有理，《寶性論》偈頌中說明：

應知七種相次第，依照總持自在王，

經序有三餘四處，菩薩如來差別分。（一）

七金剛句的經証與次第是依照《總持自在王經》，「總持」是意譯，有總攝憶持無量佛法，而不忘失念慧力的意思，其音譯是「陀羅尼」，因而此經又名《陀羅尼自在王經》，即是目前可見的《大方等大集經．陀羅尼自在王菩薩品第二》〔註 11〕。此偈頌表示佛、法、僧三寶是出於《總持自在王經》的序品，如來藏、菩提、功德、事業則出於「菩薩如來差別分」之中，也就是該經正宗分。再者，對於七金剛句的關係，偈頌言：

從佛有法從法僧，從僧獲得藏智界，

終獲智慧勝菩提，力等具利眾生業。（一）

由「佛寶」而有「法寶」，由法寶而有「僧寶」，其次是三寶之因的藏智界，就是有垢雜染的「如來藏」，從藏智界証得離垢的智慧，乃是「菩提」，菩提本具十力等諸「功德」，因而有力量行利益眾生的「事業」，如此即是七金剛句的相互關係。

第二節　如來藏思想的意義與形成

印度大乘佛教的後期，大約三至五世紀，如來藏思想逐漸興起，關於如來藏的名稱在大乘佛教當中漸漸被廣為使用，「一切眾生皆有如來藏」的思想普遍的流傳於大乘佛教各宗派之中，並且引起許多的討論與研究，至今方興未艾，無論是在大乘佛教思想的實踐上，乃至中國佛教宗派思想的建立等方

〔註 10〕（一），此標示代表此偈頌出自所用《寶性論》底本第一品，以下本論文所引偈頌後括號內之數字，皆同此義，表示出自《寶性論》底本第幾品。

〔註 11〕《大方等大集經》，《大正藏》冊 13，p.5b。

面，如來藏思想皆有其重要的地位，成為一把進入佛教領域的鑰匙。如來藏思想揭示「眾生平等，皆可成佛」的理念，拈出眾生皆可成佛的可能性，使人聞得此說，容易產生希慕之想，因而深入佛教之路。如是，可知「如來藏」之名乃是承載著多元的意義，如同母體一般，從印度到中國，到世界各國，給予大乘佛教成長的養分，使得各宗派能夠茁壯成長。

本節欲對如來藏的名稱與意義作一探討，了解其基本的意蘊，以及印度如來藏思想的起源，乃至移植中國，佛性思想的興起，因為不論是印度如來藏思想的起源，或是中國佛性思想的興起，都是辨析如來藏內涵意義與名詞定義的重要階段，藉由名稱意義的橫向面，連結歷史上思想發展的縱向面，縱橫交錯的了解如來藏思想，以便對於《寶性論》中如來藏思想有更精確的認識。

一、如來藏的名稱與意義

如來藏思想的名稱是逐漸形成的，翻譯之詞不一而定，唯有回溯其原語，從梵文字彙來了解名稱的意義，才能夠掌握真正的意涵。表示如來藏思想的梵文字彙有 buddha-dhātu、tathāgata-dhātu、dhātu、tathāgata-gotra、gotra、buddha-gotra、buddha-garbha、tathāgata-garbha 等等，主要就是由 buddha、tathāgata 與 dhātu、gotra、garbha 的相互組合，漢譯為如來藏、佛性、佛界、如來性、如來界……等詞。

（一）佛、如來

佛（buddha），全稱佛陀，意譯覺者，覺悟真理者的意思，即是具足自覺、覺他、覺行圓滿，如實知見一切法的性相，成就等正覺之大聖者，乃佛教修行的最高果位。《雜阿含經》說：

> 佛見過去世，如是見未來，亦見現在世，一切行起滅；
> 明智所了知，所應修已修，應斷悉已斷，是故名為佛。
> 歷劫求選擇，純苦無暫樂，生者悉磨滅，遠離息塵垢，
> 拔諸使刺本，等覺故名佛。〔註 12〕

佛了達過去、現在、未來的一切因緣果報，圓滿應修與應斷，去除一切無明染垢，拔除一切痛苦，成就正等正覺。

〔註 12〕《雜阿含經》，《大正藏》冊 2，p.28a。

如來（tathāgata），是「如實而來的人」或「由眞如而來的人」的意思。從眞如法界而來，了悟眞如，所過的是如實的教化生活，是如實去實行的人；也就是完全依循眞理而來，依循眞理而去，與眞理完全冥合無間的人。「如來」一詞和佛陀是同義語，是佛的十德號〔註 13〕之一。佛陀即乘眞理而來，由眞如而現身，故尊稱佛陀爲如來。《佛說首楞嚴三昧經》說：

如來通達一切諸法，是寂滅相，是名爲佛。〔註 14〕

由是可知佛與如來並無差別，只是名稱不同。如來藏思想所倡言的是一切有情眾生皆能夠成佛，因此在種性（gotra）、界（dhātu）或藏（garbha）之前，必定以佛或如來言之，說一切眾生皆有如來藏、佛性，以了達眾生與佛無二的體性。

（二）種性

種性（gotra），又作種姓。此詞原義有「寶山」（埋藏有珍寶之山），及血統、家族等多種意義。印度自古即有階級分明的社會制度，將人分成祭司（brāhmana，婆羅門）、王族（ksatriya，刹帝利）、平民（Vaiśya，吠舍）、賤民（śūdra，首陀羅）四種種性。在這四種階級中，最先只有婆羅門階層有姓氏，而且種性制度是一種世襲的階級制度，在這樣的社會意義下，gotra 成爲社會身份的象徵。後來，佛教借用此一概念，最先的用法是指眾生由凡入聖，初抵聖位（āryagotra）之意，此後在十地中，更有種姓地（gotra-bhūmi）〔註 15〕的設立，可見其涵意所在。

種性（gotra）亦指埋藏珍寶的礦山，可指爲潛藏未發的能力，與界（dhātu）、藏（garbha）的意思相近，如同礦山中蘊藏有金銀珍寶，需經挖掘冶煉始能顯露。若與佛（buddha）、如來（tathāgata）複合，由「佛種性」而言，即是認爲眾生皆具有成佛的潛能，屬於佛的家族，如同具有佛的血統一般，也就是佛子，將來必定可以成佛。《寶性論》中言：

佛陀法身能現故，眞如無有差別故，
具種性故諸有情，恆時具有如來藏。（一）

〔註 13〕世尊德號廣說有十號：如來、應供、正徧知、明行足、善逝、世間解、無上士、調御大夫、天人師、佛。

〔註 14〕《佛說首楞嚴三昧經》，《大正藏》冊 15，p.636b。

〔註 15〕如《大般若波羅蜜多經》中所舉：「如是種姓地、第八地、具見地、薄地、離欲地、已辦地、獨覺地、菩薩地、如來地，無所有不可得故，乘大乘者亦不可得。」《大正藏》冊 5，p.316a。

第三句當中說到「具種性故諸有情」，就是說明一切有情眾生皆具有種性，也就是佛種性，本所具有的成佛性質。

（三）界

dhātu 音譯爲馱都，直譯爲「界」，含有層、根基、要素、領域、種族、分界諸義。在印度及中國的佛教界與經典當中，此語的用法大略可分爲下列幾種：

1. 用以表示人、宇宙、世界構成要素的種類，此「界」接近於「境界」的意思。如地、水、火、風、空、識稱爲六界。
2. 用以表示要素、因者。如唯識學、華嚴學將一切法的種子稱爲界。
3. 用以表示分界者。如律宗爲避塵俗干擾修道，而在衣食住方面等所作的「結界」。

在早期的經典中，界有種類、領域、範疇的意思，如《雜阿含經》說：「當知諸界，其數無量」〔註 16〕，界是無量無數的，此與《梨俱吠陀》將整個宇宙分爲天界、空界、地界是有相近的意思，是印度很早就產生的觀念。又《瑜伽師地論》當中說明：「謂種姓義及種子義、因義、性義，是其界義」〔註 17〕，界（dhātu）是從 dha 而來，有根基、成素的意義。構成事物的元素，對成果說，是「因義」；約自體說，是「不失自性」的本質、本性。可知界與因同義，例如金界（suvarna-dhātu），乃指礦山蘊藏金，是金的母胎；相同的，佛界（buddha-dhātu）是成佛之因，指出因位、果位的本質不變。

此外，日本學者高崎直道考證出一個相關的用法，是在《般若經》等經典所見的 dhātugarbha。dhātu 有「遺骨」的意思，dhātugarbha 是指供奉佛骨的佛塔，高崎直道說：

> 佛塔在大乘初期，是代替肉身之佛而被崇拜的對象，但在《般若經》等經典中，竟將此地位讓給經典的崇拜。可是我想，對永遠的佛陀生起崇拜時，dhātugarbha 也以別樣的意思而復活起來了，它是以法身塔、法身舍利塔爲媒介，而將其法身，經由經典轉變爲人格的佛陀的。那樣的佛法身的容物，便是如來藏，而眾生乃即不外乎此。舍利塔崇拜與如來藏思想之結合，是在《涅槃經》或時代稍後的《無上依經》所見得到的。〔註 18〕

〔註 16〕《雜阿含經》，《大正藏》冊 2，p.115a。
〔註 17〕《瑜伽師地論》，《大正藏》冊 30，p.454c。
〔註 18〕見高崎直道等著‧李世傑譯：《如來藏思想》，p.27。

《涅槃經》基於《如來藏經》而創新使用「佛性」一詞以明如來藏思想，此「佛性」的「性」不外乎是 dhātu 的意思，即指因、界藏的意思，又 dhātu 可解釋爲佛舍利。因此，《涅槃經》、《無上依經》等經將舍利塔崇拜與如來藏思想結合，一方面是緬懷佛陀，一方面是奉行佛陀宣說的教法，發覺自身的如來智慧。

（四）胎藏

garbha 是從「抓」（grbh=grh）的語根而來，亦即有「孕育、執取（某物）的容器」的意思，在生物學上引申爲有具體意義的「母胎」（womb）、「胚胎」（embyo），梵文原義是子宮、胎兒、受胎的意思。garbha 在如來藏系經典當中持有二義，對如來藏概念的釐清是相當的重要。若 garbha 爲「種性」，即是《如來藏經》中的醜女懷轉輪王的譬喻，經中說：

譬如婦人無依主，形容醜惡令厭怖，
寄於弊惡下劣家，或時而有王胎孕，
彼懷如是之胎孕，決定是爲轉輪王，
其王威德七寶圍，統領四洲爲主宰。〔註 19〕

在此段落中，garbha 所著重的是轉輪王，也就是胎藏之藏，強調眾生素來就藏有如來的血統。再者，若以 garbha 爲「胎」（子宮），也就是《如來藏經》中萎花裡有如來的譬喻，經中說：

如彼蓮花可厭惡，并其胎葉及鬚蘂，
譬如天眼而觀見，是如來藏無所染；
若能除去萎花葉，於中即見如來身，
復不被諸煩惱染，則於世間成正覺。〔註 20〕

這裡要說明 garbha 是枯萎的蓮花，是胎藏之胎，乃前一義「種性」的容受之處，強調眾生只要除去萎花枯葉的覆蓋，也就是去除無明煩惱的蓋障，即能夠成等正覺。

綜合以上所言，界（dhātu）的因義及本質義，可以統攝種性（gotra）所表示的眾生爲「佛子」或礦中珍寶的意思，而胎藏（garbha）雖有二種含義，但所主要表明的亦可歸納於因義與本質義之中，因此了解界（dhātu）的意義，

〔註 19〕《大方廣如來藏經》，《大正藏》冊 16，p.463c。
〔註 20〕《大方廣如來藏經》，《大正藏》冊 16，p.461c～p.462a。

可以適切的體知如來藏的意涵，而這是從眾生來說的，從因位上而談的。因此，這幾種名稱可謂同一性，只是就能知與所知諸法的不同分位，立不同的名稱，經論名稱上的使用有所不同，所以吉藏於《大乘玄論》說：

> 故於涅槃經中，名爲佛性；則於華嚴，名爲法界；於勝鬘中，名爲如來藏自性清靜心；楞伽名爲八識；首楞嚴經名首楞嚴三昧；法華名爲一道一乘；大品名爲般若法性；維摩名爲無住實際；如是等名，皆是佛性之異名。〔註21〕

印順導師則明白表示「如來法性」，即「如來藏」、「圓覺」、「常住」、「眞心」、「佛性」，以及「菩提心」、「大涅槃」、「法身」、「空性」，在如來藏思想並視爲一事。〔註22〕

二、印度如來藏思想的起源

佛教起源於印度，在同樣的時空環境之下，不免會受到印度其他宗教的影響，然而相同的語詞卻可以賦予不同的意義，因爲此正是佛陀証悟所給予的教導與啓發，如來藏（tathāgata-garbha）一詞即是如此，胎藏（garbha）源自印度宗教學古老的用語，在《梨俱吠陀》的創造讚歌中，就有創造神「生主」的「金胎」（Hiranyagarbha）說，是創生神話的生長發展說〔註23〕，但加上如來（tathāgata），是爲如來藏之後，即別具新意，顯現佛教教法獨特的內涵。

如來藏思想的流行是在大乘佛教的後期，從歷史發展的角度來說，無法完全切斷與部派佛教及初期大乘佛教的關係，部派佛教與初期大乘佛教的某些思想引發了如來藏學說，因此以部派佛教與初期大乘佛教的經典爲端始，探究如來藏思想的起源是有其必要的，其中最主要的，就是法身觀念的產生與心性本淨說，可說是如來藏思想的雛形。

（一）法身觀念的產生

具有如來藏思想概念的語詞中，無論是如來藏（tathāgata-garbha）、佛界（buddha-dhātu）、佛性（buddha-gotra 或 buddha-dhātu）等等，皆離不開與如

〔註21〕《大乘玄論》，唐・吉藏撰，《大正藏》冊45，p.41c。

〔註22〕見印順導師：《印度之佛教》（新竹：正聞出版社，1985年10月，三版），p.340。

〔註23〕見印順法師：《如來藏之研究》（新竹：正聞出版社，1981年12月），p.17。

來、佛的關係，但在這之中，佛與如來已非具體時空環境底下所存在的人物形象，而是與佛陀的種種法教融合，進而產生法身的觀念。印順導師提到：

> 自釋尊涅槃以後，如來不再見了，由於信仰及歸依的虔誠，永恆懷念，被解說爲與如來藏爲同一內容的法身（dharma-kāya），漸漸的在佛教界發展起來。〔註 24〕

因此，印順導師將部派佛教與初期大乘佛教的法身觀分別爲四類：教法身、功德法身、理法身、色身無邊際的如來身。

1、教法身

「教法身」是佛陀留下的「法」與「律」，佛陀肉身雖已不在，但是所傳的法與律可以利益眾生，繼續流傳久遠。如《增壹阿含經》序說：

> 釋師出世壽極短，肉體雖逝法身在。〔註 25〕

佛弟子依法與律而持守修行，即是見佛法身，這是「法身常在」的權輿。

2、功德法身

若上座部中的說一切有部探究「吾人所皈依的佛爲何？」於《阿毘達磨大毘婆沙論》中云：

> 今顯此身父母生長，是有漏法，非所歸依；所歸依者，謂佛無學成菩提法，即是法身。〔註 26〕

這是由理性的立場來思考，認爲佛陀非色身的三十二相而名爲佛，乃是因爲能夠成就佛無學成菩提法，所以名爲佛，因此所皈依的是佛所成就的功德法身。色身是有漏的，只是佛菩提的所依身，而佛陀所成就的無學成菩提法才是究竟皈依的法身。

3、理法身

「理法身」指的是見緣起就能見佛所證悟的「法」，認爲諸佛皆是觀緣起而成佛，見法即是見佛。如《中阿含經》云：

> 若見緣起便見法，若見法便見緣起。〔註 27〕

又《中論》云：

〔註 24〕 見印順法師：《如來藏之研究》，p20。

〔註 25〕 《增壹阿含經》，《大正藏》冊 2，p.549c。

〔註 26〕 《阿毘達磨大毘婆沙論》，五百大阿羅漢等造，唐・玄奘譯，《大正藏》冊 27，p.177a。

〔註 27〕 《中阿含經》，《大正藏》冊 1，p.467a。

是故經中說：若見因緣法，則爲能見佛，見苦集滅道。若人見一切法從眾緣生，是人即能見佛法身。〔註 28〕

釋迦牟尼佛等過去七佛都是觀緣起而成佛，是故佛弟子若能觀緣起而證悟，便與佛同證，如同法身呈現於弟子智證當中，即是「法身常在而不滅」。

部派時期，對法身的觀念即產生歧異，上座部由「歷史佛」的觀點認爲佛陀色身有漏，因此以無漏功德及證悟的諦理爲法身，然而沒有色聲相好的法身如來，就一般人而言，缺乏具體的人格特性，因此大眾部與初期大乘的法身觀就在此刻應運而生。

4、色身無邊際的如來身

大眾部以爲如來的色身是無漏的、出世的，如《異部宗輪論》云：

此中大眾部、一說部、說出世部、雞胤部，本宗同義者，謂四部同說：諸佛世尊皆是出世，一切如來無有漏法。諸如來語皆轉法輪，佛以一音說一切法，世尊所說無不如義。如來色身實無邊際，如來威力亦無邊際，諸佛壽量亦無邊際。〔註 29〕

大眾部認爲佛的色身是超越時間限制而無邊際的，佛的智慧功德是無所不知、無所不能，一切的行爲舉止皆是妙法，這是大眾部信仰的、理想的法身觀。這樣的法身觀影響初期大乘佛教的經典，將佛與菩薩神聖化，對於色身與法身並沒有嚴密的區別，由此之後才逐漸轉變爲法身、報身、化身等三身、四身之別。

（二）心性本淨說

如來藏思想認爲眾生的自性是清淨的，客塵煩惱只是暫時的障蔽，是可以被去除的，因此「自性清淨心」可謂爲如來藏思想的根本見地，而論及心性本淨與否則需溯源於印度早期原始佛教經典和部派佛教的看法。對於「心性本淨說」的探討，主要分爲二派的意見，一派主張心性本淨，另一派則反對心性本淨。

早期原始佛教的《阿含經》與南傳《增支部》經典，都傾向心性本淨的說法，如《雜阿含經》云：

〔註 28〕《中論》，龍樹菩薩造，梵志青目釋，姚秦・鳩摩羅什譯，《大正藏》冊 30，p.34c。

〔註 29〕《異部宗輪論》，世友菩薩造，唐・玄奘譯，《大正藏》冊 49，p.15b。

> 淨心進向比丘！麁煩惱纏，惡、不善業，諸惡邪見，漸斷令滅；如彼生金，淘去剛石堅塊。……淨心進向比丘！有善法覺，思惟除滅，令心清淨；猶如生金除去金色相似之垢，令其純淨。〔註 30〕

此段說明對於煩惱纏縛、惡、不善業等種種不好的邪見，應該逐漸的令其斷滅，如同要取出金礦，應該將其中的雜質石塊等等淘洗去除；對於善法產生覺悟，種種作意的思惟止息除滅，讓心的純淨顯現，就如同去除與金礦相近色澤的污垢，呈顯純淨的眞金。《雜阿含經》以去除眞金的雜質譬喻心性與煩惱的關係，可說是《如來藏經》九喻中的第四個譬喻「糞中金」的原型，煩惱如同污垢雜質只是外附的，是可以去除的，只要去除煩惱，清淨的自性即然顯現。在南傳《增支部》經典也提到：

> 比丘眾！此心極光淨，而客隨煩惱雜染，無聞異生不如實解，我說無聞異生無修心故。
>
> 比丘眾！此心極光淨，而客隨煩惱解脫，有聞聖弟子能如實解，我說有聞聖弟子有修心故。〔註 31〕

心是極光淨的，僅因客隨煩惱而有雜染，應如實知見即能解脫煩惱，若不能如實知見，非爲有心修習者，反之，若能如實解則爲有心修習的聖弟子。由此可知，如來藏思想亦淵源於《阿含經》的心性清淨說，印順法師認爲：「心清淨而與客塵煩惱發生關係，是如來藏說的重要理論，不能不說是淵源於《阿含經》的！」〔註 32〕

部派佛教中的大眾部以及分別說部二大系沿襲《阿含經》繼續宏傳心性本淨說。據《異部宗輪論》所載，大眾部持「心性本淨，客塵隨煩惱之所雜染，說爲不淨。」〔註 33〕又據《大毗婆沙論》載，分別論者說「心本性清淨，客塵煩惱所染污，故相不清淨。」〔註 34〕，此二論皆闡述心之本性清淨，乃因客塵煩惱的雜染而說爲不淨。這樣的概念與如來藏不爲煩惱覆蓋所變動相似，如來之性雖被煩惱覆蓋，但藏性無改，一旦煩惱撥除，如來之性自然顯發。

〔註 30〕《雜阿含經》，《大正藏》冊 2，p.341c。

〔註 31〕《增支部》，《南傳大藏經》卷 17，頁 15，間接引自印順導師：《如來藏之研究》，p.69。

〔註 32〕同上，p.69。

〔註 33〕《異部宗輪論》，世友菩薩造，唐．玄奘譯，《大正藏》冊 49，p.15c。

〔註 34〕《阿毘達磨大毘婆沙論》，五百大阿羅漢等造，唐．玄奘譯，《大正藏》冊 27，p.140b。

部派時期的說一切有部與經量部則反對心性本淨的說法。一切有部主張：

> 一切隨眠皆是心所，與心相應，有所緣境。一切隨眠皆纏所攝，非一切纏皆隨眠攝。〔註35〕

隨眠與纏都是煩惱，一切有部認為隨眠與纏與心相應，為心體所有，並非外鑠而已，因此不主張心性本淨。纏是煩惱的現起而與心相應的。除一切有部以外，一切學派都以隨眠與現纏不同，唯有一切有部認為隨眠是纏的異名，是跟著有情而轉，有隨縛之意，並無現行、習氣之分，亦是與心相應的心所。

近於經量部思想的《成實論》提到心性本淨是佛陀應機設教的方便說：

> 心性非是本淨，客塵故不淨。但佛為眾生謂心常在，故說客塵所染則心不淨。又佛為懈怠眾生，若聞心本不淨，便謂性不可改，則不發淨心，故說本淨。〔註36〕

佛陀雖然說心性本淨說，但主要是為了破除眾生的執心常住的執著，因此說為客塵煩惱所染之心不清淨，但又恐眾生聞心不清淨而懈怠退卻，因此又說心的本性為清淨。一切有部等反對者，以分析的方式推理，若是心性本淨，則應不受染污，由是產生染心、淨心之別，認為隨眠是染心的一部分，修行就是去除隨眠等煩惱，在心的作用剎那生滅之下，每個剎那的因緣組合均不相同，可以淨心代替染心。若是如此，染心、淨心即為不同的心體，其中業力相續的問題則難以解釋。

由上述可以得知，心性本淨說的爭論重點在於「心性與煩惱的關係」，因為無論是主張或反對心性本淨說，為了眾生解脫的緣故，同樣都肯定心性清淨的可能，唯心性本淨說站在一心相續的觀點，說明心的自性本來清淨，為解脫的內在根據，並指出煩惱是可以去除的客塵，此意義深刻的影響如來藏思想。

三、中國佛性思想的興起

如來藏思想在印度與中國兩國的發展與地位是迥然不同，印度大乘佛教是以中觀派與瑜伽行派為主流，立為空、有二宗，如來藏思想並未能立為一宗，然而流傳至中國後則蔚為風尚，甚至華嚴宗的法藏大師還判定印度佛教

〔註35〕《異部宗輪論》，世友菩薩造，唐・玄奘譯，《大正藏》冊49，p.16b。

〔註36〕《成實論》，訶梨跋摩造，姚秦・鳩摩羅什譯，《大正藏》冊32，p.258b。

有如來藏緣起宗的存在〔註 37〕，無非不是提高如來藏思想的地位，可見中國對於佛性思想重視的程度，在晉宋之後成爲中國佛教的一大特點。

從西晉・竺法護翻譯出《如來興顯經》（西元 287 年）後，與如來藏思想相關的經論陸續漢譯，而如來藏思想在中國的出現，則約在東晉後期，主般若學的慧遠可謂濫觴，由其所著的《法性論》略見梗概，涅槃常住的觀念和如來藏思想有些相似，然《法性論》已佚失，僅能從後代所引之文窺知一二〔註 38〕。慧遠在《神不滅論》中主張「形盡神存」，因而承認有一形而上的實體，以爲「法性實有」，鳩摩羅什曾就其所問而指出錯誤，辨明「法無定相」，批評其說「近於戲論」〔註 39〕。由此可知，當時的中國僧人對於如來藏思想的瞭解仍舊模糊，直至東晉・竺道生闡發《大般涅槃經》「一切眾生皆有佛性」，首倡闡提成佛之說，佛性的思想興起於中國佛教界，諸僧人學子蠭起鑽研，南北朝時代出現眾多不同的正因佛性說，對於佛性的解釋產生許多不同的看法〔註 40〕，形成了佛性理論空前繁榮的局面。

諸家對於佛性的探討圍繞著三個主題：一是眾生是否皆具佛性？因此有一闡提能否成佛的疑慮；二是佛性的意義爲何？因此產生諸家正因佛性之說；三是佛性是本來具有，還是後天始有？以下即對此三個主體加以探討，

〔註 37〕「現今東流一切經論，通大小乘，宗途有四：一隨相法執宗，即小乘諸部是也；二眞空無相宗，即般若等經，中觀等論所說是也；三唯識法相宗，即解深密等經，瑜伽等論所說是也；四如來藏緣起宗，即楞伽密嚴等經，起信寶性等論所說是也。」《大乘起信論義記》，唐・法藏《大正藏》冊 44，p.243b。

〔註 38〕「先是中土未有泥洹常住之說，但言壽命長遠而已，遠乃歎曰：『佛是至極，至極則無變，無變之理，豈有窮耶？』因著《法性論》曰：『至極以不變爲性，得性以體極爲宗。』羅什見論而歎曰：『邊國人未有經，便闇與理合，豈不妙哉！』」《高僧傳》〈釋慧遠傳〉，梁・慧皎撰，《大正藏》冊 50，p.360a。可知慧遠的法性思想爲「至極不變」、「體極爲宗」。

〔註 39〕參見呂澂：《中國佛學源流略講》（台北：里仁書局，1998 年 1 月，初版三刷），p.86～91。

〔註 40〕賴永海認爲中國佛性思想源自印度佛教，自然受印度佛教諸經論影響，產生諸家異說的原因是由於：（一）印度佛教諸經論對佛性之釋名定義不一；（二）在同一部經論中又常常從不同角度去談論佛性（或從因，或從果、或從可能，或從現實，等等）；（三）中土各宗各派所依之經論不同；（四）即便所依經論相同，談論的角度又多有不同。見《中國佛性論》（高雄：佛光出版社，1990 年 12 月），p.29。然而，當時的中國文化思想背景亦不容忽視，六朝是格義佛教時期，儒道兩家心性的思想與中國傳統的形神、魂魄等概念，不免也會對佛性的定義產生影響。

以此能夠了知佛性思想在中國的興起與發展，更能夠清楚瞭解如來藏思想對中國佛教與佛學的深遠影響。

（一）一闡提有無佛性

一闡提是 icchantika 或 ecchantika 的音譯，原意爲「正有欲求之人」，經中多指爲斷滅一切諸善根、本心不攀緣一切善法，乃至不生一念之善的人。一闡提的概念由來已久，在佛陀時代的提婆達多、央掘魔羅、阿闍世王等〔註41〕，都可說是具有一闡提屬性的代表人物，一闡提所做的惡行即是犯殺、盜、淫、妄等四重禁，以及殺父、殺母、殺阿羅漢、出佛身血、破和合僧等五逆罪者，在原始佛教和部派佛教典籍中已描述出一闡提的形象，一闡提的概念蘊涵其中。早期大乘經論陸續提及一闡提，如《央掘魔羅經》、《不增不減經》、《佛說佛名經》等等，而其中乃以《涅槃經》對一闡提的討論與探究最多，扣合著一切眾生是否皆具如來藏的問題，亦在中國翻譯與傳播的過程中，引起一場紛爭。

「佛性」二字乃是由《涅槃經》所創新使用的語詞，經中對佛性的意義有詳盡的闡釋，開啓言說佛性思想的時代，在內容教義上，特別被關注的是一闡提議題的處理。東晉・法顯譯《大般泥洹經》六卷（西元 417、418 年），經中言一闡提不得成佛之說：

> 如一闡提懈怠懶惰，尸臥終日，言當成佛，若成佛者，無有是處。〔註42〕

> 復有比丘廣說如來藏經，言一切眾生皆有佛性，在於身中無量煩惱悉除滅已，佛便明顯，除一闡提。〔註43〕

因爲是斷善根者，所以當時學者大多從經說，認爲一闡提沒有佛性，無法成佛。唯竺道生孤明先發，首倡闡提成佛之說，以「得意而忘言」解經態度，主張「入道之要，慧解爲本」〔註44〕，反對滯守經文，直倡應突破語言文字的限制，探求佛典原義。但道生之說因無經證而被駁斥，以爲邪說，道生甚至被擯而遣之，直至北涼・曇無讖譯出《大般涅槃經》四十卷（西元 421 年），

〔註41〕 提婆達多出佛身血，央掘魔羅殺人如麻，阿闍世王弒父囚母。

〔註42〕 《佛說大般泥洹經》，《大正藏》冊 12，p.873c。

〔註43〕 同上，p.881b。

〔註44〕 《高僧傳》，梁・慧皎撰，《大正藏》冊 50，p.366c。

經稱一闡提之人有佛性，也能夠成佛，冰釋群疑，道生的主張反受到僧眾的普遍讚揚，道生遂始被尊爲中土的涅槃聖。

竺道生根據對般若實相學和涅槃佛性學的深入研究，獨創性地提出了「佛性我」的觀念，所謂「無我本無生死中我，非不有佛性我也」〔註 45〕，強調一切眾生都有佛性我。據日本沙門宗法師撰《一乘佛性慧日抄》引《名僧傳》竺道生云：

> 生曰：稟氣二儀者，皆是涅槃正因。三界受生，蓋惟惑果。闡提是含生之類，何得獨無佛性？蓋此經度未盡耳。〔註 46〕

道生以爲一切眾生都有佛性，都具有成就佛果的根據，會在三界受生，只因迷惑的業果，一闡提同樣是眾生，怎會獨獨沒有佛性？所以主張《大般泥洹經》的說法並不詳盡，正所謂「一切眾生，莫不是佛，亦皆泥洹」〔註 47〕。再者，他推測「闡提無佛性」只是權宜方便之說，主要是爲了激勵做惡行之人，讓行惡之人能夠自省惡事，戒惡勸善，使人不敢爲惡，並非眞的沒有佛性。〔註 48〕

竺道生肯定一闡提有佛性之說，不論是對當時的佛教界，或是佛性思想與中國佛教發展上，都具有重大的意義，因爲關係著是否每一個眾生都具有佛性，以及惡人能否成佛的問題，不僅是基本教法上理論定義的確認，並且讓修行能有所根據，對於修道成佛可產生信心，大力推動佛教在中國以佛性思想爲重心的新途徑。

（二）諸家正因佛性說

根據湯用彤考據〔註 49〕，關於南北朝時代的佛性諸家的記載爲：隋・吉藏《大乘玄論》卷三舉出正因佛性十一家，其《涅槃遊意》說佛性「本有」「始有」共三家；新羅・元曉《涅槃宗要》說佛體性六師，六種對佛性體性的不

〔註 45〕後秦・僧肇《注維摩詰經》引道生語，《大正藏》冊 38，p.354b。

〔註 46〕《一乘佛性慧日抄》，日本・宗法師撰，《大正藏》冊 70，p.173c。

〔註 47〕《法華經疏》〈見寶塔品〉，東晉・竺道生撰，《卍續藏》冊 150，p.823c。

〔註 48〕「生剖析經理洞入幽微，乃說闡提皆得成佛，遂撰十四科，其第十眾生有佛性義云。經言闡提無者，欲擊勵惡行之人，非實無也。以其見惡，明無無惡，必有抑揚當時誘物之妙，豈可守文哉？」《涅槃玄義發源機要》，宋・智圓述，《大正藏》冊 38，p.19a。

〔註 49〕參見湯用彤：《漢魏兩晉南北朝佛教史（下）》（台北：台灣商務印書館，1979 年台五版），p.678。

同解釋；唐・均正《大乘四論玄義》卷七則說正因佛性有本三家、末七家之別。《大般涅槃經》中云：

> 眾生佛性亦二種因：一者正因，二者緣因。正因者謂諸眾生，緣因者謂六波羅蜜。〔註50〕

所謂的「正因佛性」即相對於「緣因佛性」而言，即指眾生成佛的主要、直接原因，而緣因佛性就是次要的、輔助的原因。吉藏《大乘玄論》舉出南北朝探究「正因佛性」內涵的討論共有十一家，且又將十一家分爲三類〔註51〕，此以吉藏所言爲主，並將其他家說法共同表列如下：

<table>
<tr><th>《大乘玄論》三類</th><th>《大乘玄論》十一家</th><th>《大乘玄論》代表人物</th><th>《大乘四論玄義》</th><th>《涅槃宗要》</th></tr>
<tr><td rowspan="2">一、以假實爲正因佛性（成佛的正因在五陰所成的眾生，眾生是假，五陰是實，故稱假實。）</td><td>1.眾生爲正因</td><td>河西道朗、莊嚴僧旻、招提白琰公。</td><td>末第七家</td><td>第二師</td></tr>
<tr><td>2.六法（色、受、想、行、識、我）爲正因</td><td>定林僧柔</td><td>末第八家</td><td></td></tr>
<tr><td rowspan="5">二、以心識爲正因佛性（以成佛的正因在心識）</td><td>3.心爲正因</td><td>開善智藏</td><td></td><td>第三師</td></tr>
<tr><td>4.冥傳不朽爲正因</td><td>中法（小）安法師</td><td>末第五家</td><td></td></tr>
<tr><td>5.避苦求樂爲正因</td><td>光宅法雲</td><td>末第六家</td><td></td></tr>
<tr><td>6.眞神爲正因</td><td>梁武帝</td><td>末第四家</td><td>第四師</td></tr>
<tr><td>7.阿賴耶識自性清淨心爲正因</td><td>地論師</td><td>末第九家</td><td>第五師</td></tr>
<tr><td rowspan="3">三、以理爲正因佛性（成佛的正因在所應體悟的理體）</td><td rowspan="2">8.當得果爲正因</td><td>竺道生</td><td>本第一家</td><td rowspan="2">第一師</td></tr>
<tr><td>白馬寺愛法師</td><td>末第一家</td></tr>
<tr><td>9.眾生有得佛之理爲正因</td><td>遙法師（即望法師）、靈根僧正</td><td>本第三家
末第二家</td><td></td></tr>
</table>

〔註50〕《大般涅槃經》，《大正藏》冊12，p.530c。

〔註51〕《大乘玄論》，唐・吉藏撰，《大正藏》冊45，p.35b～p.36c。

《大乘玄論》三類	《大乘玄論》十一家	《大乘玄論》代表人物	《大乘四論玄義》	《涅槃宗要》
	10.眞諦爲正因	和法師、小亮（靈味寶亮）法師	末第三家	
	11.第一義空爲正因	攝論師（北地摩訶衍師）	末第十家	第六師

由此表可以略見南北朝各家的佛性之說，以及其代表人物。此外，吉藏認爲上述十一家的正因佛性說並未究竟，爲評破此十一家而主張「非眞非俗中道爲正因佛性」，《大乘玄論》中言：

> 河西道朗法師與曇無讖法師，共翻《涅槃經》，親承三藏作《涅槃義疏》，釋佛性義，正以中道爲佛性。……問：破他可爾，今時何者爲正因耶？答：一往對他則須併反。彼悉言有，今則皆無。彼以眾生爲正因，今以非眾生爲正因。彼以六法爲正因，今以非六法爲正因。乃至以眞諦爲正因，今以非眞諦爲正因。若以俗諦爲正因，今以非俗諦爲正因。故云：非眞非俗中道爲正因佛性也。〔註52〕

吉藏贊同道朗法師的看法，以中道爲佛性，從中觀宗的立場，用否定的語詞來駁斥前十一家看法，表示不要執著於眾生、眞諦、心等等，因爲這些眾生、眞諦、心等等都是自性空，雖然是自性空，但是世俗有，因爲不落入斷常二邊，而處於中道。這些關於正因佛性的探討盛極一時，甚至延續到唐朝仍然爭論不休。

（三）「本有」與「始有」之論

本有說與始有說可謂是如來藏思想在中國發展的成長期，因爲大本《大般涅槃經》的傳佈，不再爭辯於闡提有無性，轉而是進入思想的內部，討論其內涵與意義。除了確認何謂正因佛性，再者就是說明佛性的發生與作用，而這就是涉及佛性的釋名定義問題，以因釋性或以果釋性……，並且釐清佛性本淨與否，及煩惱染垢的關係，本有說與始有說就是在探究的過程中，因不同的見解而產生的課題。

〔註52〕《大乘玄論》，唐・吉藏撰，《大正藏》冊45，p.35c～p.37a。

1、本有說

本有者，謂眾生本具佛性，終必成佛。據灌頂《大般涅槃經玄義》和吉藏《涅槃經遊意》記載持此說的主要有三師，一是靈味寶亮，二是瑤法師，三是開善寺智藏、莊嚴寺僧旻。寶亮以爲生死之中本有眞神之性而說本有，《大涅槃經集解》引寶亮之解云：「佛性非是作法者，謂正因佛性，非善惡所感，云何可造？故知神明之體，根本有此法性爲源。若無如斯天然之質，神慮之本，其用應改；而其用常爾，當知非始造也。若神明一向從業因緣之所稱起，不以此爲體者。」〔註 53〕寶亮以敝帛裹黃金像，墜在身泥中爲譬喻，只要能洗淨開裹，黃金像宛然俱在，說明眞神佛體，萬德咸具，僅爲煩惱所覆，若能斷惑，佛體自現。瑤法師以眾生心神不斷爲正因法性，一切眾生悉有正因佛性，雖未具萬德，必當有成佛之理。智藏、僧旻則兼具本始二說，以約時說本始，就佛性本身而言，本已具有故說本有，是就理具言本有；就覺悟成佛而言，則稱始有，以覺起稱始有，此也就是由因位、果位分別立說，前二師亦是從因性、理性立本有義。

地論師有南北二系的傳承不同，其本有、始有的見解亦不相同。南道以阿賴耶識爲眞如識，故與本有說相近；北道以阿賴耶識爲妄識，無漏種子必須透過薰習方能轉染成淨，因此近於始有說。

2、始有說

根據均正《大乘四論玄義》卷七記載，竺道生作《佛性當有論》，白馬寺愛法師（末十家的第一家）引用其說，以當得果爲正因佛性，後人遂依此立始有說。道生的《佛性當有論》今已佚失，但從其他道生論佛性之語〔註 54〕，可知道生主張一切眾生悉有佛性，終必成佛，並非約果而言始有。吉藏在《涅槃經遊意》中說：「若於佛則今利是因中，因中未有果，則始有義也。」〔註 55〕，即是約因中未有果說佛性始有，又倡始有論者常以賣騂馬不索駒値、乳本無酪和麻非是油等譬喻來說明因不同於果，顯然是以果性爲佛性。此外，攝論師依《攝論》「法界等流正聞熏習」之說而立佛性說，也屬於始有說。

〔註 53〕《大般涅槃經集解》，梁．寶亮等撰，《大正藏》冊 37，p.462。

〔註 54〕《大般涅槃經集解》「不從因有，又非更造也」梁．寶亮等撰，《大正藏》冊 37，p.548b；「十二因緣爲中道，明眾生是本有也」，p.546c。

〔註 55〕《涅槃經遊意》，唐．吉藏撰，《大正藏》冊 38，p.237c。

3、調和說

均正《大乘四論玄義》提到《成實論》師主張「本有於當」，指眾生本具成佛之理說本有，然而成佛是在當來而非現在則說始有。吉藏《大乘玄論》言地論師有分佛性為「理性」、「行性」兩種，「理非物造，故言本有；行藉修成，故言始有。」〔註 56〕，理性本有，而行性修成。又均正《大乘四論玄義》亦談到地論師分佛性為理性、體性、緣起性三種，隱時為理性，顯時為體性，用時為緣起性，與吉藏所言相近，主張佛性亦本亦始。

無論哪一說，皆是承認眾生具有佛性，但對眾生所具本性的看法不同而有所差別，本有論側重由眾生成佛的角度立論，強調眾生悉具正因佛性，而始有論側重於眾生成佛的証果角度立論，強調眾生只有達到成佛果位時才有佛性。諸家若以淨識是為眾生本體的，多持本有說，主張心識是本淨的，煩惱僅是外鑠，去除外覆煩惱，本淨自性自然顯現；而若是以染淨合識為本體的，則多持始有說，心識雜染不淨並非佛，需要修行去除雜染，在未來當得佛果，現在未有，將來當有。然而，始有論所言的未來成佛，不知是何時的未來？是否又有何種因緣使佛性成熟？且如同反對心性本淨說的說一切有部與經量部一樣，還需解釋業力相續的問題。本有論與始有論的爭論，不僅表現出對佛性與眾生關係的不同看法，也引發出修持實踐方式的差異。

第三節 《寶性論》在如來藏思想中的地位

近代對於如來藏學的研究乃是由《寶性論》所引發，透過瞭解《寶性論》所引用的經典，以及這之中主要經典所闡釋的內容，可對如來藏思想有提綱契領的理解，更足以詳知《寶性論》在如來藏系經論中的重要地位。

一、《寶性論》所引用的經論

《寶性論》引用的經論有二十餘部之多，所引的經文幾乎佔了漢譯釋論長文三分之一的篇幅，如此大量的引經據典，《寶性論》依舊能夠有系統的融會貫通經論，以 buddha-dhātu（佛界、佛性）為主軸，闡明如來藏思想的主題。《寶性論》援引經典已知的出處列表如下〔註 57〕：

〔註 56〕《大乘玄論》，唐・吉藏撰，《大正藏》冊 45，p.39b。
〔註 57〕參見高崎直道等著・李世傑譯：《如來藏思想》，p.59～65；談錫永・邵頌雄：《如來藏論集》，p.319～329。

<table>
<tr><th colspan="2">經典名稱</th><th>引用次數</th><th>譯者</th><th>漢譯年代</th><th>大正藏</th></tr>
<tr><td colspan="2">1.勝鬘經 Śrīmālā-sijha-nāda-sūtra</td><td>27</td><td>南朝宋・求那跋陀羅</td><td>394～468</td><td>T12，no.353</td></tr>
<tr><td colspan="2">2.不增不減經 Anūnatvāpūrnatva-nirdeśa-parivarta</td><td>9</td><td>元魏・菩提流支</td><td>525</td><td>T16，no.668</td></tr>
<tr><td colspan="2">3.智光明莊嚴經
（《如來莊嚴智慧光明入一切佛境界經》）
Sarvabuddhaviṣayāvatāra-jñānālokālaṃāra-sūtra</td><td>6</td><td>北魏・曇摩流支</td><td>501</td><td>T12，no.357</td></tr>
<tr><td rowspan="6">4.大方等大集經
Mahā-sajnipāta-sūtra</td><td>陀羅尼自在王經（〈瓔珞品、陀羅尼自在王菩薩品〉）Dhāraṇīśvararaja-sūtra</td><td>6</td><td rowspan="5">北涼・曇無讖</td><td rowspan="5"></td><td rowspan="6">T13，no.397</td></tr>
<tr><td>海慧所問經（〈海慧菩薩品〉）Sāgaramati-paripṛcchā</td><td>4</td></tr>
<tr><td>寶女經（〈寶女品〉）
Ratnadārikā-sūtra</td><td>2</td></tr>
<tr><td>寶髻品（〈寶髻菩薩品〉）
Ratnacūḍa-paripṛcchā</td><td>2</td></tr>
<tr><td>虛空藏所問品
（〈虛空藏所問品〉）
Gaganagañja-paripṛcchā</td><td></td></tr>
<tr><td>無盡意菩薩品
（《無盡意所說經》）
Akṣayamati-nirdeśa</td><td>2</td><td>南朝宋・智嚴、寶雲</td><td></td></tr>
<tr><td colspan="2">5.大般涅槃經
Mahā-parinirvāna-sūtra</td><td>4</td><td>北涼・曇無讖</td><td>421</td><td>T01，no.7</td></tr>
<tr><td colspan="2">6.如來藏經
Tathāgatagarbha-sūtra</td><td>3</td><td>東晉・佛陀跋陀羅</td><td>420</td><td>T16，no.666</td></tr>
<tr><td rowspan="3">7.大方廣佛華嚴經
Buddhāvatajsaka-Mahāvaipulya-sūtra</td><td>如來性起品
（〈寶王如來性起品〉）
Tathāgatotpattisambhava-nirdeśa</td><td>2</td><td rowspan="2">東晉・佛陀跋陀羅</td><td rowspan="2">418～420</td><td rowspan="2">T09，no.278</td></tr>
<tr><td>十地經（〈十地品〉）
Daśabhūmika</td><td>1</td></tr>
<tr><td>入法界品 Gaṇḍavyūha</td><td></td><td>唐・實叉難陀</td><td>695～699</td><td>T10，no.279</td></tr>
</table>

<table>
<tr><th colspan="2">經典名稱</th><th>引用次數</th><th>譯 者</th><th>漢譯年代</th><th>大正藏</th></tr>
<tr><td colspan="2">8.金剛般若波羅蜜經
Vajracchedikā-prajñāpāramitā-sūtra</td><td>1</td><td>後秦・鳩摩羅什</td><td>402</td><td>T08，no.235</td></tr>
<tr><td colspan="2">9.妙法蓮華經
Saddharma-pundarīka-sūtra</td><td>1</td><td>後秦・鳩摩羅什</td><td>406</td><td>T09，no.262</td></tr>
<tr><td colspan="2">10.維摩詰所說經
Vimalakīrti-nirdeśa</td><td>1</td><td>後秦・鳩摩羅什</td><td></td><td>T14，no.475</td></tr>
<tr><td colspan="2">11.佛華嚴入如來德智不思議境界經
Tathāgataguṇajñānācintyaviṣayāvatāra-nirdeśa</td><td>1</td><td>隋・闍那崛多</td><td>585～600</td><td>T10，no.303</td></tr>
<tr><td colspan="2">12.堅固深心品
Dṛḍhādhyāśaya-parivarta</td><td>1</td><td>無漢譯</td><td></td><td>藏譯北京版Vol.35</td></tr>
<tr><td rowspan="2">13.大般若波羅蜜多經
Mahā-prajñāpāramitā-sūtra</td><td>八千頌般若波羅蜜多經
Astasāhasrikā-prajñāpāramitā-sūtra</td><td></td><td rowspan="2">唐・玄奘</td><td rowspan="2">660～663</td><td rowspan="2">T05～07，no.220</td></tr>
<tr><td>二萬五千頌般若波羅密多經
Pañcavijśatisāhasrikā-Prajñāpāramitā-sūtra</td><td></td></tr>
<tr><td colspan="2">14.迦葉品（《大寶積經・普明菩薩會》）
Kāśyapa-parivarta</td><td>1</td><td>唐・菩提流志</td><td></td><td>T11，no.310</td></tr>
<tr><th colspan="2">論典名稱</th><th>引用次數</th><th>譯 者</th><th>漢譯年代</th><th>大正藏</th></tr>
<tr><td colspan="2">1.大乘莊嚴經論
Mahāyāna-sūtrālajkāra</td><td>5</td><td>唐・波羅頗蜜多羅</td><td>630～633</td><td>T31，no.1604</td></tr>
<tr><td colspan="2">2.現觀莊嚴論
Abhisamayālajkāra-śāstra</td><td>1</td><td>民國・法尊法師</td><td></td><td>藏譯北京版Vol.88</td></tr>
<tr><td colspan="2">3.大乘阿毘達磨論
Mahāyānābhidharmasūra</td><td></td><td>梵本已佚，亦無漢、藏譯本</td><td></td><td></td></tr>
<tr><td rowspan="2">4.瑜伽師地論
Yogacārabhūmi</td><td>菩薩地 Bodhisattvabhūmi</td><td rowspan="2"></td><td rowspan="2">唐・玄奘</td><td rowspan="2"></td><td rowspan="2">T30，no.1579</td></tr>
<tr><td>聲聞地 śrāvakabhūmi</td></tr>
</table>

正如印順導師言：「《寶性論》不是狹義的如來藏論，不但以如來藏說爲主，闡明『生佛不二』的不可思議的如來境界，更廣引大乘經，使之與其他大乘經說相貫通」〔註 58〕，《寶性論》簡潔的論典形式，鉅細靡遺地收羅許多重要經論的內容，將大乘經典中如來藏思想的組織羅列於各章節，因此可以從《寶性論》精闢且深入的瞭解如來藏思想，直指眾生的自心本性。

二、《寶性論》集成如來藏系經典的思想

《寶性論》系統性的內容結構，可由兩個方面而言：廣的分類可從梵藏本的品次得知，除〈校量功德品第五〉外，《寶性論》宣說如來藏（有垢眞如）、菩提（無垢眞如）、功德、事業四個主題；細的分類則是佛寶、法寶、僧寶、如來藏、菩提、功德、事業七金剛句。不論如何分類，其內容皆是有所依據與關聯，於經有本。

首先，三寶是引用自〈堅固深心品〉；如來藏依於《如來藏經》；菩提依於《勝鬘經》；功德依於《不增不減經》；事業則是依於《如來莊嚴智慧光明入一切佛境界經》。進一步細論，如來藏十義當中的「因」義，見於《大乘莊嚴經論》；「果」義出於《大般涅槃經》；「業」義出於《勝鬘經》；「無差別義」出於《不增不減經》。菩提的八義與《大乘莊嚴經論》的說法一致。功德當中的六十四種功德，依於《大方等大集經》的〈寶女品〉。事業的九種譬喻，亦出於《如來莊嚴智慧光明入一切佛境界經》。以下略論影響《寶性論》之重要經論的思想：

《如來藏經》最早使用「如來藏」一語，明確的表達出以如來藏爲主題，提出「一切眾生如來之藏常住不變」〔註 59〕的主張，強調眾生雖有貪瞋癡等各種煩惱，但眾生仍具如來智、如來眼、如來身等無量清淨德性〔註 60〕，舉九種譬喻說明此如來藏思想，九喻爲萎華中佛、群蜂中美蜜、皮殼中堅實、糞穢中眞金、地中珍寶藏、果內種子、弊物裏金像、貧女懷妊輪王、泥模中

〔註 58〕 見印順法師：《如來藏之研究》，p.165。

〔註 59〕 「善男子，諸佛法爾，若佛出世，若不出世，一切眾生如來之藏常住不變。但彼眾生煩惱覆故，如來出世廣爲說法，除滅塵勞，淨一切智。」《大正藏》冊 16，p.457。

〔註 60〕 「我以佛眼觀一切眾生，貪欲恚癡諸煩惱中，有如來智、如來眼、如來身，結加趺坐，儼然不動。善男子，一切眾生，雖在諸趣煩惱身中，有如來藏常無染污，德相備足，如我無異。」《大正藏》冊 16，p.457b。

寶像，此爲《寶性論》所引用，論及如來藏只要去除蔽障就能夠証得菩提，佛性是染淨一如，並以法身、如來、佛種性的三自性加以統攝論述，闡發九種譬喻更深層的意義。

《不增不減經》從《如來藏經》的樸素再進一步解釋如來藏，認爲「法身與眾生界是一界，不增不減」，法身雖不生不滅、常恆清淨，但由於煩惱的關係，分爲煩惱纏縛的眾生、修行十波羅蜜的菩薩、清淨無礙的如來，三者究竟皆是法身，所以第一義諦、眾生界、如來藏、法身等是異名同義〔註61〕，並依眾生界由三個面向闡述如來藏的基本內涵，即：

> 眾生界中亦三種法，皆眞實如不異不差。何謂三法：一者如來藏本際相應體及清淨法；二者如來藏本際不相應體及煩惱纏不清淨法；三者如來藏未來際平等恒及有法。〔註62〕

此三法對《寶性論》如來藏思想有重要的貢獻，若柏木弘雄言：

> 該經對《寶性論》如來藏說最重大貢獻的，爲以下三點。亦即：(1)、與未來際同樣地有常恆法性（dhruva-dharmatā），(2)、在如來藏內，煩惱藏無始時來共存著；不過，它們在本質上是非結合性者（asaṃbaddha-svabhāva），(3)、清淨法無始時來共存，且在本質上是結合性（saṃbaddha-svabhāva）的三點。〔註63〕

《寶性論》即是繼承此三法的論述，作爲基本理論架構，闡明如來藏三義。

《勝鬘經》以勝鬘夫人發願「攝受正法」的決意開始，而所謂的「正法」是大乘，並且是一乘，聲聞、緣覺二乘僅是究竟一乘的權方便〔註64〕。若以三寶而言，其究竟皈依的是佛寶之如來法身，如來法身具常、樂、我、淨四波羅蜜，作如此見是爲正見。〔註65〕同樣的法身，在眾生被煩惱所纏縛的狀

〔註61〕「甚深義者，即是第一義諦。第一義諦者，即是眾生界。眾生界者，即是如來藏。如來藏者，即是法身。舍利弗，如我所說法身義者，過於恒沙，不離、不脫、不斷、不異，不思議佛法如來功德智慧。」《佛說不增不減經》，《大正藏》冊16，p.467a。

〔註62〕《佛說不增不減經》，《大正藏》冊16，p.467b。

〔註63〕見柏木弘雄：〈如來藏思想〉，平川彰等著．許明銀譯：《佛學研究入門》，p.249。

〔註64〕「聲聞緣覺乘皆入大乘，大乘者即是佛乘，是故三乘即是一乘。得一乘者，得阿耨多羅三藐三菩提。阿耨多羅三藐三菩提者，即是涅槃界。涅槃界者，即是如來法身。得究竟法身者，則究竟一乘。」《勝鬘師子吼一乘大方便方廣經》，《大正藏》冊12，p.220c。

〔註65〕「如來法身是常波羅蜜、樂波羅蜜、我波羅蜜、淨波羅蜜，於佛法身，作是見者，是名正見。」《勝鬘師子吼一乘大方便方廣經》，《大正藏》冊12，p.222a。

態，則稱為「如來藏」〔註 66〕。在此基礎之上，《勝鬘經》解釋如來藏的本質與意義，提出「空如來藏」與「不空如來藏」的重要說法：

> 有二種如來藏空智。世尊！空如來藏，若離、若脫、若異一切煩惱藏。世尊！不空如來藏，過於恒沙不離、不脫、不異不思議佛法。〔註 67〕

煩惱是外鑠的，所以就如來智不同於煩惱藏，稱為空如來藏；就與如來智不離不脫的諸德性，心性含攝無量功德，稱為不空如來藏。並且，如來藏是生死與涅槃的所依，有為法與無為法之依侍，眾生離苦求樂的動力。《寶性論》繼承《勝鬘經》所言，在〈如來藏品第一〉當中特別發揮此說。《不增不減經》、《如來藏經》與《勝鬘經》可說是形成如來藏思想理論的精要，因此《寶性論》對此三部論加以重用，日本學者高崎直道稱之為「如來藏系經典之三部經」〔註 68〕。

《大般涅槃經》的重點主要在於「如來常住，具常樂我淨之四波羅蜜」、「一切眾生悉有佛性」，對於如來藏思想的特別貢獻就是以「佛性」解釋如來藏的本質，「性」就是前所言「界」（dhātu）的意思，將眾生與佛歸屬於同類別，替代了「如來藏」一詞，有別於如來藏系三經的系統，內容亦是極其大部的經典。此外，還有一闡提能否成佛的討論，肯定一闡提亦具有佛性，也能夠成佛的定論。《寶性論》從《涅槃經》引用「佛性」一詞及其概念，對於「一闡提」，則說是嗔恨大乘法的大欲有情，並不認為是無成佛之性，可以信解作為對治，僅有簡短的重點敘述。

從《如來藏經》乃至《不增不減經》、《勝鬘經》、《涅槃經》、《大集經》等等，經中所講述關於如來藏的重點，都被《寶性論》所擷取，然而不同於《涅槃經》長篇敘事說理的介紹佛性，異於《楞伽經》、《大乘起信論》以如來藏說為主而採取阿賴耶識思想，《寶性論》簡明扼要的以偈頌去闡釋如來藏思想的精華，將之理論化與體系化，可謂集如來藏系經典思想之大成。

〔註 66〕「如來法身不離煩惱藏，名如來藏。」《勝鬘師子吼一乘大方便方廣經》，《大正藏》冊 12，p.221c。

〔註 67〕《勝鬘師子吼一乘大方便方廣經》，《大正藏》冊 12，p.221c。

〔註 68〕見高崎直道等著．李世傑譯：《如來藏思想》，p.39。

第三章　如來藏的特質

如來藏思想是《寶性論》所闡述的重點，首先應當建立「一切眾生皆具如來藏」的理論依據，此即是〈如來藏品第一〉中所說眾生具有如來藏的三種意義，由此可知眾生何以具有如來藏。釐清確知此三種意義之後，其疑自然是眾生爲何未証佛果之緣由？此可從兩方面說之：首先，眾生因無明煩惱所生的四種障礙，使之無法眞正契入究竟一乘法，此障礙以佛性的四種能淨因對治之後，可証得超越的淨、我、常、樂四德，所謂的法身四波羅蜜果。再者，闡述顯現如虛空與日輪般的自性清淨，與斷除所知障與煩惱障後的離垢清淨，可証得全然清淨的菩提佛果，此是如來藏所隱的特質，証悟成佛的本質。

第一節　衆生皆具如來藏的意義

「一切眾生皆具如來藏」所能立的根據爲何？《寶性論》立論言：「佛陀法身能現故，眞如無有差別故，具種性故諸有情，恆時具有如來藏」（一），以「佛陀法身能現」、「眞如無有差別」、「諸有情具種性」三個面向闡釋，說明眾生是本具能夠証悟的如來藏。法身、眞如、佛種性是爲如來藏的體性，《寶性論》用三個譬喻說明其自性，如寶珠、虛空與水一般，偈言：

> 自在勢力及不變，滋潤本體自性故，
>
> 彼等寶空水功德，是爲相似對應法。（一）

如來法身具有能使一切願望如實圓滿的自在勢力，與珍貴的滿願摩尼寶相似，遠離一切垢染；眞如無論在什麼時期，本質都不會轉變，與虛空相似，雲靄僅是暫時現起的外來遮障，一點也不影響虛空的本質；佛種性是具有滋潤特質的本體，是周遍一切眾生的大悲自性，與水的功德相似，水中的雜質並不會眞正影響水的清淨本質。就別相而言，法身、眞如、佛種性分別具有自在勢力、不變、滋潤的特性，與摩尼寶珠、虛空、水三者的自性相似，就共相而言，三者皆是恆時無障垢且自性本淨的。

一、佛陀法身能現

佛陀法身能現，簡而言之就是說佛陀的智慧法身周遍一切境、一切眾生，偈言：「佛智入諸有情故」（一），究竟正等覺的圓滿佛身等同於虛空般的法身功德，亦如北魏漢譯《寶性論》偈言：

> 譬如諸色像，不離於虛空，如是眾生身，不離諸佛智。
> 以如是義故，說一切眾生，皆有如來藏，如虛空中色。〔註1〕

由此說一切眾生都具有如來佛智，而此如虛空中色的法身功德，即是《寶性論》中所言的法界最極清淨體，又北魏漢譯《寶性論》釋論言：

> 諸佛如來有二種法身，何等爲二？一者寂靜法界身，以無分別智境界故，如是諸佛如來法身，唯自內身法界能證應知，偈言清淨眞法界故。〔註2〕

所謂的寂靜法界身，是寂滅一切戲論，內身各別自証的所境，是無分別智的境界。因此這樣的境界是一切諸法的實相，本體無生無滅，住於色空無別中，沒有偏墮於任何一方。

「佛陀法身能現」所成立眾生與佛陀法身關係又可從兩個層次來詮釋。首先，就是能夠顯現法身的一切有情眾生，其相續中必定有將能成佛的種性，因爲如果沒有種性，就能現前法身是不合理的，如《百千頌大集經地藏菩薩請問法身讚》云：「有性若有功，則見於眞金，無性若有功，困而無所獲」〔註3〕。再者，本來具足佛功德的種性不是所作無常的自性，因爲一切諸佛都是以無爲法而安立自性，在《大般涅槃經》中說：

> 爾時世尊復告迦葉：善男子！如來身者是常住身，不可壞身，金剛之身，非雜食身，即是法身。〔註4〕

〔註1〕《究竟一乘寶性論》，《大正藏》冊 31，p.838c。
〔註2〕《究竟一乘寶性論》，《大正藏》冊 31，p.838b。
〔註3〕《百千頌大集經地藏菩薩請問法身讚》，《大藏經》冊 13，p.790b。
〔註4〕《大般涅槃經》，《大正藏》冊 12，p.382c。

文殊師利若善男子有慚愧，不應觀佛同於諸行，文殊師利！外道邪見可說如來同於有爲，持戒比丘不應如是於如來所生有爲想。若言如來是有爲者，即是妄語當知是人死入地獄，如人自處於己舍宅。文殊師利！如來眞實是無爲法，不應復言是有爲也。〔註 5〕

從《大般涅槃經》中可得知，如來法身是常住身、不可壞身、金剛之身，且此法不是有爲法，因爲如來眞實是無爲法，但此無爲並非空空無所有的意思，《大般涅槃經》云：

佛性者即眞解脱，眞解脱者即是如來，又解脱者名不空空。空空者，名無所有，無所有者即是外道尼犍子等所計解脱，而是尼犍實無解脱故名空空，眞解脱者則不如是，故不空空。不空空者即眞解脱，眞解脱者即是如來。〔註 6〕

空無所有如裸形外道並不能解脫，眞正能解脫的是如來，是具有佛性者，即是不空空者。但在狹隘心識僅能了知無常的狀態中，對於無爲法的佛性、法身智慧則難以了解，若《佛說能斷金剛般若波羅蜜多經》說：「若以色見我，以音聲求我，是人起邪觀，不能當見我。應觀佛法性，即導師法身，法性非所識，故彼不能了。」〔註 7〕法身並非眼等六根所能見聞覺知，在無爲的體性中含攝輪涅的一切諸法，本體無有生滅，這是觀察究竟的導師法身而成立。

《中論》言：「涅槃名無爲，有無是有爲，有無二事共合，不得名涅槃。涅槃名無爲，有無是有爲，是故有無，非是涅槃」〔註 8〕，有與無是相對的，可依因緣而生滅，如此即是有爲法、無常法，而遍在的法身是超越有無的大無爲法，若如來藏是有爲法怎能成就無爲的涅槃？所以如來藏僅是因已離或未離客塵，而產生顯現與不顯現的差別，在實相中沒有優劣種種差別，是無變無爲的自性。《寶性論》偈言：

猶如具無分別性，虛空遍行於一切，
心之自性無垢界，如是遍行於一切。(一)

法身如虛空般無分別的遍在一切有情眾生，不盈不虧的無爲而住，眾生能夠經由修道，顯現無垢的自性，由如來法身的本質了知一切眾生具有如來藏。

〔註 5〕《大般涅槃經》，《大正藏》冊 12，p.613c。
〔註 6〕《大般涅槃經》，《大正藏》冊 12，p.395b。
〔註 7〕《中論》，龍樹造，青目釋，姚秦・鳩摩羅什譯，《大正藏》冊 30，p.35。
〔註 8〕《佛說能斷金剛般若波羅蜜多經》，《大正藏》冊 8，p.775a。

二、眞如無有差別

「眞如」是指宇宙萬有的眞實性，或本來的狀態。《寶性論》當中提及兩種眞如，偈言：「眞如有垢及無垢」(一)，即是「有垢眞如」與「無垢眞如」。有情眾生處在煩惱中，佛性未離開煩惱塵垢的纏覆，因此凡夫位的眞如稱爲「有垢眞如」，即是如來藏。佛陀是本質的本然清淨，並且遠離一切的煩惱塵垢，因此佛果位的眞如是爲「無垢眞如」，即是菩提。

「眞如無有差別」是說輪涅諸法的空性本質是無別一味，所以佛與眾生在實相中是沒有差別的，因爲從佛與眾生兩者的眞實本性，也就是「眞如本質是全然清淨」的角度而言，如來藏同樣的存於佛與眾生之中，如《大方等如來藏經》言：

> 我以佛眼觀一切眾生，貪欲恚癡諸煩惱中，有如來智、如來眼、如來身，結跏趺坐儼然不動。善男子！一切眾生，雖在諸趣煩惱身中，有如來藏常無染污，德相備足如我無異。〔註 9〕

雖然一切眾生的自性被貪嗔癡等無明煩惱所覆蓋，唯「如來藏常無染污」，清淨的自性不爲煩惱所染汙，達到全然証悟時所顯現的諸功德是自性無離具足，與佛無異，並非忽然生起，即《寶性論》偈言：「具有過失客塵故，具有功德自性故，本初如是後亦爾，眞如法性無變易」(一)。眾生的自性就如同在糞穢中的黃金，《寶性論》偈言：

> 由於自性無變異，以及勝善及清淨，
> 是故宣說此眞如，與彼眞金性相同。(一)

黃金本身是完全純淨的，本質不爲周圍的糞穢所染，而這些糞穢染污是可以去除的，所以說：

> 一切諸眾生，平等如來藏，眞如清淨法，名爲如來體；
> 依如是義故，說一切眾生，皆有如來藏，應當如是知。〔註 10〕

眾生的自性從本以來就是清淨無染，於境、行、果皆爲清淨，無二無別、無異無壞。眾生與佛的分別只在無明眾生不知佛性，而全知的佛了知佛性，凡夫位與佛果位是世俗現相中的不同，但在勝義實相中並無不同，如《寶性論》偈言：「自性無垢彼無二」(一)，眾生與佛的性體是不二的，因此說一切眾生皆有如來藏。

〔註 9〕《大方等如來藏經》，《大正藏》冊 16，p.457b。
〔註 10〕《究竟一乘寶性論》，《大正藏》冊 31，p.838c。

三、諸有情具種性

第三個眾生皆有如來藏的因是「諸有情具種性」，這裡所說的「種性」，對照梵文本，其原文是 Buddhagotra，指的是佛的種性（gotra），而非佛體性（buddhatva）。〔註 11〕在《寶性論》當中出現最多次的如來藏相關用語是佛界（buddha-dhātu），而於此特別使用種性，乃是為了以種性的原始用法闡釋眾生具有佛種的深刻意涵。

種性（gotra）有兩種意思，一種是：如埋藏有金屬或寶石之山的意思；另一種有血統、家系或傳世於其家之能力的意思。〔註 12〕其中，作為寶山意思的譬喻，在北魏漢譯《寶性論》的釋論當中解釋佛性引《大集經・陀羅尼自在王品》偈言：

> 譬如石鑛中，眞金不可見，能清淨者見，見佛亦如是。〔註 13〕

在這個譬喻當中，將「佛」譬喻為善巧的摩尼寶師，但單靠寶石師的力量不能生出摩尼寶，需要有大摩尼寶山中的摩尼寶，透過不斷的磨練擦洗，才能產生摩尼寶。同樣的道理，眾生是依於種性入佛法中，清淨障垢之後，成就佛果。因此，眾生是本具有此眞金般的如來種性，才得以成佛。

作為血統、家系的意思，最早用法是印度社會的種姓制度，不同的階級是以血統來決定類別，這種在社會發展過程中所形成的種姓區分，隨之而來的階級壓迫，佛教是根本反對的。佛典中的種性亦有種類或類別的意思，乃是由於各人種種條件的不同，成就也因此而有差別，於是社會上種姓區別的範疇，便被應用到佛教裡頭，例如《大毗婆沙論》中，便有佛種性、獨覺種性、聲聞種性等三乘種姓的差別〔註 14〕。但是，如同前所論述的眾生自性清淨，一旦反覺自己實踐的根據，就會發現自心所具淨化的力量，既是如此為何有解脫程度上的不同？再者，圓滿的佛陀有無限的慈悲，何以不讓一切眾生皆得成佛，而必須分為若干等級？這是傳統的種性分類所難以回答的，在

〔註 11〕參見釋恆清：《佛性思想》，p.111。中村瑞隆著・世界佛學名著譯叢編委會譯：《梵漢對照究竟一乘寶性論研究》，p.49，第 28 偈。

〔註 12〕參見高崎直道等著・李世傑譯：《如來藏思想》，p.19。

〔註 13〕《究竟一乘寶性論》，《大正藏》冊 31，p.822a。

〔註 14〕「謂佛種性是上品，獨覺種性是中品，聲聞種性是下品。」《阿毘達磨大毘婆沙論》，《大正藏》冊 27，p.25b。

《勝鬘經》與《法華經》中的「一乘思想」〔註15〕則解決此等疑惑，《法華經》敘述佛爲舍利弗等諸大聲聞授記，預言他們都能成佛，一切眾生皆得成佛。一佛乘的觀念，即隱涵對眾生自具成佛之因的肯定，《寶性論》繼承一佛乘的思想，進而肯定眾生具有佛種性，偈言：

> 倘若無有佛種性，不能厭離輪迴苦，
> 及不希求於涅槃，亦無希欲之願心。
> 於彼輪迴及涅槃，觀見苦樂之功過，
> 此依具有種性有，何故於無種性無。(一)

此處所言的佛種性，即是說眾生具有與佛無別的成佛潛能，如同具有佛的血統一般，屬於佛陀的家系。此兩偈是利用反面驗證佛種性，若是沒有佛種性不會生起對輪迴痛苦的厭離心，也不會產生對涅槃生起希望得証的願心，不會精進的修持能証的方便之道，然而事實並非如此，眾生對於輪迴的痛苦與涅槃的喜樂是有所感知的，這就是佛性的展現。此是就因而言如來藏，眾生有可證得佛果的種性，是如來的成因，因此以「佛」之名命之。

總括而言，「佛陀法身能現」是就「果」而言如來藏，法身是眞實的如來，因爲佛智一直存在於眾生之中，眾生能夠證得法身，所以說佛陀法身能現，法身是周遍的。「眞如無有差別」是就「本質」而言如來藏，從眞如本質全然清淨的角度來看，眾生與佛的如來藏是無有差別的。「諸有情具種性」是就「因」而言如來藏，佛種性是眾生的眞實本性，是成佛的因、如來的因。由此三點詳盡的闡釋「一切眾生有如來藏」。

第二節　如來藏的能淨因與四波羅蜜果

如來藏的本質清淨，唯眾生仍有覆蔽的煩惱障垢需要淨除，因此《寶性論》提出四個淨除染垢的方法，以這四個能淨因對治四種類型的眾生與障礙，使眾生能夠清淨障礙，顯現佛性，超越二邊，証得淨、我、常、樂的四波羅蜜多果。

〔註15〕「我等昔來眞是佛子，而但樂小法，若我等有樂大之心，佛則爲我說大乘法，於此經中唯說一乘。而昔於菩薩前毀呰聲聞樂小法者，然佛實以大乘教化，是故我等說本無心有所悕求，今法王大寶自然而至，如佛子所應得者皆已得之。」《妙法蓮華經》，《大正藏》冊9，p.17c。

一、能淨因對治四種障礙

談論眾生具有障礙時，該以何種方法對治？首先，應將眾生以及眾生所具有的障礙分類，以利用不同的方便之法對治，因此北魏漢譯《寶性論》釋論中提到一切有情眾生可分為三：「略說一切眾生界中有三種眾生，何等為三？一者求有，二者遠離求有，三者不求彼二。」〔註 16〕就是貪求世間法、渴求遠離世間法、不執著亦不渴求捨離世間法等三種眾生。此三種眾生又有更詳細的分類，列表如下〔註 17〕：

<table>
<tr><th>眾生廣的分類</th><th colspan="2">眾生細的分類</th><th>四障者</th><th>三定聚</th></tr>
<tr><td rowspan="2">求有</td><td colspan="2">毀謗佛法的世間一闡提</td><td rowspan="2">大欲有情
（一闡提）</td><td rowspan="2">邪定聚</td></tr>
<tr><td colspan="2">毀謗佛法內之大乘的一闡提</td></tr>
<tr><td rowspan="5">遠離求有</td><td rowspan="3">無求道方便</td><td>見「我」之外道</td><td rowspan="3">外道</td><td rowspan="3">不定聚</td></tr>
<tr><td>雖信佛法但見有「我」者</td></tr>
<tr><td>惡取空者</td></tr>
<tr><td rowspan="2">有求道方便</td><td>聲聞</td><td>聲聞</td><td rowspan="3">正定聚</td></tr>
<tr><td>辟支</td><td>辟支佛</td></tr>
<tr><td>不求有亦不遠離求有</td><td colspan="2">第一利根眾生諸菩薩摩訶薩</td><td></td></tr>
</table>

其中不執著於世間法亦不捨離世間的諸菩薩摩訶薩，乃不同於求世間法的一闡提，亦不同無求道方便的種種外道、有求道方便的聲聞與辟支佛等受障垢所蔽，諸菩薩是深信大乘法且具足善巧方便，因為諸菩薩能見世間、涅槃之法平等，所以無住於涅槃，行世間法而不為世間法所染，善住於根本清淨法中，具有堅固的慈悲與大願。所以，除了第一利根眾生諸菩薩摩訶薩之外，有四種有情未能顯現如來藏：一者、大欲有情；二者、外道；三者、聲聞；四者、辟支佛。因為這四種眾生有四種障礙，所以不見如來之性，偈云：

於法嗔恨及我見，怖畏輪迴之痛苦，

捨離利樂眾生事，是為四種障礙性。（一）

於法嗔恨、我見、怖畏輪迴之痛苦、捨離利樂眾生事分別為四種有情的障礙性，可以如來藏的四種能清淨障礙的因予以對治，偈言：

〔註 16〕《究竟一乘寶性論》，《大正藏》冊 31，p.828c。

〔註 17〕《究竟一乘寶性論》，《大正藏》冊 31，p.828c～p.829a。

如淨寶珠虛空水，自性恆時無雜染，

信法以及增上慧，三昧大悲而出生。(一)

大欲有情及外道，聲聞以及辟支佛，

增上信等四種法，應知是爲能淨因。(一)

以信法、增上慧、三昧、大悲四種能淨因，對治大欲有情、外道、聲聞以及辟支佛的四種障礙性，分別論述於下：

(一)「信法」對治「於法嗔恨的大欲有情」

於法嗔恨的是大欲有情，就是毀謗佛法的一闡提，可分爲二種：一是毀謗解脫道無涅槃之性，因而常求住世間不求証悟涅槃的世間一闡提；二是於佛法中毀謗大乘法的一闡提。一闡提被認爲是三定聚中的邪定聚眾生，邪定聚是造作五無間業者，必定墮於地獄，必定處於邪中，故稱邪定聚，並且以爲此等之人，不具備成佛之素質，亦無法證悟，因此《成實論》言「邪定者必不入泥洹」〔註 18〕，此即引發一闡提是否具有佛性、能否成佛的爭論，漢譯《寶性論》引《不增不減經》解釋一闡提言：

舍利弗，若有比丘、比丘尼、優婆塞、優婆夷，若起一見、若起二見，諸佛如來非彼世尊，如是等人非我弟子。舍利弗，是人以起二見因緣，從闇入闇、從冥入冥，我說是等名一闡提故。〔註 19〕

若對如來藏起一見或二見，如此之人就不是世尊的弟子，一見、二見於《不增不減經》中所指的是增見或減見，無法如實了知如來藏，有此二見因緣的人，是從黑暗進入更黑暗者，由此解釋一闡提，可見《寶性論》中並未明確否定一闡提是無性（a-gotra）者〔註 20〕，只是爲嗔恨佛法者所說的名稱。

對於大乘佛法的信心可以對治於法嗔恨的大欲有情，因爲在大乘的見解中，所依淨化的基礎即是佛性、如來藏，以此爲基礎，將所需淨除的染垢完全淨化，如來藏即可展現，而在聲聞乘的見解中，所依淨化的基礎並非如來藏，所以並不依止此究竟的方便道淨化外來染垢。因此，大乘教法是唯一提供清淨染垢的究竟方便道，嗔恨佛法的大欲有情應當修習菩薩所信的大乘法，以虔敬的信心對治其障礙。

〔註 18〕《成實論》，訶梨跋摩造，姚秦・鳩摩羅什譯，《大正藏》冊 32，p.250a。

〔註 19〕《究竟一乘寶性論》，《大正藏》冊 31，p.828c。

〔註 20〕參見高崎直道等著・李世傑譯：《如來藏思想》，p.42～43。

（二）「增上慧」對治「我見的外道」

持有我見的是渴求遠離世間法的無求道方便眾生，可分爲三種：一是僧佉、毗世師、尼犍子、若提子等外道四宗爲主的種種外道；二、三則皆是在佛法中如同外道行，雖然相信佛法但取顛倒見，二是如犢子部（Vātsī-putrīyāḥ）等眾生，見身中有我，特別主張有補特伽羅我，不相信勝義諦，因此佛說此眾生不相信眞如法空，無異於外道；三是惡取空者，計唯空無實，以我相驕慢入空解脫門，執空爲有而陷邪見。這三種眾生都是執著有我者，統歸爲外道。

以增上慧對治具有我見的外道，此增上慧就是般若波羅蜜（prajñā-pāramitā）〔註 21〕，是照了諸法實相，而窮盡一切智慧之邊際，度生死此岸至涅槃彼岸的菩薩大慧。般若波羅蜜乃六波羅蜜（sad-pāramitā）的根本，一切善法的淵源，又稱諸佛之母。「般若」即慧，聲聞、緣覺雖有所得智慧，然此二眾唯求速趣涅槃，並不窮盡智慧之邊際，所以不能得般若波羅蜜；唯有菩薩求一切智，遂以之達於彼岸，而稱具足般若波羅蜜。此般若波羅蜜於成佛時轉爲一切種智，故般若波羅蜜不屬於佛，不屬於聲聞、辟支佛，亦不屬於凡夫，唯屬於菩薩。如此的增上慧不僅僅是了悟人無我，更是了悟法無我，所以是具有我見的外道所必須修行的菩薩智慧。

（三）「三昧」對治「怖畏輪迴痛苦的聲聞」

渴求遠離世間法的有求道方便眾生之一爲聲聞眾，其障礙在於極端的害怕輪迴，怖畏輪迴的痛苦，如《涅槃宗要》言：「聲聞畏苦，障於樂德，不知彼苦即是大樂故。」〔註 22〕因此，以具有「樂」的無量三昧對治，應修持菩薩的虛空藏等諸三昧〔註 23〕，以樂的本質淨化痛苦。

〔註 21〕《究竟一乘寶性論・一切眾生有如來藏品》的釋文言：「二者橫計身中有我諸外道障，此障對治，謂諸菩薩摩訶薩修行般若波羅蜜故，偈言及般若故。」《大正藏》冊 31，p.829a。

〔註 22〕談錫永註解此而言「漢譯作『修行虛空藏首楞嚴等諸三昧』。梵藏本皆無『首楞嚴』。虛空藏三昧，及謂修佛智二藏無邊等如虛空之止觀。首楞嚴三昧唯十地菩薩能修，又稱爲『勇伏定』。若僅對治聲聞之怖畏世間苦，實不必首楞嚴三昧，修虛空藏三昧即足」，《寶性論梵文新譯》，p.68。

〔註 23〕《涅槃宗要》，新羅・元曉撰，《大正藏》冊 38，p.246a。

（四）「大悲」對治「捨離利樂眾生事的辟支佛」

渴求遠離世間法的有求道方便眾生的另一種爲辟支佛、緣覺眾等修持者，此眾生只求自解脫而不利益他人，捨棄利樂眾生事是其障礙性，當以修持菩薩的大悲淨化辟支佛的障礙，祈願一切有情完全遠離痛苦。《入中論》當中即特別讚嘆大悲心，說明大悲心是菩薩的正因：「悲性於佛廣大果，初猶種子長如水，常時受用若成熟，故我先讚大悲心」〔註 24〕，大悲在於豐盛廣大的佛果，初爲種子，中爲水潤，後爲成熟，盡未來際爲諸有情作受用因。修持大悲心可令辟支佛展轉增上，淨化其障礙，由是樂大乘法應先令心隨大悲轉。

《寶性論》對此四種能淨因又以譬喻形容：

> 信解勝乘爲種子，般若爲母生佛法，禪樂胎處悲乳母，具足彼等誕佛子。（一）

譬如具有種子、生母、安樂胎藏、乳母這四種因緣，即能生育轉輪聖王。對於大乘的虔誠信心是一切殊勝功德的根本，猶如種子；証悟無我的增上慧是能出生一切諸佛的功德之因，猶如生母；安住三昧禪定的無量喜樂，猶如不失壞且增上功德的安樂胎藏處；大悲能滋養一切，猶如乳母一般。具足此四者生起的，乃是由正等覺佛意所生的孩子，延續佛的慧命，繼承擁有佛的能力，是爲佛子菩薩。

《寶性論》中條分縷析四種眾生與其不能成就佛果的四種障礙性，說明只要具備四種生起如來藏的因，淨化其障礙，令一切眾生進入菩薩之大乘，能証無上菩提，呼應其究竟一乘之旨。

二、法身的四波羅蜜果

於法嗔恨、我見、怖畏輪迴之痛苦、捨離利樂眾生事是使如來藏無法立即顯現的四種障礙性，對於佛陀法身而言：於法嗔恨障礙了法身的清淨；我見障礙了其爲眞我的相貌；怖畏輪迴之痛苦障礙法身的眞實大樂；而捨離利樂眾生事則障礙法身的恆常。以信法、增上慧、三昧、大悲四因清淨對治後，即可得到圓滿的四德，爲法身的四種果德，如偈言：「淨我大樂及恆常，功德波羅蜜多果」（一）。

〔註 24〕見宗喀巴大師著・法尊法師譯：《入中論善顯密義疏》（台北：法爾出版社，1995 年 10 月），p.41。

淨、我、常、樂四種波羅蜜功德乃可以遣除於法身的顛倒，認爲法身不淨、無我、痛苦、無常的四種顛倒，偈言：

彼等果者若總攝，以於法身四顛倒，

不淨無我苦無常，相反對治而獲得。(一)

不淨、無我、痛苦、無常又是如何產生？如《勝鬘經》中所言：

顛倒眾生於五受陰，無常常想、苦有樂想、無我我想、不淨淨想。一切阿羅漢辟支佛淨智者，於一切智境界及如來法身本所不見。或有眾生信佛語故，起常想、樂想、我想、淨想，非顛倒見，是名正見。何以故？如來法身是常波羅蜜、樂波羅蜜、我波羅蜜、淨波羅蜜，於佛法身作是見者，是名正見。正見者，是佛眞子，從佛口生，從正法生，從法化生，得法餘財。〔註25〕

凡夫眾生因爲受五蘊的影響，對於色等無常之事產生錯誤的概念，因此將無常以爲常、苦以爲樂、無我以爲我、不淨以爲淨，而聲聞辟支佛眾以無常、苦、無我、不淨逆轉此顛倒法，但對於一切智境界與如來法身的不了知，以對治法爲執著，亦成爲顛倒法，如山口益言：「在不顛倒眞實的無常性作爲既是所對治又是顛倒而被超越，法身的常住性被確立之處，或許可以看到《法華經》之法身常住說就包括在內。」〔註26〕以法身淨、我、常、樂的次序細論之，《寶性論》偈言：

法身自性清淨故，及斷習氣故爲淨，

我與無我諸戲論，寂滅之故爲聖我。

彼意生身及其因，捨離故爲大安樂，

三有輪迴及涅槃，證悟平等故爲常。(一)

(一)淨波羅蜜

凡夫眾生將世間的色法如身體等視爲清淨，而聲聞緣覺眾則透過修持不淨觀消除此種認知。如來法身果德是超越這兩種邊見，超越清淨與不淨，形成眞實清淨的圓滿。果從無始以來的本質就是全然清淨，當証悟本質彰顯爲法身時，因爲所有外來的染垢與殘留的習氣皆已完全淨除，清淨的特質自然展現，是爲淨波羅蜜。

〔註25〕《勝鬘師子吼一乘大方便方廣經》，《大正藏》冊12，p.222a。

〔註26〕見山口益著．肖平、楊金萍譯：《般若思想史》(台北：上海古籍出版社，2006年7月)，p.46。

（二）我波羅蜜

凡夫眾生將「不是我」的事物以爲是存在的「我」，並且執迷於這個我，因此佛陀給予無我的法教，聲聞緣覺眾藉由修持無我消除有我的概念，但僅是就純粹空無而言。既然「我」從未具有眞正的存在性，所謂的「無我」又如何可能具有眞正的存在性呢？如來法身果德是超越有我、無我的概念造作，「我」與「無我」之人無我、法無我的思維概念皆已徹底的平息。証悟所顯的法身，一切「我」與「無我」的戲論皆完全寂滅，眞正的體性自在的顯露，是爲聖我波羅蜜。

（三）樂波羅蜜

凡夫眾生執著於世間的快樂，即便快樂是由是苦苦、壞苦、行苦的組合，卻誤認痛苦爲快樂。因此，佛陀開示痛苦的本質與其原因——苦諦與集諦，聲聞緣覺眾因爲了解世間的快樂其實是痛苦，所以產生厭棄及解脫輪迴痛苦的強烈出離心。果是超越任何邊見，當超越快樂與痛苦的法身彰顯時，遠離諸心識之集蘊與其成因，完全斷除痛苦及苦因——煩惱、惡行、五蘊及習性等，無上的妙樂油然而生，此即是大樂波羅蜜。

（四）常波羅蜜

凡夫眾生將無常以爲是恆常，且執著於恆常。佛陀爲了消除此種迷惑，開示無常的法教，因而聲聞緣覺眾修持無常法，了知一切事物刹那與刹那之間都在生滅，本質是無常的，但以此爲執，以爲無常之相是眞實存在的。常與無常就如同光明與黑暗，沒有光明就沒有黑暗，反之亦然。當法道的成果圓熟時，超越此種二元對立的關係，超越常與無常，証知輪迴與涅槃無二，輪迴與涅槃都不具眞實的存在，本性不因輪迴無常而有所減損，亦不因涅槃常法而有所增益〔註 27〕，是離二邊的大般涅槃，輪涅平等的常波羅蜜〔註 28〕。

具有法身淨、我、常、樂四波羅蜜的見解，是爲正見，是眞的佛子。中村瑞隆提到：「淨、我、常、樂四德，是依四障、四因的從因向果之次第，這

〔註 27〕「見諸行無常，是斷見、非正見；見涅槃常，是常見：非正見。」《勝鬘師子吼一乘大方便方廣經》，《大正藏》冊 12，p.222a。

〔註 28〕多羅瓦說：「勝義法界自性者，本來清淨故，所滅輪迴無常的過失絲毫無有，故不墮斷無邊；本來任運自成故，所增涅槃常法的功德絲毫無有，故不墮常有邊，因此成立是離二邊的大般涅槃。」見多羅瓦著，堪布益西彭措譯〈大乘無上續論釋・善說日光〉，《大乘無上續論（一）》，p.95。

與《勝鬘經》等所說的常樂我淨次第不同，是爲本論所說者。」〔註29〕因此，由四障、四因至四波羅蜜果的脈絡，更能了知佛說常、樂、我、淨的原因，如來法身與印度傳統所說的「梵我」〔註30〕乃是不同，「梵我」主張永恆、唯一、且獨立的自我，而《寶性論》中並沒有這樣的見解。本論所言的是遠離一切概念造作的寂滅狀態，並且能夠解脫於二邊：

智慧斷除我愛執，悲憫眾生不住寂，

智悲菩提方便力，聖者不住有寂邊。（一）

諸聖者以智慧斷除一切愛著五蘊的我執和煩惱，不像大欲有情眾生落於三有邊；同樣的，由於對有情眾生的大悲心，也不住於聲聞緣覺眾由痛苦而止滅的寂靜。諸聖者証悟無我的般若智慧與緣有情的大悲，依賴菩提的這兩種殊勝方便，不住於輪迴或涅槃其中一邊，而現証無住涅槃，此即是証得如來藏的果位——法身淨、我、常、樂四波羅蜜果。

三、因與果相應的功德

《寶性論》第四金剛句如來藏中所言的「相應」（yoga），說明如來藏的德相，如來藏的「因」與「果」所各自相應的功德。「因」與「果」的功德都是如來藏所本具的，並非是新生發展而來，其差別只是在外來染垢的清淨與否，因此而有境、行、果的區別，如來藏本身並沒有改變，所以染垢淨化後展現的功德，乃是與如來藏不可分的，始終相應。

（一）依因相應的功德

《寶性論》偈言：

猶如大海器寶水，無量功德無盡處。（一）

法身以及如來智，大悲之因蘊涵故，

如以具有器寶水，是故宣說如大海。（一）

就因的功德而言，如來藏如同大海般，是所有輪涅功德的容器，蘊含無量的

〔註29〕見中村瑞隆：〈第二章 如來藏的體系〉，高崎直道等著．李世傑譯：《如來藏思想》，p.105。

〔註30〕「特意忽視如來藏的重要性，是因爲如來藏說易被人誤解爲類似外道神我的思想。」賴賢宗：〈「寶性論」及相關論典論佛性與信〉（《正觀》第11期，1999年12月）p.14。

寶藏與大海水，信法、般若、三昧、大悲皆含藏於其中。又北魏漢譯《寶性論》釋論言：

> 次第有三種大海相似相對法，於如來性中依因畢竟成就相應義應知，何等三處？一者法身清淨因，二者集佛智因，三者得如來大悲因。〔註31〕

如來藏具有三種相似相對法，以四種能淨因與海之器、寶、水三種譬喻而說：

1、法身清淨因

法身清淨因者，是修習對大乘教法的虔誠信心，與容器相似，無餘蘊涵著如寶藏一般的般若與三昧，以及無量無邊的大悲之水。

2、集佛智因

集佛智因者，是修習般若與三昧，慧、定二種因，與珍寶相似，如珍寶般具有無分別不可思議的力用。

3、如來大悲因

如來大悲因，是修習菩薩的大悲，與水相似，如水潤澤於世間的平等一味，是對一切眾生的無量慈悲。

法身清淨因、集佛智因、如來大悲因，譬喻爲容器、珍寶、水，如同此三者特質而所具有的功德，正因如來藏有這樣的相似性，因此說法界如同大海一般。

（二）依果相應的功德

《寶性論》偈言：

> 具有無別功德性，是故猶如酥油燈。（一）
>
> 神通智慧及漏盡，於彼眞如體無別，
>
> 猶如燈之明暖色，故與無垢界相似。（一）

就果的功德而言，如來藏在無漏界中具有與之不可分的功德，此即五神通、漏盡智與漏盡，比喻爲燈火的明、暖、色，與燈火是不可分的。

1、五神通

五神通是神足通、天眼通、天耳通、他心通、宿命通五種，如同燈火的光明，在滅暗中顯現，與對境的識覺相違，能戰勝其相反邊的無明黑暗。

〔註31〕《究竟一乘寶性論》，《大正藏》冊31，p.831b。

2、漏盡智

漏盡智也就是漏盡通，是斷盡煩惱，永不再生於迷界的悟力，如同燈火的暖熱，能燒掉業與煩惱的柴木。

3、漏盡

漏盡爲轉依，是眞正具足無垢、清淨、光明之「相」，所以譬喻如燈火的色彩。無垢是滅除煩惱障；清淨是滅除所知障；光明是說煩惱、所知二障是客塵的性質，所以是自性清淨體，本性清淨。

五神通與漏盡智、漏盡等七者，是如來藏所具足無學的七種功德，就如同燈火與明、暖、色不可分一樣，就如《不增不減經》言：

> 舍利弗，如世間燈所有明色及觸不離不脫，又如摩尼寶珠所有明色形相不離不脫。舍利弗，如來所說法身之義亦復如是，過於恒沙不離不脫不斷不異，不思議佛法如來功德智慧。〔註32〕

如世間燈、摩尼寶珠與其所展現的特質不離不脫般，如來法身的果功德不可思議，於無漏界中不離不異，與法界相融。

因與果相應的功德，以譬喻去立論，大海喻敘述如來藏「因」的功德，燈火喻敘述「果」的功德，由說明譬喻的內容，詳盡的闡釋如來藏所本具的功德，知曉功德是與証悟本質是不可分離的，因而能夠了知如來藏所蘊藏的不可思議力量。

第三節　兩種清淨與二障的淨除

以能證得如來藏之菩提佛果而說清淨，清淨分爲兩種，一爲自性清淨，一則爲離垢清淨，《寶性論》中言：

> 所謂自性之光明，猶如日輪與虛空，
> 以客煩惱所知障，厚重雲聚而遮蔽。
> 遍具無垢佛功德，常堅不變之佛體，
> 此依於法無分別，以及揀擇智獲得。（二）

心的自性是本來光明的，自性清淨的，如同太陽與虛空，但被客塵的煩惱障與所知障如厚重雲聚般所遮蔽，而其遍具一切無垢佛功德之恆常、堅固、不變的佛體，乃是由無分別智與後得的揀擇智所獲得。由此可知在自性清淨外，仍應

〔註32〕《佛說不增不減經》，《大正藏》冊16，p.467a。

以無分別智與揀擇智淨除煩惱障、所知障，捨棄客塵的障蔽，獲得離垢清淨。

一、自性清淨與離垢清淨

由兩種清淨說佛性，難道佛性是可以區分存在的嗎？並非如此，乃是因為眞實體察眾生為染垢所遮障而如此說，《寶性論》偈言：

> 佛性是由無別異，清淨妙法所安立，
> 猶如日輪與虛空，智慧離染二體相。(二)

從佛性的果位上而言是沒有任何差別的，但因為眾生位的關係，則以兩種清淨的妙法加以解釋。自性清淨猶如日輪，像太陽一樣本自光明，本然具足一切智慧，以及圓滿的功德；離垢清淨則猶如虛空一般，斷除一切的染垢，遠離客塵障蔽。日輪與虛空分別代表著「明」與「空」，於勝義的佛性而言，是明空不二的。

再者，分別詳說「自性清淨」與「離垢清淨」：

（一）自性清淨

諸多大乘經典當中說，心的自性是清淨光明的，與客塵垢染是不一的，如《佛說海意菩薩所問淨印法門經》言：

> 謂心自性清淨明亮，而不容受客塵煩惱。
> 法性常住本自光明，一切作意無所積集。〔註 33〕

正因如此，所以《寶性論》偈言：

> 光明非是所作性，無別超過恆河沙，
> 是故本來即具足，佛陀功德之諸法。(二)

自性光明的法身，不是因緣和合所創造出來的，不是有為法，且不可分別的示現於一切有情眾生的本質之中，從無始以來，自然任運地具足一切佛的功德，諸如十力、四無畏等，無量無邊，超越恆河中的沙數。

（二）離垢清淨

雖然「自性清淨心而有染者，難可了知」〔註 34〕，但為眾生之福祉，仍需破迷解惑，因此《寶性論》繼承《勝鬘經》的問題，同樣為此難題尋求解答而說：

〔註 33〕《佛說海意菩薩所問淨印法門經》，《大正藏》冊 13，p.486a。
〔註 34〕《勝鬘師子吼一乘大方便方廣經》，《大正藏》冊 12，p.222b。

是由自性不成立，周遍以及客塵故，

煩惱所知二障位，宣說猶如厚重雲。（二）

諸染垢的自性不是眞實在存在的，在未淨化的階段，周遍一切，由於能夠被淨除斷盡，所以是外來的客塵。由於自性不成立、周遍、客塵的緣故等三種根據，因此說構成解脫障礙的煩惱障與構成一切種智障礙的所知障，在眾生位如同厚雲一般，遮蔽日輪與虛空，障礙自性的清淨光明，所以可知斷除此二種障，就能獲得離垢清淨。

自性清淨與離垢清淨，可說是《寶性論》承襲《勝鬘經》的「不空如來藏」與「空如來藏」的概念而來，從自性清淨心的面向詮釋，一是本具圓滿的功德與智慧，一是與客塵俱，而性相離。《寶性論》善加運用譬喻，使人易於瞭解，說明雲與虛空、太陽並非爲一，即便有厚雲，虛空中的太陽依舊不增不減，只是凡夫眾生未能知見，需要撥雲見日。如此釐清如來藏見，就不會產生謬解的疑惑，若《勝鬘經》言：「若於無量煩惱藏所纏如來藏不疑惑者，於出無量煩惱藏法身亦無疑惑，於說如來藏」〔註 35〕。

二、所知障與煩惱障的淨除

若要具足兩種清淨，需要淨除煩惱障與所知障，此依於修持無分別智與後得智，《寶性論》偈言：

斷除二種障礙因，承許即是二種智，

一者無分別智慧，二者依彼後得智。（二）

淨除煩惱障與所知障的果，即是解脫身與法身〔註 36〕，修持如所有智與盡所有智〔註 37〕雙融的兩種智慧。諸菩薩入定中修行對治三界輪迴的無分別智，

〔註 35〕《勝鬘師子吼一乘大方便方廣經》，《大正藏》冊 12，p.221b。

〔註 36〕「解脫者，聲聞菩提、獨覺菩提所證轉依，解脫煩惱障，解脫身攝；無上正等菩提所證轉依，解脫一切煩惱障及所知障，解脫身攝及法身攝。」《顯揚聖教論》，無著菩薩造，唐・玄奘譯，《大正藏》冊 31，p.516c。

〔註 37〕藏傳佛教常用語詞，如所有智相當於根本智，盡所有智相當於後得智。參見《仁王經疏法衡鈔》：「一切種智等者，此有八對、一十六名，前八根本智，後八後得智。……其第八對約本來處而爲名也，如所有智者，如謂眞如，從眞如界流出一切有爲法故，本智即是所流一切之數智，復冥證眞如玅理，此所有智從能有之如以彰其名，如之所有智也；盡所有智者，盡謂起盡有爲生滅，名起盡法，此起盡法具攝一切有爲諸法，後所得智是起盡中一法之數復，能知彼起盡法，故此所有智從彼能有以彰其名，盡之所有智也。」唐・遇榮集，《卍新纂續藏經》冊 26，p.448c。

主要淨除煩惱障；在下座修行深奧與廣大等盡所有知的後得智，徹底識別一切知識對境，主要淨除所知障。《寶性論》又以譬喻說明，分述如下：

（一）煩惱障的淨除

煩惱障與所知障並稱為二障，煩惱障以我執為根本，擾亂眾生身心，妨礙至涅槃的一切煩惱。〔註 38〕《寶性論》以繞富詩意的偈頌形容煩惱障的淨除：

猶如具有無垢水，蓮花漸榮遍滿池，
亦如圓滿之月輪，羅睺口中得解脫。
復如圓滿之日輪，雲聚煩惱中解脫，
具有無垢功德故，具光明者即彼體。（二）

從貪欲煩惱中解脫，猶如充滿沒有濁塵的無垢淨水，且逐漸被敷榮的蓮花遍佈的美麗水池；從嗔恚煩惱中解脫，猶如從羅睺羅口中解脫的滿月般，具有無垢的慈悲光明；從痴心無明煩惱中解脫，猶如遠離厚雲的太陽般。淨除貪、嗔、痴等煩惱障，具斷証圓滿的諸究竟功德，見如所有與盡所有的光明顯現，即是如來的體性。煩惱障能夠淨除，乃是依入定的無分別智，如偈言：「如水池等貪欲等，客塵煩惱得清淨，簡要無分別智慧，其果如是而宣說」（二）。

（二）所知障的淨除

所知障以法執為根本，由於根本的無明惑，遂迷昧於所知的境界，覆蔽一切所知及菩提的障礙。〔註 39〕《寶性論》以《如來藏經》的九種譬喻形容所知障的淨除：

獲得無等等法故，賜予無上法味故，
遠離二障皮殼故，佛如佛身蜜果實。
淨故眞實妙功德，遣除有情貧窮故，
解脫果賜眾生故，佛如眞金寶藏樹。
現前珍寶法身故，兩足主尊最勝故，
顯示種種寶色故，佛如佛像王金像。（二）

〔註 38〕《成唯識論》：「煩惱障者，謂執遍計所執實我薩迦耶見而為上首，百二十八根本煩惱，及彼等流諸隨煩惱。此皆擾惱有情身心，能障涅槃，名煩惱障。」護法等菩薩造，唐・玄奘譯，《大正藏》冊 31，p.48c。

〔註 39〕《成唯識論》：「所知障者，謂執遍計所執諸法薩迦耶見而為上首，見、疑、無明、愛、恚慢等，覆所知境，無顛倒性，能障菩提，名所知障。」護法等菩薩造，唐・玄奘譯，《大正藏》冊 31，p.48c。

獲得不與一切凡夫聲聞菩薩相同，唯與諸佛等同的功德法，所以能賜予所化眾生無上圓滿的聖法味，遠離二障與習氣的外殼，究竟的佛陀猶如從萎蓮中解脫的佛身、與遠離蜜蜂的蜂蜜、去除皮殼的果實。因爲自性清淨與離垢清淨的緣故，無盡眞實的微妙功德能遣除所化眾生的一切貧窮，給予所化眾生從痛苦中解脫的大樂果，從障礙中解脫的佛陀猶如淨除糞穢的眞金、地中顯露的大寶藏與從種子中成長的果樹。具有無量功德法身的直接展現，如同能滿足一切所願的如意寶；証得報身，成爲一切天、人之中最殊勝的引導者；証得化身，如同由珍貴黃金所鑄造的雕像外形，示現種種虛幻的顯相——圓滿三身的佛陀猶如遠離破衣的珍貴佛像、從胎藏中出生的轉輪聖王，以及遠離泥模的黃金鑄像。此九個譬喻分爲三部分，各有三個重點，一爲佛果就是最終究竟之果，二爲佛果乃從障礙中解脫而出，三爲佛果象徵完全圓滿的三身，乃依揀擇智斷除所知障而成，皆由佛陀所証得，如偈言：「具有一切相殊勝，佛陀之身決定得，是依出定揀擇智，其果如是而宣說」(二)。

凡夫眾生被客塵煩惱所纏縛，如來藏爲染垢所遮障，流轉於生死輪迴之中，若能契入究竟一乘的法教，修持無分別智與後得智，淨除煩惱障與所知障，就能獲得全然的清淨，顯現本具的功德。

第四章　如來藏的三分位與九喻

眾生皆具如來藏，因為被無明煩惱遮障而無法證悟佛性，《寶性論》引用《不增不減經》的說法，將對如來藏證知的不同，分為凡夫位、聖人菩薩位、佛位三種行相，《寶性論》偈言：

依於凡夫及聖人，佛陀眞如分類行，

見眞實者於眾生，宣說如此如來藏。(一)

因為對於眞如有不同層次的領悟，所以分為凡夫的眞如、聖人菩薩的眞如與圓滿佛陀的眞如三類，而眞實了知眞如的佛陀向有緣的眾生，清楚的宣說自性清淨的如來藏法界。三分位的顯現關乎客塵煩惱淨除的不同程度，所以《寶性論》說：

不淨以及不淨淨，極為圓滿清淨者，

如是次第而宣說，凡夫菩薩與如來。(一)

呈現不清淨、部分清淨、圓滿清淨的三個階段，依次分為凡夫、聖人菩薩、如來三種行相的示現，亦相當於「境」、「行」、「果」三種階段。

針對在修道過程中的凡夫眾生、聖人菩薩等，《寶性論》假以《如來藏經》的九種譬喻，闡釋修道上不同階位所應斷除的障礙，以及所証得的果報，生動的比喻客塵煩惱與佛性，說明在客塵遮障的情況下，如來藏本質無任何變異，染垢是可以被淨除的，顯現本來清淨的自性。

第一節　三種差別的分位

凡夫、聖人菩薩、圓滿佛陀的區別，就如同《寶性論》偈言：

一切凡夫心顚倒，已見眞實異於彼，

如來如實不顚倒，遠離一切諸戲論。（一）

一切凡夫種種的想、行、見解都是顚倒的；現証四聖諦的聖者菩薩與凡夫相反，轉變了此種顚倒，想、行、見解都是無倒見眞實；如來則已經斷盡所知障、煩惱障與習氣等，如實不顚倒的見一切法，遠離一切概念造作，無任何戲論。因爲有這三種行相，所以將眞如分爲三類，但就如來藏的本質而言，眞如是無法區分的，所以說：

猶如具無分別性，虛空遍行於一切，

心之自性無垢界，如是遍行於一切。（一）

具有過失客塵故，具有功德自性故，

本初如是後亦爾，眞如法性無變易。（一）

猶如無分別的虛空周遍於一切色法，心的自性光明、本來無垢的法界也是無差別的遍行於凡聖一切分位。在不淨的階段，雖有煩惱過失，但僅爲客塵外鑠，非其自性而能遠離；在清淨的時候，所現前的十力、四無畏等諸功德是自性具足的，非忽然產生，乃爲自然展現。所以，無論是淨或不淨，法性並沒有絲毫的改變，此不變就是法界的自性，改變的是染垢，因此可以被淨除，離於染垢的狀態不是暫時的，佛性不是暫時，佛性是超越的「常」，從凡夫至成正等覺都不會改變。由此而說三分位：

一、不淨的凡夫位

凡夫世俗概念之心有能、所二元的對立與執著，《不增不減經》說：「舍利弗，即此法身過於恒沙，無邊煩惱所纏，從無始世來隨順世間，波浪漂流往來生死，名爲眾生」〔註1〕，凡夫眾生就是被煩惱所纏縛，流轉於生死輪迴之中，如來藏因而呈現被染垢所遮障，未見清淨自性的情況。

佛性之於眾生，並不因眾生的煩惱而有所改變，如同虛空一般，《寶性論》偈言：

猶如虛空遍一切，由體細故塵不染，

如是佛性遍眾生，一切煩惱亦不染。

猶如器界一切法，依於虛空而生滅，

〔註1〕《佛說不增不減經》，《大正藏》冊16，p.467b。

如是有情之諸根，依無爲界而生滅。

猶如虛空以諸火，往昔何時未曾燒，

如是佛性死病老，諸火亦復不能燒。(一)

猶如虛空遍及一切色法，然虛空其體是微細的，不若色法之粗糙，絲毫不爲色法的無常等過失所染污；同樣的，如是周遍於一切眾生的佛性，其本質光明清淨，不曾被眾生的煩惱等過失所染污。猶如器世間的一切現象，最初依於虛空而生起，最終還滅於虛空，而虛空並無生滅；有情眾生的諸根亦如是依於非因緣所作的法界如來藏，在此無爲界中生滅變化，然而法界無有生滅。一切有爲法可被劫末之火、地獄之火、世間之火所燒盡，但虛空從未被這三種火所焚燒；諸有情眾生會被死之劫末火、病之地獄火、老之世間火所燒盡，然法界如來藏不曾被此死病老三火所灼燒，超越生老病死。就世俗諦而言生死，但如來藏是離有爲相的境界，是不生、不死、不老、不變，因而說常住不變。〔註2〕

《寶性論》引《虛空藏經》〔註3〕的譬喻，更詳細說明眾生與如來藏的關係：

地者依於水而住，水則依於風而住，

風復依於虛空住，虛空不依地等住。

如是一切蘊界處，住於業及煩惱中，

此等行業及煩惱，住於非理作意中。

此等非理作意者，住於心之清淨中，

心之自性諸法者，不住彼等諸法中。

知蘊處界猶如地，有情業惑猶如水，

非理作意猶如風，淨心如空無基住。(一)

譬如器世界的形成與安住，地依於水而住，水依於風而住，風又依於空而住，但虛空並不依賴任何因緣，所以不須依止地界、水蘊、風輪等任何有爲法而安住。眾生的煩惱就如同這個譬喻一樣，層層相依。五蘊、十二處、十八界

〔註2〕《勝鬘師子吼一乘大方便方廣經》:「世尊，死生者此二法是如來藏。世間言說故有死有生，死者謂根壞，生者新諸根起，非如來藏有生有死。如來藏者離有爲相，如來藏常住不變。」《大正藏》冊12，p.222b。

〔註3〕談錫永校勘，漢譯《寶性論》謂所引經文出於《陀羅尼自在王經》，乃爲錯誤，實依《虛空藏經》引。《虛空藏經》有二譯，北涼曇無讖譯，收《大集經》，名〈虛空藏品〉；唐不空譯，名《大集大虛空藏菩薩所問經》，八卷。俱收《大正藏》第十三冊。參見《寶性論梵文新譯》註94，p.87。

等等一切有漏的蘊處界，乃是依於業與煩惱而產生，而業與煩惱根基於何？乃是依於非理作意、不善思維的謬見；非理作意的無明，則依於心的自性清淨光明而住；但自性清淨的心並不依於此有漏的蘊處界、業與煩惱、非理作意而產生，因爲其本質是無爲的，不根基於任何之物。譬喻與意義相合，五蘊、十二處、十八界如地，眾生的業與煩惱如成大地之水，非理作意則是水所依的風，心之自性如來藏就如同虛空，能爲一切之所依，卻完全不依據任何基礎，也不住於何處。如來藏與非理作意等，並不是因果的關係，麥彭仁波切〔註4〕解釋說：

> 如夢的顯現僅僅是無而妄現的分別心而已，故觀察其自性時只能得到無有戲論的清淨光明法性，別無其餘依處。然此不能理解爲：依清淨者方有非理作意的因果關係。心之自性光明中所含攝的諸法不住於非理作意、業、惑等諸法中。〔註5〕

因此，非理作意等是依於心之自性，但並非心之自性就包涵如此的本質，《大集大虛空藏菩薩所問經》言：

> 所有非如理作意、業、煩惱、蘊處界等，一切皆是因緣和合故有，因緣若闕則不生起。彼清淨性無有因緣，亦無和合，亦不生滅，如虛空性，非如理作意如風，業煩惱如水，蘊處界如地，由是一切諸法無有堅牢，根本無住，本來清淨。〔註6〕

非理作意、業、煩惱、蘊處界等是因緣和合而生，沒有因緣則無法生起，唯心之自性清淨，非關因緣，無有和合，如不生不滅的虛空。所以非理作意等只以外來障礙的方式住於心之自性，就如同器世間在虛空中成壞般，亦如是在無爲法界中生滅，無有堅牢，根本無住。《寶性論》亦言：

> 心之自性如虛空，無因以及無有緣，
> 無有和合及無生，無滅亦無安住相。
> 心之自性爲光明，猶如虛空無轉變，
> 妄念所生諸貪等，客塵諸垢不能染。(一)

〔註4〕藏傳佛教寧瑪派大師，全名音譯爲米滂・蔣揚南傑嘉措（1946～1912），參見紐修堪蔣揚多傑仁波切：《大圓滿傳承源流——藍寶石》（台北：全佛文化事業有限公司，2002年7月），p.664～674。

〔註5〕見麥彭仁波切著，堪布益西彭措譯：〈大乘無上續論略釋・彌勒教言〉《大乘無上續論（二）》（四川：色達喇榮五明佛學院，出版日期不詳），p.103。

〔註6〕《大集大虛空藏菩薩所問經》，《大正藏》冊13，p.643c。

作爲有情眾生，並非沒有清淨的如來藏，並非全然深陷輪迴的痛苦之中，正因如來藏的不須觀待因緣和合，無有初生、終滅與中間安住的有爲法三相，如虛空般沒有任何轉變，客塵煩惱無法使其遷變，因此可以相信煩惱能夠被去除，有情諸根的生滅如夢一般，似現非眞，無能執實。假使眾生沒有不變的本性，即便是淨除染污，也無法証得佛果，因爲會隨之遷變，因此眾生的佛性不變，如同無法從金子中取走本質，若本質可以改變，就無法用各種方法煉造金子，所以《大般涅槃經》云：「一切眾生，悉有佛性，如來常住，無有變易」〔註7〕。

不淨的凡夫位主要討論的是凡夫眾生的客塵煩惱與如來藏的關係，《寶性論》以譬喻說明此就如同地、水、風依於虛空中生滅般，非理作意、業、煩惱、蘊處界等亦是如此的在無爲法界中因緣生滅，並不有所增減如來藏的本質。此外，《寶性論》當中一再使用虛空的譬喻，無非不是有如虛空的特質讓人難以言喻，不可思議的如來藏依此有得以形容的例證，並且也是得以形容修持境界的語言，提點出如來藏的廣境，心性開放的風景。

二、部分清淨的聖人菩薩位

《寶性論》所說的是究竟一乘的佛法，因此所謂已清淨部分的障礙，想、行、見解都是無顛倒的聖人，乃是專指大乘見道位以上的菩薩，即第一地至十地菩薩，如《不增不減經》言：「舍利弗，即此法身厭離世間生死苦惱，棄捨一切諸有欲求，行十波羅蜜，攝八萬四千法門，修菩提行，名爲菩薩。」〔註8〕菩薩是以智上求無上菩提，以悲下化眾生，修諸波羅蜜行，並圓滿自利利他，於未來成就菩提佛果的修行者。

菩薩如實的証知佛性，解脫生老病死的痛苦，《寶性論》偈言：

> 菩薩如實知佛性，解脫生老病死等，
>
> 離生等貧由證因，悲憫眾生示生死。(一)

菩薩已經現証眞如法性，了悟如來藏的本質，由於安住在此實相之中，所以從生之五蘊新起、死之相續滅盡、病之痛苦產生、老之相續轉變等輪迴現象中解脫。菩薩遠離生等貧乏之苦，由業力與煩惱所造成的痛苦與困境，菩薩之所以爲聖者，即是將輪迴所根據的業力與煩惱斷除，所以是清淨且不變的。

〔註7〕《大般涅槃經》，《大正藏》冊12，p.522。

〔註8〕《佛說不增不減經》，《大正藏》冊16，p.467b。

由於如實了知如來藏的本性，菩薩對於未能如是証悟的眾生生起大慈悲心，祈願救拔一切有情眾生解脫輪迴痛苦，因而以利他的願力投生於娑婆之中；爲了斷除眾生相信恆常的執念，示現生、老、病、死的顯相，在所化眾生之前顯現如同尚未清淨，與有所變易的眾生相同。

依於《十地經》說菩薩十地，《寶性論》由此分別解說十地〔註 9〕在証悟佛性上的不同境界。十地菩薩修習的進行，從初地到第七地爲止，是必須用到由「智」而起的努力，即「功用」；但從第八地以後，就不必要用此努力，即「無功用」。〔註 10〕因此，以有無功用而說超不超煩惱行，《華嚴經》言：「始從初地至於七地，乘波羅蜜乘遊行世間，知諸世間煩惱過患，以乘正道故，不爲煩惱過失所染，然未名爲超煩惱行；若捨一切有功用行，從第七地入第八地，乘菩薩清淨乘遊行世間，知煩惱過失不爲所染，爾乃名爲超煩惱行，以得一切盡超過故」〔註 11〕，前七地菩薩未超煩惱行、末三地菩薩則是超煩惱行，因此將十地菩薩分爲不究竟的前七地菩薩與究竟的末三地菩薩，也就是不清淨的前七地菩薩與清淨的末三地菩薩〔註 12〕，再加予闡述十地菩薩與如來藏的關係：

（一）不究竟的前七地菩薩

第一地菩薩，即是初地，是菩薩入見道的位次，已現證法性，得到從來未有的出世心，無比的歡喜，所以稱爲歡喜地，《寶性論》形容此地菩薩：

諸佛意子已證悟，不變法界眞如性，
無明令盲諸眾生，見現生等誠稀有。
若得聖者之境界，凡夫境界中顯現，
是故眾生之至親，善巧以及悲殊勝。

住於初地的諸佛子菩薩，已現証生滅等不轉變的法界眞如性，也就是心的清淨光明自性，從業力與煩惱所導致的生老病死等痛苦中解脫；但被無明遮障而智慧眼盲的諸有情眾生，卻依業力煩惱以爲有生老病死等等的顯現，所以

〔註 9〕漢譯《寶性論》釋論偈有缺，並沒有偈頌說明此十地，僅引諸經以長文略說十地。

〔註 10〕川田熊太郎著・李世傑譯：〈佛陀華嚴〉，《華嚴思想》（台北：法爾出版社，2003 年 11 月），p.49。

〔註 11〕《大方廣佛華嚴經》，《大正藏》冊 10，p.197a。

〔註 12〕參見創古仁波切：《佛性——《究竟一乘寶性論》十講》，p.123。

菩薩爲了成熟所化眾生，而爲種種利益，此誠爲稀有又不可思議！已見法性的聖人菩薩超越凡夫的不善法、遠離生死輪迴，在諸凡夫境界中示現形形色色如幻的顯相，依據眾生的經歷，顯現生、老、病、死的現象，引導有情眾生直至完全成熟爲止。正因如此，聖人菩薩無疑是有情眾生的至親與善知識，以四攝法〔註13〕成就利他的善巧，以及全然專注於利他的大悲，皆是極爲殊勝的。

菩薩已証得佛性，儘管超越了所有世間事，卻不離於世間，《寶性論》偈言：

彼者超越諸世間，依然安住於世間，

爲利世間現世間，世間障垢無染汙。

猶如蓮花出於水，不爲彼水所染汙，

如是佛子生世間，不爲世間法所染。（一）

安住於二地至七地的菩薩，以智慧的力量超越世間的一切行持，然緣於大悲心之故而不離於世間，爲了引導世間的眾生成熟，示現生等種種行止，且絲毫不被世間的任何過失與瑕疵所染污。如同蓮花生長在充滿污泥的水中，卻不被水中的淤泥所染污般，菩薩爲了利他生於世間，但不爲世間法的煩惱與障垢等等所染污。

前七地菩薩以智功用去利益化生，知道眾生的貧窮困苦，並不爲此所染，所修諸行已捨離煩惱業，轉向無上菩提。

（二）究竟的末三地菩薩

第八地的菩薩已經獲得不退轉的功德，座中與後得如一，如《寶性論》偈言：

行持利他之事業，智慧恆如火熾燃，

寂滅靜慮之等持，恆時入此定境中。（一）

安住第八地的菩薩以智慧成就利他的事業，恆時無有勤作，完成事業的動力如火般的熾燃不熄。雖然精進如火一樣的旺盛，但同時毫不間斷的安住於禪定三昧的靜慮中，寂滅一切的概念造作。當菩薩到達第九地時，已不需要任

〔註13〕菩薩攝受眾生，令其生起親愛心而引入佛道，以至開悟之四種方法，即布施、愛語、利行、同事。

何的作意，以往昔的誓願力即能利益眾生，〔註 14〕《寶性論》進一步說第十地菩薩：

以宿善願推動力，及離一切分別故，

爲令成熟諸有情，十地菩薩無勤作。〔註 15〕

說法以及現色身，利行及與諸威儀，

何者以何如何調，此者如是皆通達。(一)

由於在十地前所發善願力的影響，以及一切分別概念由轉依方式去除，到達一生補處的第十地菩薩，無須任何造作，任運自在的引導眾生直至圓滿。第十地菩薩根據眾生不同的願力與意樂，藉由言教而宣說法要；根據眾生不同的業力、果報與信解，透過身教而示現種種如幻顯相的色身；行持偉大利他的菩薩行，運用不同的行爲舉止，例如安坐或站立等威儀，以各種合適的方法，產生眾生的利益。第十地菩薩瞭解教化的各種相貌，對於任何眾生該用什麼方法、如何調伏事業……種種善巧方便，第十地菩薩悉能通達，所以說：

如是對於虛空際，無邊有情恆時中，

具慧任運無障礙，眞實廣行利生業。(一)

如是無勤作的事業，廣大的遍及浩瀚虛空界的一切有情眾生，恆時無礙的任運自成。爲了使眾生完全成熟，具慧菩薩以眞實無錯謬的行持，廣行利生的事業。第十地菩薩的利眾事業是無功用的，沒有任何的目的與概念造作，完全無所用心，任運成就。既是如此，那第十地菩薩與佛又有何差別？《寶性論》偈言：

〔註 14〕參見 Maitreya，Buddha Nature：Mahayana-Uttaratantra-Shastra，and commentary by Dzongsar Jamyang Khyentse Rinpoche，edited by Alex Trisoglio，Canada：Khyentse Foundation printed，2007，p.74。

〔註 15〕此十地偈頌的釋論，在第九地與第十地有二種不同的分類解釋，多羅瓦大師（Dolpopa Sangja）與蔣貢康楚仁波切（Jamgön kongtrül lodrö Thayé）將「以宿善願推動力，及離一切分別故，爲令成熟諸有情，十地菩薩無勤作。說法以及現色身，利行及與諸威儀，何者以何如何調，此者如是皆通達。如是對於虛空際，無邊有情恆時中，具慧任運無障礙，眞實廣行利生業。」此三個偈頌用以說明第十地菩薩，根本偈沒有區別九地和十地菩薩的功德，而第三世大寶法王讓炯多傑則認爲前二個偈頌說明第九地菩薩、後一個偈頌說明第十地菩薩。參見 Maitreya，written down by Asanga，Buddha Nature：The Mahayana Uttaratantra Shastra with Commentary，and commentary by Jamgön kongtrül lodrö Thayé，explanations by Khenpo Tsultrim Gyamtso Rinpoche，Rosemarie Fuchs（tr.），The Unassailable Lion"s Roar，N.Y：Snow Lion，2000，p.355。

菩提薩埵後得時，事業相與諸善逝，
眞實救度諸有情，於此世間視平等。
然如大地與微塵，亦如大海牛迹水，
彼等差別極懸殊，佛與菩薩亦如是。(一)

第十地的菩薩在後得座下的階段引導眾生直至成熟，與斷証究竟圓滿的諸善逝從輪迴痛苦大海中眞實救度一切有情的事業，兩者皆是任運成就且相續不斷的自然行持，由此可視爲平等，因爲第十地菩薩已証得六神通、十力等等殊勝的功德。雖然就利他的實踐而言，菩薩與佛相同，但對於斷除與証悟的自利功德，佛與菩薩有極大的差別，宛如大地與微塵、大海與牛蹄印中水般的天壤之別。圓滿佛陀的究竟功德與十地菩薩的功德，兩者差別是如此的懸殊，是因爲菩薩仍有無明習氣等微細的障礙仍未斷除，而正等覺佛陀已經斷除一切的障礙，並且証得法身四波羅蜜的功德。

依於証知佛性，一至十地的菩薩修持自利的功德與利他的事業，此於如來藏並無任何變易，乃在道上的行持與障垢的淨除而有所差別，因而有不同的顯現。

三、圓滿清淨的佛位

圓滿清淨的佛位，即是全然具足自利利他功德的佛陀，如《不增不減經》言：「舍利弗，即此法身離一切世間煩惱使纏，過一切苦，離一切煩惱垢，得淨、得清淨，住於彼岸清淨法中，到一切眾生所願之地，於一切境界中，究竟通達更無勝者，離一切障、離一切礙，於一切法中得自在力，名爲如來應正遍知。」〔註 16〕即是離一切煩惱障礙，知道佛性一直都是清淨的，無初、中、後三際，沒有一個「成佛之後」，一直都是成佛的，由此佛位而說如來藏，是無生老病死的清淨法界，具有如光不離日的無二功德。

（一）無生老病死的清淨法界

以圓滿清淨的佛位說如來藏，即是就果而言佛性，《寶性論》說：

不變性具無盡法，眾皈無後際究竟，
此常不二無分別，無滅法性非作故。(一)

全然清淨的法界，也就是如來法身，具有四種意義：

〔註 16〕《佛説不增不減經》，《大正藏》冊 16，p.467。

1、恆常義

不變性具無盡法：具有如如不變的恆常義，不如色蘊會有所轉變，不像物質色身會被捨棄，而以另一個色身替代，此是因爲在無餘涅槃的廣大境，具有無盡無量的勝義功德。

2、堅固義

眾皈無後際究竟：具有不動的堅固義，是一切有情眾生的無上皈依處，無錯謬且不虛妄，此是因爲在無邊輪迴未究竟之間，如來法身相續不間斷的渡化與攝受眾生。

3、寂滅義

此常不二無分別：具有輪涅無二的寂滅義，始終遠離輪迴與涅槃的二邊分別，乃是因爲不具有以輪迴與涅槃二者所代表過與功的概念，是不分別二邊的智慧自性之緣故。

4、不變義

無滅法性非作故：具有恆時不滅的不變義，因爲本具非業力與煩惱所生的自性，以及非因緣所作的無爲功德。

如來法身具有這四種意義、特性，所以說：

清淨法界無有生，無死無病亦無老，

依次常故堅固故，寂滅故與不變故。(一)

因爲恆常、堅固、寂滅、不變的緣故，清淨法界無生、無死、無病、無老，與有所生滅的凡夫、因大悲而示生死的菩薩不同，詳細的說其原因，《寶性論》偈言：

佛性依於意生身，無生其性恆常故；

依於不可思議死，無死其性堅固故；

依於無明習氣病，無害其性寂滅故；

依於無漏之行業，無老其性不變故。(一)

如來藏遠離最初的生起，不以意識之身而生，是因爲自性的不變恆常；最終的不可思議死與輪迴所導致的轉化，也不能令佛性死，因爲其自性是無欺堅固的；佛性不會被疾病所破壞，無明習氣所形成的微細遮障或疾病也不能傷害，因爲其自性是寂滅二元執取等；即便是無漏業亦不能使佛性衰老，因爲具有不滅不變的自性。因此，意生身等都不能令佛性改變，凡夫粗大的生老病死當然也不會使之遷變，圓滿的佛位，乃是無生老病死的清淨法界。

（二）如光不離日的無二功德

佛性與証悟的功德是不可分的，在圓滿清淨的佛位時，証悟功德自然顯現，可由四個面向分說，《寶性論》偈言：

法身如來及聖諦，涅槃如光不離日，

如是功德無二故，除佛之外無涅槃。（一）

如來藏的極清淨位，是諸佛的法身，亦是如來，亦是聖諦，亦是殊勝的涅槃，這四者僅是不同名稱，如同太陽的光明與太陽是不可分的，佛性與十力等的勝義功德也是不可分別的，因此除了如來以外，不會有眞正的涅槃。透過此四者以瞭解如來藏証悟的相狀，《寶性論》偈頌分說：

佛陀諸法不相離，及彼佛性如是得，

不妄不欺之法性，本來自性寂滅性。（一）

1、法身

佛陀諸法不相離：從具足十力、四無畏等勝義諸功德，與自性清淨的法界是不可分別的，由此而言法身，如《勝鬘經》言：「世尊，過於恒沙不離不脫不異不思議佛法，成就說如來法身」〔註 17〕，佛功德與法身是不可分離的。

2、如來

及彼佛性如是得：從無始以來即具足能夠成就的佛性，不需他尋，且如是的証得，即《瑜伽師地論》言：「謂諸菩薩六處殊勝有如是相，從無始世展轉傳來，法爾所得」〔註 18〕，由法爾所得的如如之性，故說如來。

3、聖諦

不妄不欺之法性：從恆時不欺狡虛妄、遠離一切變化的實相，由此聖者智慧境界的角度，而稱聖諦，如說：「第一義諦者，謂不虛妄涅槃是也。何以故？世尊，彼性本際來，常以法體不變故」〔註 19〕。

4、涅槃

本來自性寂滅性：即《如來莊嚴智慧光明入一切佛境界經》言：「文殊師利，如來應正遍知，不生不死不起不滅。文殊師利，如來應正遍知，無始世

〔註 17〕《勝鬘師子吼一乘大方便方廣經》，《大正藏》冊 12，p.221c。
〔註 18〕《瑜伽師地論》，彌勒菩薩造，唐・玄奘譯，《大正藏》冊 30，p.478c。
〔註 19〕《究竟一乘寶性論》，《大正藏》冊 31，p.835c。

來證於常住大般涅槃。」〔註 20〕因為無始以來自性清淨，並且徹底寂滅一切客塵障垢，所以稱為涅槃。

此四個名稱所指的皆是極清淨位的佛性，以及所具的功德，無有差別。因為如光不離日的無二功德，所以除如來外，無他可証涅槃，由此再闡釋涅槃與如來的意義，《寶性論》偈言：

遍知一切現菩提，已斷障垢及習氣，

如來以及涅槃者，於勝義中無二性。

一切種智照見勝義與相對的一切現象，當下圓滿的証悟，稱為如來；徹底斷除客塵的所知障、煩惱障與習氣，稱為涅槃。從証悟功德究竟的角度而說如來，從斷除功德究竟的角度而說涅槃，二者僅是世俗名相上的不同，皆是包含於如來藏的意義之中，因此聖者在各別自証的勝義境中，斷証的功德全然不可分，無二無別。又《寶性論》偈言：

一切諸相無數量，無思無垢之功德，

無別體相即解脫，解脫彼者為如來。(一)

所有的功德皆完備，無任何缺少，所以是「一切相功德」；種種不同的功德是無窮無盡、無量無邊，所以是「無數量功德」；功德的數量與力量是甚深難測，為「不可思議功德」；由於二障與習氣的徹底淨除，是「無垢功德」。法身擁有此四種不可分的功德，當法身直接現前証得時，稱為究竟涅槃，即是解脫；此眞正的解脫，由現証眞如的觀點而言，亦稱如來，如《涅槃經》言：「如來即是解脫，解脫即是如來；如來即是涅槃，涅槃即是解脫，於是義中不能分別」〔註 21〕。所以可知阿羅漢與辟支佛的涅槃，僅是佛方便的不了義說，唯有如來得証究竟涅槃，即《勝鬘經》言：「唯有如來得般涅槃，一切所應斷過，皆悉斷滅，成就第一清淨」〔註 22〕，由此可知，如來藏與涅槃是不可相離的，無人可離如來藏而証涅槃。

完全解脫証得的根本智與後得智不離於法界，即是與法身、如來、聖諦、涅槃四種功德無有分離，所以說：

般若以及智解脫，光明照耀及清淨，

無二是故如光明，光芒日輪無二般。

〔註 20〕《如來莊嚴智慧光明入一切佛境界經》，《大正藏》冊 12，p.241c。

〔註 21〕《大般涅槃經》，《大正藏》冊 12，p.576a。

〔註 22〕《勝鬘師子吼一乘大方便方廣經》，《大正藏》冊 12，p.219c。

是故乃至未得佛，眞實涅槃不可得，

如捨光明及光芒，日輪永時不可見。(一)

般若爲根本智；智即一切智智〔註 23〕，爲後得智。與四種功德無二的般若、智、解脫，依次是光明、照耀、與清淨，三者亦無有異，相似於太陽的光明、太陽的照耀與太陽的清淨，都是無二不分的。所以說，從無始以來即安住自性清淨的如來藏，並且無二的具有十力等勝義的功德，因此圓滿証悟如來藏才是究竟的解脫，若沒有獲得照見盡所有與如所有智慧的佛陀果位，就不會獲得從一切障礙解脫的究竟涅槃，如同捨棄太陽的光明與照耀，就不可能看見太陽清淨的星體。

《寶性論》僅是以不同的名詞，展現不同的特質，以各種語詞詮釋同一所指，即是如來藏、佛性。圓滿佛位所顯現的功德，以法身、如來、聖諦、涅槃四者闡釋，唯有証得此具有諸殊勝功德的佛性，才能獲得根本智與後得智無二的究竟解脫。

從凡夫位、聖人菩薩位、乃至圓滿的佛位皆本具如來藏，客塵煩惱的淨與不淨，決定佛性的顯與隱，而欲顯現佛性，証得佛果，需要各種的修持與因緣和合，《寶性論》偈言：

譬如種種繪畫師，各自善巧各不同，

某師了知能繪分，此分餘人不知曉；

此後於此由諸師，我之形貌當共繪，

具權國王於彼等，下諭布絹賜與彼；

從彼聽聞此事已，著手繪畫國王像，

繪畫王像畫師中，若有一人去他方；

由於彼人遠行去，缺少彼者一人故，

圓滿王像遂不成，此喻此處如是知；

所言彼等畫師者，佈施持戒忍辱等，

具有殊勝諸方便，空性即說圓身像。(一)

這是一個譬喻，如同某國中有一群畫師，對於畫像身形的頭、手等等，每一位所擅長的部位不同，只能精通其所能繪的部份，無法知曉其他的部份，若其中有一人離開去他國，國王想要的圓滿王像就無法完成。這是《寶性論》

〔註 23〕「依智故，得一切智智，知一切種，照一切事，放光明羅網。」《究竟一乘寶性論》，《大正藏》冊 31，p.836c。

引用《大集經》〔註 24〕的譬喻，說明佛法的行者需要成就諸行，布施、持戒、忍辱、精進、禪定、智慧等六度或十度，若能具足殊勝的諸方便道，即是空性，法身自然顯現。

爲了証悟本具的自性，修行空性之道，在每一個階位逐漸淨除障垢，本自圓滿的佛性即能顯現，《寶性論》偈言：

此無任何所遮遣，亦無纖毫所安立，

眞實正觀眞實性，眞實見已即解脫；

具有分離之體性，如來藏以客塵空，

無有分離之體性，藏以無上法不空。（一）

如來藏，或言自性清淨的佛性，在其本質中，絲毫沒有原本就存在的染污與過失需要去除，全然清淨的自性，無始以來即遠離一切客塵障垢。同樣的，絲毫沒有原本不存在的功德需要重新增加，十力等勝義的功德本自任運而成，與自性不可區分。如此遠離增減二邊的眞如法界，以相應的能境勝義智慧直觀透曉，並以禪定安住其中，當修持純熟時，能如實現証眞實法性的智慧就會逐漸生起，從所斷的客塵障垢中解脫，見道位解脫其所斷障垢，修道位解脫其所斷障垢，直至圓滿的究竟位，從一切二障與習氣中獲得解脫。

此無遮無立的本性，乃因如來藏能分離客塵障垢等世俗有爲法，遠離有邊而空；又如來藏無有與體性分離的功德，遠離無邊而不空；有邊與無邊兩者矛盾相違，所以如來藏解脫有無二俱邊，亦解脫非有邊非無邊。因此，如來藏完全遠離二邊或四邊，也就是遠離顚倒的空性狀態，是無顚倒之理。此二偈爲《寶性論》的精粹之語，闡明空如來藏與不空如來藏〔註 25〕，唯佛得証的究竟體性。

〔註 24〕即《大方等大集經・寶髻菩薩品》，經云：「善男子，我說此喻，其義未顯。善男子，一人不來故，不得言一切集作，亦不得言像已成就。佛法行者亦復如是，若有一行不成就者，不名具足如來正法，是故要當具足諸行，名爲成就無上菩提。」《大正藏》冊 13，p.176a。

〔註 25〕空如來藏與不空如來藏，由《勝鬘師子吼一乘大方便方廣經》所言，《寶性論》引用而爲解釋如來藏的體性，《勝鬘師子吼一乘大方便方廣經》卷 1：「世尊，有二種如來藏空智。世尊，空如來藏，若離若脫若異一切煩惱藏。世尊，不空如來藏，過於恒沙不離不脫不異不思議佛法。世尊，此二空智，諸大聲聞能信如來，一切阿羅漢辟支佛，空智於四不顚倒境界轉，是故一切阿羅漢辟支佛，本所不見，本所不得，一切苦滅，唯佛得證，壞一切煩惱藏，修一切滅苦道。」《大正藏》冊 12，p.221c。

第二節　修道的九種譬喻

《寶性論》引用《如來藏經》中的九種譬喻〔註 26〕，假以詩偈簡潔的形式呈現，表達眾生被客塵煩惱所纏覆，佛性無法彰顯，偈言：

今說煩惱所纏藏，當以九喻而了知：

萎花中佛蜂中蜜，皮殼中果糞中金，

地中寶藏果中芽，破衣之中寶佛像。

貧賤醜女腹中王，焦泥模中妙寶像，

客塵煩惱所障覆，眾生如是佛性住。(一)

萎花中佛、蜂中蜜、皮殼中果、糞中金、地中寶藏、果中芽、破衣之中寶佛像、貧賤醜女腹中王、焦泥模中妙寶像，是為九種譬喻；障垢猶如萎蓮花、蜜蜂、皮殼、糞穢、地蘊、果皮、破壞衣、苦逼醜女及黑泥模；無垢佛性則是如同佛身、蜂蜜、果實、黃金、寶藏、胚芽、寶佛像、四洲聖王、妙寶像。

《寶性論》又以此九喻仔細解析能障與所障兩者的關係與意義，說明不同階位所應去除的染垢，偈言：

貪欲嗔恚癡隨眠，猛厲現行及習氣，

見道修道不淨地，清淨地之所斷障，

如是九種障垢相，依於萎蓮等顯示。

以隨煩惱所纏覆，差別之相無有數，

貪等九種障垢者，概要略說如次第，

萎敗蓮花等九喻，依彼眞實而宣說。(一)

能障的客塵煩惱有：貪隨眠〔註 27〕煩惱、瞋隨眠煩惱、癡隨眠煩惱、增上貪瞋癡結使〔註 28〕煩惱、無明住地所攝煩惱、見道所斷煩惱、修道所斷煩惱、不淨地所攝煩惱、清淨地所攝煩惱，這九種障垢，藉由萎蓮花、蜜蜂等九喻詳細的解說。若將遮障如來藏的隨煩惱徹底分類，則有八萬四千種，每一種又可延續不斷的分類更多種，因此成無量無邊，亦同佛智無有窮盡般。《寶性論》則就此九種煩惱遮障，闡釋凡夫眾生與聖人菩薩的不淨，偈言：

〔註 26〕九種譬喻意義之關連等等可參見附錄二。

〔註 27〕漢譯本使用「結使」，然此應以「隨眠」闡述其義更爲適當。隨眠爲煩惱之異名。煩惱隨逐我人，令入昏昧沈重之狀態；其活動狀態微細難知，與對境及相應之心、心所相互影響而隨增，以其束縛我人，故稱爲隨眠。

〔註 28〕結與使，皆煩惱之異名。繫縛心身，結成苦果，故云結。隨逐眾生又驅使眾生，故云使。

以彼等垢令凡夫，羅漢學人及具慧，

如其次第四一二，復二成為不清淨。

貪隨眠煩惱、瞋隨眠煩惱、癡隨眠煩惱令上界凡夫不淨，增上貪瞋癡結使煩惱令欲界凡夫不淨；無明住地所攝煩惱令阿羅漢不淨；見道所斷煩惱、修道所斷煩惱分別令凡夫學人與聖者學人〔註29〕兩者不淨；而不淨地所攝煩惱、清淨地所攝煩惱則是令不究竟的前七地菩薩與究竟的末三地菩薩不淨。這些不淨是諸補特伽羅首先得斷除的，因為染垢的立即障礙，使得究竟的佛性無法顯現。

前章提及淨除所知障的部分，亦是使用這九個譬喻，但這是同一譬喻的不同意涵運用，這裡所闡釋的是凡夫、阿羅漢、學人乃至菩薩所要淨除的煩惱，以及每一個次第與如來藏的關聯。

一、凡夫位的譬喻

在九種譬喻當中，萎花中佛、蜂中蜜、皮殼中果、糞中金為凡夫位的譬喻，凡夫所要去除的障垢為前四種——萎蓮花、蜜蜂、皮殼、糞穢，即為貪隨眠煩惱、瞋隨眠煩惱、癡隨眠煩惱、增上貪瞋癡結使煩惱，以此四種譬喻與煩惱分別論說：

（一）萎花中佛

第一個譬喻說明障垢就如同萎敗的蓮花，而佛性是安住其中的佛身，偈言：

譬如萎敗蓮花中，安住相好莊嚴佛，

具淨天眼人見已，去除花葉顯佛身。

如是善逝佛眼見，阿鼻亦遍如來藏，

無礙大悲於輪迴，常住令眾解脫障。(一)

譬如在花瓣枯萎的蓮花之中，安住著相好莊嚴、千光閃耀的佛陀，具清淨天眼的人見知後，除去能障的萎花敗葉，佛身朗然顯現。同樣的，善逝以無礙的佛眼見著自性清淨的法性如來藏周遍一切眾生，乃至於極苦阿鼻地獄的眾生，無量大悲的佛陀為了顯現眾生的如來藏，常住三有輪迴救拔眾生，令有情眾生逐漸從障礙中解脫。

〔註29〕《究竟一乘寶性論》:「又有二種學人，何等為二？一者凡夫，二者聖人。」《大正藏》冊31，p.837c。

《寶性論》以此譬喻進一步詮釋萎蓮花象徵何種煩惱，如偈言：

譬如淤泥水蓮花，初敷榮時人歡喜，

後萎悴時人不喜，歡喜貪欲亦如是。(一)

出淤泥而不染的蓮花，初綻放時，非常的美麗悅目，令觀賞者心生歡喜，但隨著時間的流逝，蓮花開始枯萎凋零，失去清新可人的外相，觀賞者不再喜愛，產生與之前相反的感受，而貪欲的作用即是如此。當貪隨眠煩惱依非理作意而生起時，貪執於喜愛的對象，感到十分愉悅，但有朝一日，此貪欲滅盡時，便不再歡喜。這一個譬喻特別強調貪隨眠煩惱如萎蓮花，遮蔽如佛身一般的佛性。

（二）蜂中蜜

第二個譬喻，蜜蜂圍繞著蜂蜜，就如同煩惱遮蔽佛性般，《寶性論》偈言：

譬如上妙美味蜜，爲諸群蜂所圍繞，

須者見已設方便，驅散群蜂而取蜜。

大仙一切智眼見，猶如蜂蜜之佛性，

彼之障垢如蜜蜂，善作徹底斷除業。(一)

譬如美妙滋味的蜂蜜被成群的蜜蜂所圍繞保護著，須求美味的善巧者見著純蜜之後，以煙燻等種種方便之法驅散群蜂，取得純蜜。如是，大仙佛陀以見一切所知相的智慧眼，見到一切眾生具有無漏的如來智慧蜜藏，以及障蔽佛性如群蜂般的客塵煩惱，因此演說徹底斷除障垢的妙道，善作法身顯現的事業。

蜜蜂會螫痛取蜜者，宛如瞋恨傷人一般，偈言：

譬如愛蜜之蜜蜂，極其擾亂刺螫擊，

如是生起嗔恚故，內心產生諸苦惱。(一)

執著於蜂蜜的蜜蜂，一旦遇到有人欲奪取蜂蜜之時，會因受到打擾而被激怒，猛烈的以蜂針去螫刺取蜜者，導致自他強烈的痛苦。當瞋隨眠煩惱一旦生起現行，如同蜜蜂螫痛他人而自己死亡，瞋恨不但傷害他人，也傷害自己，自他的內心都產生痛苦憂惱。佛性如同蜂蜜，被蜂蜜似的瞋隨眠煩惱所包圍，這兩者非一，是可以分開的。

（三）皮殼中果

第三個譬喻，皮殼中包裹著內不毀壞的稻米等果實，《寶性論》偈言：

譬如具殼之果實，眾人不能得受用，

凡欲食用果實者，去除皮殼取果實。

如是眾生所具有，佛性爲諸惑垢雜，

乃至未脫煩惱垢，三有不能作佛事。(一)

譬如稻米等其他的果實，被包裹在層層的皮殼之中，在未脫去外皮之時，是無法下嚥享用的，因此，若是想要取得美味佳餚與營養的人，必須去除皮殼而取出果實。同樣的，一切眾生具有自性清淨的佛性，但爲煩惱諸垢所包蔽，在尚未遠離煩惱客塵時，佛陀的諸功德事業無法在欲界、色界、無色界三有輪迴中展開。因此，這些無明的外皮是必須被去除的，偈言：

譬如稻等內果實，外爲皮殼所包裹，

如是現見如來藏，癡心蛋殼所覆蔽。(一)

譬如稻米等果實被皮殼所包裹而無法得見，自性光明的如來藏亦是被如蛋殼般的痴隨眠煩惱所遮障包蔽，不能現見。稻米是重要的糧食，是可以維持生命的營養品，若是被皮殼所包裹，就無法發揮食用價值，所以癡隨眠煩惱像是皮殼，以無明籠罩如米的佛性而無法自覺。有情眾生不知去殼食米而飢餓痛苦，一如被無明煩惱纏繞，無法証得法喜與安樂的自性。

貪瞋癡的隨眠煩惱應如何斷除？漢譯《寶性論》言：

世間貪等眾生身中所攝煩惱，能作不動地業所緣，成就色界、無色界果報，出世間智能斷。〔註 31〕

上界眾生能做不動地的善業，由於業和果不會轉動的緣故，所以可以感受色界、無色界的果報，以出世間智慧所摧毀貪隨眠煩惱、瞋隨眠煩惱、癡隨眠煩惱。

（四）糞中金

第四個譬喻，在不淨糞穢中有不變異的眞金，在此譬喻中，將煩惱喻爲不淨糞穢處，眾生本具的如來藏喻爲眞金，佛則是如具清淨天眼的人，《寶性論》偈言：

譬如有人行路時，黃金遺失糞穢中，

具有不壞之黃金，於彼安住百千年。

具淨天眼見金已，以語告示餘人言，

〔註 31〕《究竟一乘寶性論》，《大正藏》冊 31，p.837b。

此中現有眞金在，汝當還淨起金用。

如是能仁分明見，陷溺煩惱糞穢中，

眾生功德欲令淨，於諸眾生澍法雨。( )

譬如有富人在旅行途中，不小心將黃金掉落在充滿糞穢不淨物的地方，糞穢無法蝕壞眞金，黃金的本質並不會變異，絲毫無損的埋藏於不淨處百千年。具有清淨天眼的人見到此不淨處藏有黃金，便告訴其他的人說：「這裡有珍貴的黃金可以取出，將污垢清淨之後，就可以發揮黃金的作用，製成珠寶或佛像等等。」相同的道理，能仁佛陀見到眾生的眞如自性深陷於糞穢般的煩惱中，爲了顯現本具的功德，因此隨應眾生根器而演說正法，降下清淨的法雨，除滅眾生不淨的煩惱。

讓行人見到即走避的糞穢，也就是貪、瞋、癡的明顯作用，令人立即不喜，《寶性論》偈言：

譬如糞穢不合意，如是具貪諸有情，

依止五欲之因故，猛厲現行如糞穢。(一)

就像是不淨的糞穢令人厭惡與懼怕，貪著欲界的有情眾生，依止五欲之故而造作許多惡行，當三毒猛厲的現行，就如同堆積的糞穢一樣，是憂惱與焦慮的所在，因此說增上貪瞋癡結使煩惱有如糞穢。

增上貪瞋癡結使煩惱以修不淨觀等智慧所斷除，漢譯《寶性論》言：

增上貪瞋癡眾生身中所攝煩惱，能作福業、罪業行緣，但能成就欲界果報，唯有不淨觀智能斷。〔註 32〕

貪瞋癡粗大現行者，能做招可愛果的福業與招不可愛果的罪業，在欲界中受利益或損減，所以僅能成就欲界果報，唯以不淨觀智斷除其煩惱。

二、聖人菩薩位的譬喻

聖人菩薩位的譬喻是九種譬喻中的後五個，即地中寶藏、果中芽、破衣之中寶佛像、貧賤醜女腹中王、焦泥模中妙寶像。因爲細說修道次第的緣故，《寶性論》在此所言的聖人，是指大小乘見道以上，斷惑證理之人，所以不只是一至十地菩薩，亦包含小乘見道以上的阿羅漢、凡夫學人與聖者學人，以此而爲之譬喻。如下分說：

〔註 32〕《究竟一乘寶性論》，《大正藏》冊 31，p.837b～c。

（一）地中寶藏

第五個譬喻，窮苦人家的地底深處有無盡的大寶藏，此譬喻是說：

譬如貧人家地下，具有無盡珍寶藏，

主人於此無所知，寶藏不言我在此。

如是意中珍寶藏，不增不減淨法性，

由未證故諸眾生，恆時備受貧乏苦。（一）

如同一戶貧窮人家的地層下，埋著取之不竭的無盡寶藏，但主人並不知道自家地下的寶藏，而寶藏也無法告知主人它在此，因此雖有財富，還得枉受飢餓貧乏所逼迫。同樣的，一切有情眾生心中具有無盡的珍寶藏——自性清淨的如來藏，就此法性而言，沒有需要增盛任何功德，也不需減損任何過失，但由於如來藏被客塵煩惱所纏覆，未証悟的眾生不了知具有的自性，所以恆時不斷經歷輪迴種種的減損不足之苦。

佛性就如同財富寶藏，被無明習氣的地蘊所深藏，《寶性論》偈言：

譬如財富由覆障，不知不得珍寶藏，

如是眾生自生智，無明習氣地所覆。（一）

就像是無盡的寶藏財富被埋在深厚的地底下，但貧窮之人不知道自家地下有財富，而無法使用珍寶藏，具有無量功德的自生智，即是被無明住地所攝煩惱覆障，而不得現見。覆蓋的染垢相當的堅厚，使阿羅漢無法覺知佛性，因此說無明住地所攝煩惱猶如地蘊。

無明住地所攝煩惱唯有如來之菩提智能斷除，漢譯《寶性論》言：

阿羅漢身中所攝煩惱，能作無漏諸業行緣，能生無垢意生身果報，

唯如來菩提智能斷，名爲無明住地所攝煩惱。〔註 33〕

阿羅漢以無明住地爲緣，做無漏之身口意業爲因，化生不假父母精血等緣，唯由心意業力所生的無實質身，而無明住地所攝煩惱只有如來的菩提智能斷除，即如《勝鬘經》所言：「世尊，如是無明住地力，……阿羅漢、辟支佛智所不能斷，唯如來菩提智之所能斷。」〔註 34〕，應如是修証如來菩提智，斷除無明煩惱。

〔註 33〕《究竟一乘寶性論》，《大正藏》冊 31，p.837c。

〔註 34〕《勝鬘師子吼一乘大方便方廣經》，《大正藏》冊 12，p.220a。

（二）果中芽

第六個譬喻，在果實中具有能成長爲大樹的種子，客塵煩惱如同果皮一樣，而如來藏則是裡頭的種子，《寶性論》偈言：

> 譬如依水日風土，時間虛空之眾緣，
>
> 郁多羅〔註35〕及庵摩羅〔註36〕，果皮之內生長樹。（一）
>
> 有情煩惱果皮內，具有正覺之胚芽，
>
> 如是彼彼善緣力，見法次第漸增長。（一）

譬如有水分的滋潤、陽光使之成熟、風令之增益成長、時間荏苒而茁壯、虛空給予無礙發展的空間，所需的各種生長條件聚合，從郁多羅及庵摩羅果皮覆蓋中的種子，逐漸出生成長爲大樹。同樣的，隱藏在有情眾生客塵煩惱果皮中的圓滿佛種，就如同樹的幼芽一樣，從積聚助緣中成長，依於福慧二種資糧的善緣力，現見法界逐漸增長後，能獲得正等覺之果。

果中芽的譬喻是指凡夫學人，所以見道所斷煩惱如同種子的皮殼，《寶性論》偈言：

> 譬如芽等漸生故，種子皮殼即破裂，
>
> 如是由見眞實性，斷除見道諸所斷。（一）

從初萌生的小樹芽漸漸的成長，種子的皮殼逐漸被穿透、破裂，同樣的道理，逐步的了知勝義法界的眞如智慧，以此出世間法智〔註37〕漸次斷除見道所斷煩惱，一旦見道的智慧開展之後，染污及障礙自然會淨除。

（三）破衣之中寶佛像

第七個譬喻，在破爛衣包裹中有珍寶所成的佛像，佛像般的如來藏，被掩蓋在臭氣薰天的煩惱破布中，《寶性論》偈言：

〔註35〕應指多羅樹（tāla），又作岸樹、高竦樹。盛產於印度、緬甸、錫蘭、馬德拉斯等海岸之砂地，樹高約二十二公尺，爲棕櫚科之熱帶喬木。其葉長廣，平滑堅實，自古即用於書寫經文，稱爲貝多羅葉；果熟則赤，狀如石榴，可食。又此樹幹若中斷，則不再生芽，故於諸經中多以之譬喻比丘犯波羅夷之重罪。

〔註36〕梵名 āmala，果樹名，一作菴羅、菴沒羅。新稱阿末羅、阿摩洛迦、菴摩洛迦等；舊稱菴摩羅、阿摩勒、菴摩勒等。譯曰無垢清淨。《維摩詰經．佛國品》羅什三藏註曰：「菴羅樹，其果似桃非桃也」《大正藏》冊 38，p.328b。此處文中的庵摩羅果，應係如梨子大小的食用果，詳細說明可見聖嚴法師：《自家寶藏——如來藏經語體譯釋》（台北：法鼓文化事業股份有限公司），2001 年，p.104～106。

〔註37〕《究竟一乘寶性論》：「凡夫身中所攝煩惱，初出世間心見，出世間法智能斷，名爲見道所斷煩惱。」《大正藏》冊 31，p.837c。

> 譬如寶成之佛像，臭穢破衣所纏裹，
> 天人見彼在道中，爲除穢衣此示他。
> 佛陀無礙眼現見，諸惑纏裹如來藏，
> 下至旁生亦具有，爲令解脫示方便。（一）

猶如珍貴素材所鑄造的佛像，被包裹在臭穢破衣當中，擱置於路口，行人匆匆而過都不知道，天人以天眼看見之後，爲了去除能障的臭穢破衣，因此指引路人，告訴他們此中有尊佛像，使得佛像得以恢復原貌。如是，佛陀以無礙見一切法的佛眼，看到被種種煩惱客塵所纏裹的如來藏，下至旁生道的眾生也具有，爲了使法界如來藏從客塵染垢中解脫，佛陀開示無量的神聖妙法，教導修持的方便道。

臭穢破衣即是聖者學人所應斷除的修道所斷煩惱，《寶性論》偈言：

> 依與聖道相連屬，摧毀壞聚見核心，
> 修道智慧諸所斷，宣說猶如破壞衣。（一）

聖者學人已了知構成聖道的四諦本性，透過如此的洞見，摧毀相信五蘊爲我及我所的壞聚見等。諸阿羅漢以現量見法性，粗糙的染垢耗竭後，殘留的染垢仍會在相續中呈現，必須以見法性後的修道智斷除。這些所殘餘的染垢就如同污穢破衣，遮掩美麗佛像的破衣容易去除，因此在修道中所必須清除的染污，亦是容易斷除的。

（四）貧賤醜女腹中王

第七個譬喻，在貧賤醜女的腹中懷有人主轉輪聖王，有情眾生就如同貧窮沒有任何依靠的孕婦，感受著種種痛苦，不知自身的腹中懷有將來會成爲尊貴人中之王的胎兒，《寶性論》偈言：

> 譬如醜陋無怙女，住於無有依怙處，
> 胎藏住持吉祥王，自腹有王不覺知。
> 轉生三有無怙家，不淨眾生如孕婦，
> 具有怙主無垢界，如彼腹中轉輪王。（一）

如同一個愁眉不展、面容憂苦的女人，無依無怙，貧窮的獨居在破舊又惡劣的環境，她腹中懷著具有吉祥轉輪王相的胎兒，但胎兒被子宮所包圍，她絲毫不知腹中懷有人王，飽受著被人輕視、欺侮等的種種痛苦。轉生在具有種種痛苦的輪迴三有中，好比居住在無依無靠的殘屋破瓦中，被客塵煩惱所纏的未淨化眾生，雖然受到保護，卻一無所知，就像是身懷人王的孕婦，將會有所依怙，因爲有情眾生具有如來藏，當自性清淨的如來藏直接顯現時，眾生即能遠離一切怖畏恐懼，所以說如來藏如同孕婦腹中的轉輪王。

這個譬喻說明的是不究竟的前七地菩薩所應斷除的障垢,《寶性論》偈言：

依於七地諸障垢，猶如胎藏之障垢，

如同遠離於胎藏，無分別智成熟般。(一)

諸障垢以刻意勤作遮蔽不究竟的前七地菩薩，如同包住胎兒的子宮。遠離染垢，有如在適當的時刻從子宮出生一樣，遠離概念的無分別智，自然無勤作的在第八地等更高菩薩地中現前，如同轉輪勝王的成熟與降生。

(五) 焦泥模中妙寶像

第九個譬喻，在焦泥模中有眞金所鑄雕像，在煩惱的焦泥之中，有著如來佛性的眞金聖像,《寶性論》偈言：

譬如模中融金鑄，寶像外有焦泥模，

見已知者爲清淨，内金除去外泥障。

佛見自性常明淨，以及障垢亦客塵，

眾生猶如金泥模，令淨諸垢成菩提。(一)

譬如一件在泥模中眞金所造的塑像，經過精心設計製作，形色與質量都已圓滿的完成，但尚未從泥模中取出，被泥土所包裹覆蓋，見到泥模內部已有眞金塑像的鑄造師，打開外層的焦黑泥模，並將眞金塑像上所遺留的垢痕清除乾淨。

眞金的塑像已經完成，只需將外層的焦黑泥模打開，這是對究竟末三地菩薩的譬喻,《寶性論》偈言：

隨逐三地諸障垢，當知猶如泥土染，

巨大智慧之自性，金剛喻定所摧毀。(一)

隨逐清淨末三地菩薩的微細障垢，不需要勤作努力就能夠斷除，好像是蓋在眞金塑像上一層薄薄的陶泥，而末三地的諸大菩薩藉由金剛喻定摧毀微細障垢，所以說遮蔽於清淨末三地菩薩的障垢如同陶泥。在這個譬喻中，特別闡明眞金塑像已然完成，末三地菩薩幾近証悟，如紅爐點雪，輕易的就可去除細微的障礙。

三、如來藏九喻與三自性

如來藏的九種譬喻涵括修道的整個歷程，去除萎蓮花等九種障垢的遮蔽，被包裹的如來藏即可朗現，而九種譬喻的所障佛性，又可分類於法身、眞如、種性三者之中，即第三章第一節「一切眾生有如來藏」能立之三種意義，《寶性論》偈言：

> 由三自性歸攝故，種性如同佛身等。
>
> 此之自性即法身，眞如以及種性者，
>
> 其中由三及一種，五種比喻當了知。（一）

由於三自性所攝的緣故，如來藏相似於佛身、蜂蜜等九種譬喻能表達的意義。如來藏的三自性是具自在勢力的智慧法身、不變的眞如與成佛的種性，藉由九種譬喻的善巧方便來瞭解三自性的內容，以佛身、蜂蜜、果實三種譬喻表示如來藏具有法身的本質，以眞金的譬喻表示眞如自性，以寶藏、果樹、寶佛像、轉輪聖王、金像等最後五喻表示如來藏能成就三身的種性。九種譬喻與三自性的關連，可詳細分說如下：

（一）法身

首先，法身可廣分爲二種，《寶性論》偈言：

> 當知法身有二種，法界最極清淨體，
>
> 以及依彼之等流，宣說深及種種法。（一）

法身分爲二種，一爲眞証法身，一爲假教法身〔註 38〕。眞証法身，是就了悟方面而言法身，爲法界最極清淨的自性，完全遠離染垢且本質光明，漢譯《寶性論》說爲寂靜法界身〔註 39〕，諸佛以自內身法界能証，乃無分別智的境界。假教法身，是就教法而言法身，爲了証悟眞實的法身所說之法，爲獲眞証法身的等流因，如同華嚴宗所說的「隨緣眞如」，具有應外緣則顯現萬象的作用，即由佛陀根據眾生不同的根器所開示的種種教法。二種法身即是就所詮、能詮或果與因而作分類。

假教法身就其本質與範疇又可分爲二種：一是勝義諦深法，依於第一義諦，爲諸菩薩演說甚深的法藏，由菩薩經律論三藏所成；二是世俗諦廣法，

〔註 38〕參見多羅瓦著，堪布益西彭措譯：《大乘無上續論（一）》，p.135～136。

〔註 39〕《究竟一乘寶性論》，《大正藏》冊 31，p.838b。

依於世俗諦，相應種種有情眾生不同意樂的教法，從〈契經〉、〈應頌〉等十二分教〔註40〕開展，宣說的廣大種種法。

法身以譬喻闡釋，《寶性論》偈言：

當知由超世間故，世間此喻不可見，

不可見故佛自身，所說與彼界相同。

所說微細甚深法，猶如蜂蜜一味性，

所說種種廣大法，猶如種種殼中實。（一）

應當了知，自性清淨的法身眞實超越一切世間顯相，因此在世間無法找到眞正能說明法身的譬喻，所以說安住於萎蓮花的自生佛身與眞証法身，只有些許相同。能夠幫助証悟法身的勝義諦教法，既深奧又微細難測，揭示一切諸法都是眞如一味，如同所有蜂蜜都是甘甜一味。世俗諦的教法，廣大的宣說十二分教等種種方便之相或各種的化現，次第引導所需詮釋的種種相應義，以使眞實義更容易了悟，猶如種種不同的皮殼會出現不同的果實，成爲可以享用的食物。

（二）眞如

眞如的特性如同眞金一樣，《寶性論》偈言：

由於自性無變異，以及勝善及清淨，

是故宣說此眞如，與彼眞金性相同。（一）

如《大般若波羅蜜多經》云：「若佛出世、若不出世，如是諸法，常無變易，法性法界法定法住。」〔註41〕，雖然心的自性看似與煩惱痛苦形影不離，然而其自性卻無遷變，全然清淨且光明，因此稱之爲「眞如」。如同眞金是無變異的，眞如在任何階段、一切分位都不會轉變；如同眞金的莊嚴美麗，眞如是妙善且殊勝的；如同眞金本質毫無染污，眞如從無始以來即是清淨，因此說眞如與眞金之性相似。就自性清淨心言，即便是邪定聚的眾生，都是無差別，而客塵煩惱變成清淨時，說爲如來法身。〔註42〕

〔註40〕佛陀所說法，依其敘述形式與內容分成之十二種類，稱爲十二分教，或譯爲十二部經、十二分聖教。這十二種分別是：契經、應頌、記別、諷頌、自說、因緣、譬喻、本事、本生、方廣、希法、論議。

〔註41〕《大般若波羅蜜多經》，《大正藏》冊6，p.506a。

〔註42〕見高崎直道等著・李世傑譯：《如來藏思想》，p.117。

（三）種性

依於二種佛性，得出自性身、報身、化身，而說與末五種譬喻相似，《寶性論》偈言：

猶如地藏及果樹，當知佛性有二種，
無始自性住種性，眞實納受勝種性。
承許依此二種性，獲得如來三種身，
依於初者得初身，依於次者得後二。（一）

首先，佛種性有二種：一是本性住種性，無始以來即安住的種性，如同埋藏在地底下無盡的珍寶藏，不需新作，本來具有，但尚未透過精進修持而証得；一是習所成種性，乃偈言「眞實納受勝種性」，如同果樹需依靠必要的條件才能逐漸的成長，因此透過聽聞與思維等勤作，眞實納受教化的善根，殊勝的解脫亦如此開展。依於此二種種性〔註 43〕爲因，能証得圓滿佛陀三身之果。本性住種性以智慧資糧到達究竟圓滿，遠離一切客塵障垢，具有自性清淨與離垢清淨，即是証得法身，也就是自性身；習所成種性透過福德資糧的究竟圓滿，種性的能力得以開展，証得相應於菩薩、聲聞與凡夫而顯現的報身和化身。

自性身、報身、化身的差別，就如同寶佛像、轉輪王、妙寶像三者所比喻的，《寶性論》偈言：

當知莊嚴自性身，猶如珍寶之佛像，
自性本來非所作，攝集功德寶藏故。
具大法王國政故，報身猶如轉輪王，
唯是影像自性故，化身猶如黃金像。（一）

勝義自性身本來即是清淨光明，因爲功德光耀而莊嚴，猶如珍寶所成的佛像，因爲自性本來安住，不是刻意造作而新生起，涵攝十力等一切功德，如同取之不竭的寶藏。以深遠且廣大的方式運用大乘佛法，好像是掌握神聖威力的王政，因此對清淨聖者顯現的報身，就如同擁有七寶與四大洲的轉輪聖王。源自於自性身的了悟力量，化身對一切有情眾生普遍的顯現，以各種適合所化眾生的方式，於其自性中化現種種影像，猶如黃金鑄像。

〔註 43〕《成唯識論》：「何謂大乘二種種姓？一、本性住種姓，謂無始來依附本識，法爾所得無漏法因。二、習所成種姓，謂聞法界等流法已，聞所成等熏習所成。」護法等菩薩造，唐．玄奘譯，《大正藏》冊 31，p.48b。

以邏輯思維的方式瞭解如來藏，分析如來藏、九種譬喻、三身的相互意義與關係，而要証悟的首要方法，最重要的還是「信心」，《寶性論》偈言：

自生諸佛之勝義，唯是依信所證悟，

猶如日輪光晃耀，無眼目者亦不見。(一)

有情眾生本具任運自成的勝義如來藏，自生佛性是非依他緣新生的無爲法，凡夫、聲聞、緣覺、初發心菩薩唯有依於解釋此密意的經典，以信心領悟眞實本性，因爲不具相信見眞如的眼目，是無法如實証悟自性，猶如太陽雖然閃耀著燦爛光芒，但無眼的盲人卻什麼也看不見。

除了對佛性的領悟，《寶性論》將「本性住種性」喻爲寶佛像的自性身，「習所成種性」喻爲轉輪聖王的報身與黃金鑄像的化身，此三身說對於後來的佛身論產生很大的影響〔註44〕。

〔註44〕「佛身說乃有『開應合眞說』的三身說與『開眞合應』的三身說。這三種佛身說，開爲『理』與『智』之『眞』，玆有教化菩薩的『受用身』和示現於二乘、凡夫之『變化身』，而此三身說，是屬於將受用身、變化身合起來的後者之三身說，這對後來的佛身論，給了很大的影響。」見中村瑞隆：〈第二章 如來藏的體系〉，高崎直道等著．李世傑譯：《如來藏思想》，p.117。

第五章　證悟如來藏的佛果

全然的証悟如來藏，即是証悟菩提佛果，乃為佛所成就，佛陀証悟佛性的境界可藉由佛身論說明，以三身說或二身說闡釋佛陀的果德。其中，可分為功德與事業兩大部分，功德乃言說佛身所具有的自利利他力量，事業則顯發佛陀利眾的任運不間斷，此要說明的不只是開顯如來藏的可能性，而是闡明証悟之後所展現的不可思議境界。

第一節　法報化三身的特質

佛身論有不同的分類，《寶性論》先以三身的分類，說明其意義與特性，偈言：

> 自生諸佛之遍知，唯稱彼者為如來，
> 最勝涅槃不思議，各別自證出有壞；
> 彼者分類由深廣，大自性三功德法，
> 當知如是自性等，安立法報化三身。（二）

佛証悟三身境界的意義：不依靠外來條件而自生的諸佛一切種智，因為圓滿的斷除與証悟而稱為如來；由於不住輪迴或涅槃二邊的緣故，所以是最究竟殊勝的涅槃；超越任何分析與辯論的經驗對境，是不可思議；摧毀輪迴的一切業力與煩惱，是出有壞；並且是各別自証自性的甚深智。証悟如來藏的大菩提，由於微細難悟，所以稱為甚深的功德，是為法身；由於運用大力，具有成就他利的事業，稱為廣大的功德，是為報身；相應眾生根機而普遍的教化，於輪迴中善加引導，稱為大自性功德，是為化身。

法身、報身、化身又可統歸爲二種身，《寶性論》偈言：

> 此處初者爲法身，其後二者爲色身，
>
> 如於空中色安住，於初身中後身住。（二）

論及佛身論的部分，第一個是就其本質而言的身，甚深殊勝的法身，因爲同於諸法的自性，並且不是他覺所證的境界；其後的報身、化身即是色身，因爲是以所化眾生根機而顯現的緣故。二身之間的關係，就如同在無爲的虛空中，可見有爲的種種色法，因此在法身的不變界中，報身與化身以種種的方式顯現而安住。

《寶性論》於此所說的二身與三身思想已是大乘佛教的思想，三身是大乘佛教史上屬於後出的發展，一直到無著及其先驅者將瑜伽行哲學整理成一思想系統後，三身的概念才成爲其論題的一部份。〔註1〕法身的概念有別於本文第二章第二節提到部派佛教與初期大乘佛教所說的教法身、理法身等等，不只是佛所言之教法與所証之法，而是如《涅槃經》〔註2〕所言。在涅槃經中提到如來之身有生身與法身，生身是方便應化之身，法身爲常樂我淨，又以無常喻爲佛之生身，乃如來世尊的解脫之身。常樂我淨的法身，是常住之身，不可壞身，不可思議的金剛身，這是如來藏的思想，也可說是將佛所証的法推進爲佛的法身。〔註3〕《寶性論》中所提到的法、報、化三身，可說是依於《大乘莊嚴經論・菩提品》中自性身、食身（受用身）、化身（變化身）而來：

> 一切諸佛有三種身，一者自性身，由轉依相故。二者食身，由於大集眾中作法食故。三者化身，由作所化眾生利益故。此中應知，自性身爲食身、化身依止。〔註4〕

三身都是由法界清淨而成，自性身是重於契証清淨法界，以轉依爲相，是其

〔註1〕參見鈴木大拙著・郭忠生譯：〈楞伽經論佛之「三身」（上）〉，（《菩提樹》32卷10期，1984年9月），p.37。

〔註2〕《大般涅槃經》：「一者生身，二者法身。言生身者，即是方便應化之身，如是身者，可得言是生老、病死、長短、黑白，是此、是彼、是學、無學，我諸弟子聞是說已不解我意，唱言如來，定說佛身是有爲法。法身即是常樂我淨，永離一切生老病死，非白、非黑、非長、非短。非此、非彼、非學、非無學，若佛出世及不出世，常住不動無有變易。善男子，我諸弟子聞是說已不解我意，唱言如來定說佛身是無爲法。」《大正藏》冊12，p.567a。

〔註3〕參見廖淑珍：《當代臺灣佛教的佛陀觀及其宗教實踐》，玄奘人文社會學院宗教所碩士論文，2001年，p.48。

〔註4〕《大乘莊嚴經論》，無著菩薩造，唐・波羅頗蜜多羅譯，《大正藏》冊31，p.606b。

餘二身所依止，即中村瑞隆分析，佛身論有「開應合眞說」與「開眞合應說」，此處之佛身說屬於後者，自性身是理智不二，爲了菩薩和二乘，也爲了教化眾生而開受用、變化二身。〔註5〕

《寶性論》當中分別說明三身的體相，以及之所以恆常的原因，乃至佛身所展現的種種不可思議的功德。

一、三身的示現

（一）甚深的法身

甚身的法身亦稱爲自性身，乃是內住於自身，而維續其本性之本來面目〔註6〕。具有五種體相，《寶性論》偈言：

> 非初中後無別異，無二離三垢分別，
> 證悟法界之自性，入定瑜伽師得見。（二）

1、無爲法

沒有初生、中住、後滅的有爲法三相，因爲生、住、滅是一切和合事物的特性，也就是因緣所生，然法身超越因緣和合，是非創造的無爲法。

2、無別異

無漏法界和究竟智慧融合一體，兩者無絲毫差別，是無別的體相。

3、無二

出離於有無、我與無我，遣除增益減損等二邊。

4、離三障

遠離煩惱障、所知障、修定障，是無障無礙的體性。

5、無分別心

於本體中沒有任何雜染障垢及二取分別心，是清淨光明的無垢無分別自性。

這是對法身的直接了悟，只有在圓滿方便與智慧中恆常安住的大瑜伽師佛陀才能體現的境界，甚深法界的本質是完全清淨，是光明的體相。依此，圓滿了悟的法身具有五種功德，《寶性論》偈言：

〔註5〕見中村瑞隆：〈第二章 如來藏的體系〉，高崎直道等著．李世傑譯：《如來藏思想》，p.117。

〔註6〕參見鈴木大拙著．郭忠生譯：〈楞伽經論佛之「三身」（上）〉，p.37。

無量超過恒沙數，具諸不思無等德，
如來無垢法性身，盡斷過失及習氣。
廣大故及無數故，非爲尋思境界故，
唯佛習氣亦斷故，次第是爲無量等。（二）

1、無量德

不能藉由標示或符號等任何方法測量，因爲自性如虛空廣大，無法衡量其無邊的功德。

2、無數德

不能用數量表示，因爲功德不可計數，是超越恆河沙數的功德。

3、不思德

不能以世間的分別尋思所了知，沒有運用推論或辯證等方式的領域，因爲是深奧不可思議的功德。

4、証德

不以其他事物相等，無與倫比，唯佛所具有的究竟無等功德，具有圓滿証悟的功德。

5、斷德

以如來無垢的法界身，斷盡二障與習氣，具有圓滿斷除的功德。

常樂我淨的法身，由此五相與五德，可展現清淨法界之體，即是自性眞如。

（二）廣大的報身

報身即受用身，是指受用報果的佛身，或稱法性所生身，是約大菩薩所見的，顯現無邊功德的莊嚴相，所以又從法身中別出此報身，是因契證法性而有的功德身。〔註7〕報身具有五種利他的體相，《寶性論》偈言：

種種妙法光明身，勤修眾生解脫義，
事業猶如摩尼王，能現種種非彼體。
圓滿受用諸法故，顯示自性之法故，
大悲清淨之等流，利益眾生無息故。

〔註7〕參見印順法師：《成佛之道》（新竹：正聞出版社，2000年10月，新版一刷），p.409。

無有分別任運中，所欲如實滿足故，

以如意寶神通故，圓滿受用身安住。（二）

1、說種種妙法不息

圓滿受用種種的妙法，無有止息的宣說深奧與廣大的佛法，清淨語言之流相續不斷。

2、示現光明身不息

透過具足相好光明的莊嚴身，相續不斷的以種種顯相示現。

3、利益眾生業不息

從痛苦中救拔眾生的大悲清淨等流果，精勤的成就解脫眾生的事業相續不斷。

4、事業猶如摩尼王

報身的事業自然而現，毫無任何造作分別，任運自成的事業猶如摩尼寶王，能滿足一切眾生所希欲。

5、如來顯現非彼體

隨所化眾生的根機顯現種種形相，但不以其體而住，顯相並無本質的存在。

報身具足此五種相，圓滿受用大乘法而安住。就三業而言，報身的說法不息是語的功德，示現不息是身的功德，利眾不息是意的功德，此三者任運成就報身不間斷的事業，以法身為自性，而顯現各種形相。以摩尼寶的譬喻具體說明，《寶性論》偈言：

如由種種形色物，摩尼中現非彼體，

亦由眾生種種緣，如來顯現非彼體。（二）

譬如將摩尼寶分放在不同形色為襯底的彩布上，摩尼寶可用相似於透明水晶來理解，如此摩尼寶會顯現種種形色，但並非摩尼寶的真實形色，乃是因其清淨而能顯種種形色。同樣的，諸佛是依所化眾生的根機、意樂、信解等種種因緣，以大悲方便周遍一切眾生，雖非彼體而幻化各種形色與身相。

（三）大自性的化身

化身意為「變化之身」，法身太過高超，以致於一般凡夫無法感通之，要感通此一絕對之身，唯有透過其變化之身。〔註8〕化身具有三種引導眾生的功德，《寶性論》偈言：

> 世間令置寂靜道，成熟授記因色身，
>
> 不離法界恆安住，猶如諸色不離空。(二)

1、世間令置寂靜道

勸導未入道世間凡夫，讓他們厭離三有輪迴後，安住於通往涅槃的寂靜道。這是引導凡夫眾生進入小乘道的方法，所以《寶性論》偈言：「演說諸法無常苦，無我寂靜知方便，先令眾生厭三有，後令悟入於涅槃」(二)，對於執取娑婆的眾生，佛陀宣說諸行無常、一切行苦、諸法無我、涅槃寂靜等四法印，令所化眾生對於三有輪迴產生厭離之心，因而依循於寂滅輪迴過失的聲聞緣覺道中。

2、令彼成熟大乘道

引導入解脫道者成熟於大乘清淨地，即《寶性論》言：「既入聲緣寂滅道，具有已得涅槃想，妙法蓮華等諸經，宣說諸法眞實性，遣除彼等先前執，若以智慧方便攝，令彼成熟於勝乘」(二)，入聲聞緣覺道者獲得阿羅漢果及獨覺菩提，以為已証得究竟的涅槃，對於這些聲聞緣覺等，佛陀在《妙法蓮華經》〔註9〕、《大般涅槃經》〔註10〕等經中教導諸法的眞如性——智慧與方便相融、空性與慈悲不二的究竟一乘，以此破除未得而執取已得究竟涅槃之心。並且，依靠欲救度一切痛苦眾生的大悲方便與証悟諸法無自性的智慧，二者相互攝持，累積福德與智慧兩種資糧，令入解脫道者成熟於三乘中的殊勝大乘道。

3、授菩提記令解脫

當入大乘道者証得八地等菩薩果位時，佛陀賜與無上菩提的授記，授予佛的刹土名、名號、劫名、眷屬數量……，如《大乘莊嚴經論．功德品》云：「釋曰：復有此六種授記，一者於如是刹土，二者有如是名號，三者經如是

〔註8〕參見鈴木大拙著．郭忠生譯：〈楞伽經論佛之「三身」(上)〉，p.37。

〔註9〕如《妙法蓮華經》言：「十方佛土中，唯有一乘法，無二亦無三，除佛方便說。但以假名字，引導於眾生，說佛智慧故，諸佛出於世。唯此一事實，餘二則非眞，終不以小乘，濟度於眾生。佛自住大乘，如其所得法，定慧力莊嚴，以此度眾生。」《大正藏》冊9，p.8a。

〔註10〕如《大般涅槃經》言：「大智如來以善方便燃智慧燈，令諸菩薩得見涅槃常樂我淨。」《大正藏》冊12，p.492a。

時節，四者有如是劫名，五者得如是眷屬。六者如是時節正法住世。」〔註 11〕，以此成爲眾生解脫與成熟事業之因。

化身乃是地前菩薩、二乘、凡夫所能見，依於法身而無功用的現起，如水中的月影一樣，只是經過水的倒映而現起月的影子。〔註 12〕化身的示現可從原因、方法、行相、地點、時間等五個方面瞭解，《寶性論》偈言：

依大悲心知世間，觀照一切世間界，
法性身中不動移，幻化種種之事業。
天界出生聖白幢，從於兜率天宮降，
入於母胎及降生，善巧通達工巧處，
王妃眷屬中嬉樂，出家修習諸苦行，
往詣菩提道場中，降伏一切諸魔軍，
圓滿菩提轉法輪，趨入大般涅槃界，
普於不淨剎土中，輪迴未空恆示現。（二）

1、原因

化身現起的原因，乃是了知所有世間界，對於一切無量有情眾生的不可思議大悲心，願攝受保護所有眾生。

2、方法

以盡所有智觀照相應的一切所化世間後，入定於如所有智的法身不變的境界中，無論何時都不離於所安的定境而示現。

3、十二相成道

化身示現自性的種種相，以釋迦牟尼佛爲例，《寶性論》不同於《大乘起信論》〔註 13〕等說大乘八相成道，不論哪種譯本〔註 14〕，皆說佛以方便力現

〔註 11〕《大乘莊嚴經論》，無著菩薩造，唐·波羅頗蜜多羅譯，《大正藏》冊 31，p.652b。
〔註 12〕參見印順法師：《成佛之道》，p.415。
〔註 13〕《大乘起信論》：「菩薩發是心故，則得少分見於法身，以見法身故隨其願力，能現八種利益眾生，所謂從兜率天退、入胎、住胎、出胎、出家、成道、轉法輪、入於涅槃，然是菩薩未名法身。」，馬鳴菩薩造，梁·眞諦譯，《大正藏》冊 32，p.581a。
〔註 14〕對照北魏漢譯本《究竟一乘寶性論》：「如來亦如是，方便力示現，從兜率陀退，次第入胎生，習學諸伎藝，嬰兒入王宮，厭離諸欲相，出家行苦行，推問諸外道，往詣於道場，降伏諸魔眾，成大妙覺尊，轉無上法輪，入無餘涅槃，於不清淨國，現如是等事。」《大正藏》冊 31，p.843a，是爲十二相成道，與梵藏譯本同。

十二種事業相，即：（1）自兜率天宮降於南贍部洲；（2）入於母胎；（3）降生；（4）善巧通達各種技藝；（5）王妃眷屬中嬉樂；（6）厭離欲相而出家；（7）修習諸苦行；（8）往詣菩提道場；（9）降伏一切諸魔軍；（10）圓滿正等覺菩提；（11）轉無上法輪；（12）趨入大般涅槃界。

4、地點

化身現起於諸不清淨的刹土，難忍諸苦侵擾的無量娑婆世界中。

5、時間

只要三有輪迴未空之間，化身就會相續不斷的任運示現。

如此的化身，應所化眾生差別，變現種種形相，不離於法身不變界，乃至於輪迴未空之際，相續不斷的安住於世間中，猶如無爲虛空中，有爲色法生滅不斷。

二、恆常的原因

三身皆具有恆常的特性，以色身與法身說明其恆常的原因，《寶性論》偈言：「由無量因眾無盡，慈悲神足智具樂，得法自在滅死魔，無體世尊故常法」（二），可分爲色身恆常的七種原因與法身恆常的三種原因。

（一）色身常住之因

相對於無色無形的法身，而稱有色有形的身相爲色身，共有七種色身恆常的原因，以攝受眾生的四種原因與不捨世間三種原因〔註 15〕分別說明，偈言：

棄捨身命財三者，護持諸佛正法故；
爲利一切諸有情，究竟圓滿本願故；
佛身淨潔及澄清，大慈大悲生起故；
神變神足力顯示，彼者住世行持故；
成就妙智於輪涅，取捨二執脫離故；
恆常圓滿而具足，無量等持大樂故；
常住世間利益他，不爲世間染汙故。（二）

〔註 15〕參見麥彭仁波切著，堪布益西彭措譯：〈大乘無上續論略釋．彌勒教言〉《大乘無上續論（二）》，p.168～169。

1、攝受眾生

（1）無量因

經歷三大阿僧祇劫的學道中，絲毫不耽著的供養布施身體、壽命、財產三者，並且護持正法，由此二資糧等等修集無量的成因，爲利有情而常住世間。

（2）眾無盡

爲利益一切眾生而生起菩提心，立誓從痛苦的輪迴中，毫無遺留的救拔一切有情，又所化眾生無窮無盡，欲究竟圓滿誓願的緣故，因此常住世間。

（3）慈悲

圓滿正等覺的佛果，因煩惱障的淨化、所知障的澄清，生起無量大悲功德，無有間斷的普照一切眾生。

（4）神足

以一變無量、無量變一等等的神通力，以及禪定三昧所獲得的自在，盡輪迴相續不斷的隨所化眾生示現色身。

2、不捨世間

（1）智

色身顯現的佛不會厭離輪迴，因爲已証得清淨智慧，了知輪迴與涅槃的眞實狀態，從輪迴與涅槃二種執著中解脫，証悟輪涅無二。

（2）具樂

色身不會受輪迴所逼迫，因爲恆常圓滿具足不可思議的無量三昧安樂，不被苦行的痛苦所傷害。

（3）得法自在

色身不被輪迴過失所染污，因爲已於一切諸法自在而轉，雖然爲了利益眾生而常住世間，並隨順眾生因緣而相應行持，但不被業力、煩惱、痛苦等等世間法所染污。

因爲這七個原因，所以色身利益眾生的事業恆常不斷，並且常住世間。

（二）法身恆常之因

法身恆常的原因有三種，即是說：

獲得無死寂靜處，無有死魔現行故；

無爲自性之能仁，本來極爲寂靜故；

恆常是諸無依者，皈依處等合理故。（二）

1、滅死魔

圓滿現証的法身，遠離粗大的分段死與細微的變異死，獲得生滅無餘的殊勝涅槃，安住於無死的寂靜處，因此沒有業感生滅的死魔。

2、無體

法身的自性常住，因爲具有非因緣所作的自性，本來寂滅一切有爲法的生死。

3、究竟皈依處

法身以無死且常住，對於失去依怙的無量無邊有情眾生，在輪迴未空之前，是恆常的究竟皈依處，最令人喜悅的保護者。

由此而說法身、報身、化身皆是恆常，如《大乘莊嚴經論》亦是說：「一切諸佛悉同常住：由自性常故，一切諸佛自性身常住，畢竟無漏故；由無間常故，一切諸佛食身常住，說法無斷絕故；由相續常故，一切諸佛化身常住，雖於此滅復彼現故」〔註 16〕。法身就其自性常，是爲無有漏的恆常；報身就其無間常，是爲說法無止息的恆常；化身就其相續常，是爲不斷化現的恆常。從此種種不同的角度，可說三身恆常。

三、不可思議的境界

証悟菩提的佛身，具有不可思議、難以想像的境界，《寶性論》偈言：

非言語境勝義攝，非心所觀超譬喻，
無上輪涅不攝故，佛境聖亦不可思。(二)

無垢眞如的菩提佛果，不是語言所能表達的對境，超越語言文字的所詮，由具有自性清淨與離垢清淨的勝義諦所攝，非心識所觀之處，眞實超越能夠衡量的任何譬喻。因爲是超越世間的最勝無上究竟，所以不屬於三有輪迴或寂靜涅槃等二邊，唯是聖者成正等覺之一切種智所能覺知的境界，如此佛三身的境界，縱然安住第十地的菩薩也無法思議。依此分析其不可思議的根據，《寶性論》偈言：

不可思議離言故，離言勝義所攝故，
勝義所攝非思故，非思超越比量故，
超越比量無上故，無上輪涅不攝故，
輪涅不攝不住故，不取輪涅過德故。(二)

〔註 16〕《大乘莊嚴經論》，無著菩薩造，唐・波羅頗蜜多羅譯，《大正藏》冊 31，p.606c。

圓滿三身的菩提佛果，對於除佛以外的餘者，都是不可思議，因此無法藉由語言所詮釋，又爲何無法以語言所詮等不可思議境的根據，逐一說明於下：

（一）非言語境

無法用語言表達，因爲語言的對境乃爲世俗諦，而此是勝義諦各別自証所攝，並非語言的境界。

（二）勝義攝

爲勝義諦所攝，因爲心識能觀知世俗的一切，但菩提佛果非心識所能思量的境界，無法以世俗的聰明才智所分辨了知。

（三）非心所觀

非心所思量之境，乃是因爲無法藉由譬喻或象徵等的方法推論，不能以世間比喻根據等所比量。

（四）超譬喻

不是譬喻推演所及，因爲是超越世間且最勝無上的，能夠譬喻的事物就有與之相似性質的東西，而菩提佛果則完全無法同於世俗事物。

（五）無上

之所以是最勝無上，是因爲不爲三有輪迴與寂靜涅槃所攝。

（六）輪涅不攝

非輪涅所攝，乃是因爲不住於輪迴或涅槃任何一邊，並且沒有相對的概念，對於涅槃的功德與輪迴的過失沒有分別。

這六種不可思議的功德，即是法身與色身分別所具有的不可思議處，《寶性論》偈言：

前五正理微細故，如來法身不思議，

第六正理自在故，如來色身不思議。（二）

非言語境、勝義攝、非心所觀、超譬喻、無上等五個根據，說明法身如此的微妙與深奧難測，是凡夫眾生無法想像探究的，如來法身的不可思議；輪涅不攝，即是自在的顯現生滅等等，色身如幻影般的示現，顯相非自性存在，由此說明如來色身無量幻化的不可思議。

第二節　自利利他的功德

開顯如來藏，証悟菩提佛果，如此的境界，佛性與佛無有分別，已無能証與所証，証悟的功德應該被彰顯〔註17〕。所謂的「佛」，是自利圓滿與他利圓滿，此二者的究竟圓滿，是法身與色身的自性，亦是其所具有的兩種功德，《寶性論》偈言：

自利圓滿功德處，即一切佛勝義身，
他利圓滿功德處，即一切佛世俗身。
初者法身十力等，離繫功德皆具足，
二者大丈夫相等，異熟功德皆具足。(三)

獲得一切自利圓滿的根本是法身，為聖者智慧境界的勝義身；成就一切所化眾生他利圓滿的根本是色身，即是諸佛的世俗身。第一種任運自成的法身，具有十力、四無畏、十八不共法等功德，乃是透過智慧資糧而從種種障礙中解脫的離繫〔註18〕功德；第二種可見的色身，具足大丈夫三十二相等，以累積福德資糧而逐漸成熟的異熟〔註19〕功德。此六十四種功德，《寶性論》依《寶女所問經》〔註20〕而說，如是瞭解佛三身與六十四種功德的關係。

一、自利的法身離繫功德

自利圓滿的功德，即是法身所具有的三十二種離繫果功德，分別為十力、四無畏、十八不共法，以此三種分類而說：

（一）十力

《寶性論》先說明十力，再言及十力所斷的煩惱與譬喻，偈言：

知處非處業異熟，種種根機種種界，
種種信解遍趣行，染淨二種靜慮等，
憶念自他之宿命，了知生死天眼通，
寂滅煩惱習氣智，如是宣說十種力。(三)

〔註17〕「如果奶油沒有用途了，努力地攪動牛奶將是無意義的舉動。同樣的，如果我們歷經艱辛的學習及修持而達到証悟，所得到的果應該具有補償此番努力的價值。」創古仁波切：《佛性——《究竟一乘寶性論》十講》，p.39～40。

〔註18〕指擇滅無為，與解脫之義同，是說由斷除煩惱而遠離有漏法之繫縛。

〔註19〕即依過去之善、惡而得果報之總稱，蓋謂果異於因而成熟。

〔註20〕《寶女所問經》，四卷，西晉・竺法護譯，同經異譯為《大方等大集經》中〈寶女品〉，北涼・曇無讖譯，均收入《大正藏》第十三冊。

十力是爲：1、處非處智力；2、業異熟智力；3、種種根機智力；4、種種界智力；5、種種勝解智力；6、遍趣行智力；7、靜慮解脫等持等至智力；8、宿命智力；9、天眼通智力；10、漏盡智力。如來的十力能無礙的摧毀無明等障，且不爲餘者所摧，如同金剛杵，能摧一切而不爲一切所摧，《寶性論》偈言：

初六中三後一力，依此十力之次第，
遣除所知三昧障，以及習氣諸障故。
如甲如牆如稠林，刺穿摧毀截斷故，
重精堅固不壞故，大仙勢力如金剛。
何以沈重由精華，何以精華由堅固，
何以堅固由不壞，不壞是故如金剛。（三）

前六種力能刺穿如鎧甲般的所知障，靜慮解脫等持等至智力、宿命智力、天眼通智力能摧毀如牢牆般的修定障，漏盡智力能截斷如稠林般的煩惱障，因此說十力如同金剛。又因爲十力具有沈重、精華、堅固、不壞的四種因，所以說佛陀的勢力猶如金剛。沈重是因爲具一切輪涅諸法的精華，精華是因爲具有無爲且任運自成的堅固性，堅固是因爲一切分別心、執著相違等物所不能改變。因此，已摧毀一切所斷，且自身不被所斷摧壞，若將十力譬喻爲物時，即是猶如金剛杵。

（二）四無所畏

《寶性論》中先說明四無所畏，再討論四無所畏的作用以及譬喻，偈言：

諸法圓滿覺菩提，一切諸障能禁止，
宣說道諦及滅諦，如是四種無所畏。（三）

四無所畏分別是：1、正等覺無畏；2、說障法無畏；3、說出道無畏；4、漏永盡無畏。此四者從自利圓滿的斷証功德與利他圓滿宣說道與道障等四種意義開展，一如《阿毘達磨順正理論》中所言，〔註 21〕正等覺無畏是從自利的

〔註 21〕《阿毘達磨順正理論》：「何緣諸佛無畏唯四？但由此量顯佛世尊，自他圓德俱究竟故。謂初無畏顯佛世尊自智圓德，第二無畏顯佛世尊自斷圓德，此二顯佛自利德滿。爲顯世尊利他圓德，是故復說後二無畏，第三無畏遮行邪道，第四無畏令�正道，謂佛處處爲諸弟子，說障法令斷除即是令修斷德方便，又於處處爲諸弟子，說出道令正行，即是令修智德方便，此二顯佛利他德滿。但由此四隨其所應，顯佛自他智斷圓德，至究竟故唯立四種。」尊者眾賢造，唐・玄奘譯，《大正藏》冊 29，p.748b。

角度說「諸法圓滿覺菩提」，是為佛自利圓德中的智德；說障法無畏從利他的角度說「一切諸障能禁止」，是為佛利他圓德中的修斷德方便；說出道無畏從利他的角度說「能斷一切三乘道」，是為佛利他圓德中的修智德方便；而漏永盡無畏從自利的角度說「得斷諸漏之滅諦」，是為佛自利圓德中的斷德。

因此，四無所畏以自利利他而顯現其作用，以此宣說四聖諦，《寶性論》偈言：

諸法自知令他知，道障自斷令他斷，

入道自得令他得，說二利諦佛無畏。(三)

佛陀已了知所知有事痛苦等一切諸相，為令其他眾生了知，因而宣說「苦諦」；佛陀已經徹底斷除所斷有事集業惑等，為令其他眾生斷除，因而宣說「集諦」；佛陀已圓滿依止自他所依之道，為令其他眾生依止，因而宣說「道諦」；佛陀已得所得極為清淨的滅諦，為令其他眾生証得，因而宣說「滅諦」。佛陀承諾自得善証，為了利益一切眾生亦如實証悟，無有畏懼的宣說四聖諦，無論何時何處，皆無障礙的宣說聖法，使四聖諦的意義顯現。

佛陀以四無所畏身處無量所化眾生之中，毫無畏懼而宣說妙法，譬喻如同獅王在群獸中無所畏懼，《寶性論》偈言：

林中獸王常無畏，百獸群中自在行，

佛陀獅王處眾中，無畏善住堅勢力。(三)

猶如獸王獅子常處於森林之中而沒有絲毫畏懼，無畏自在的漫遊於其他野獸之間，能仁佛陀亦是人中之獅王，無畏自在的處在各種聚會中，以自身最尊勝而善住，不依他緣而無須觀待，恆常入於三昧之中，所以心意堅固，並且斷盡極細微的無明習氣，具足圓滿勢力，如是而坦然安住，具有四種無畏的功德。

(三)十八不共法

佛所具的十八不共法，可以分類為四種，分別為行所攝、証所攝、事業所攝、智慧所攝〔註22〕，《寶性論》偈言：

如來無過亦無諍，無有心意失念過，

亦無不定散亂心，及無輪涅種種想

並無不擇而舍置。志欲精進與正念，

〔註22〕參見多羅瓦著，堪布益西彭措譯：《大乘無上續論(一)》，p.181。

以及智慧與解脱，解脱知見不退失。

三門事業隨智轉。智慧無礙知三世。（三）

分別爲：

1、行所攝六法：身無失、口無失、念無失、無不定心、無異想、無不知已捨。

2、証所攝六法：欲無減、精進無減、念無減、慧無減、解脫無減、解脫知見無減。

3、事業所攝三法：一切身業隨智慧行、一切口業隨智慧行、一切意業隨智慧行。

4、智慧所攝三法：智慧知過去世無礙、智慧知未來世無礙、智慧知現在世無礙。

總說其意義，《寶性論》偈言：

佛身語意悉無過，心無動搖無異想，

不擇捨置亦遠離，志欲精進清淨念，

無垢智慧及解脱，解脱知見均不退，

諸業普隨智導轉，三世無礙廣智行。

覺彼不共大菩提，爲眾無畏轉妙輪，

此唯具足大悲者，一切中勝如來得。（三）

佛的身行無錯亂迷惑，沒有諍論、綺語等雜亂語過，意無忘失，無不定散亂動搖的心，沒有執著輪迴他體的種種異想，無有不擇一法而捨置，這是以行爲所攝的六法。無始來利他的志欲、精進度一切眾生、如實照見諸法的清淨念、無垢智慧、從障礙中出離的解脫、了知一切所知義的解脫智慧，此些都沒有休息，這是以証所攝的六法。身、口、意三業以智慧，隨智慧而轉，這是以事業所攝的三法。對於過去、未來、現在三世一切所知法，恆常以廣大智慧通達無礙的了悟，這是智慧所攝三法。如是覺悟並証十八不共法之後，對於一切所化眾生毫無畏懼的轉大法輪，此唯有欲從痛苦中救拔眾生的大悲者，且調伏四魔的諸如來勝者所獲得。

如來的十八不共法，沒有任何其他事物與其相同，就如同虛空與四大之不共，《寶性論》偈言：

凡夫聲聞及獨覺，具慧菩薩與如來，

愈上智慧愈細微，故以五大喻顯示。

一切世間受用處，故如地水火風大，

超越世出世間相，故不共法如空大。(三)

執著有我的世間凡夫眾生、証悟無我的聲聞、証悟人無我與部分法無我的獨覺、証悟人法二無我的具慧菩薩，以及証悟遍知一切的正等覺如來，其智慧逐步的愈來愈細微深奧，因此可比喻爲地、水、火、風、空，由前粗大而後漸細微。此外，佛陀功德是世間維持生命受用的殊勝基礎，則能依的地、具凝聚濕潤力的水、能成熟的火、能不腐壞的風，亦是世間的受用處，但佛陀的功德是超越世間凡夫與出世間聲聞等的體相，所以此十八不共法如同超越地等四大的虛空，乃是餘者所不共。又《寶性論》偈言：「然五大種世間共，不共世間塵許無」，地、水、火、風、空在世俗上仍有共通之處，是爲組合的元素等等，但眞實而言，佛的十八不共法是超越譬喻的，在世間無有塵許法與之相同，即便虛空也不能表示，佛的功德是如此的不可思議。

二、利他的色身異熟功德

利他圓滿的功德，即是色身所具有的三十二種異熟果，是佛所具足的三十二種微妙相，《寶性論》偈言：

善住平滿輪輻相，足跟廣長趺不隆，

手足諸指悉纖長，及如鵝王網縵相，

肌膚柔軟且細嫩，身體七處極隆滿，

伊尼延鹿王腨相，陰藏猶如大象王，

上身猶如獅子王，肩脖隆滿極豐腴，

臂膀渾圓豐腴相，手軟渾圓無高下，

正立不俯手過膝，清淨之身具圓光，

頸項無垢如海螺，兩頰平廣似獸王，

齒具四十上下等，亦極清淨且密嚴，

淨齒長短粗細勻，大牙極勝潔白性，

難思無邊廣長舌，品嘗諸味得勝味，

迦陵頻伽自然聲，梵音清澈深遠聞，

眼如蓮花牛王睫，具淨白毫嚴飾面，

頂有肉髻膚金色，清淨細薄眾生尊，

一孔生一細柔毛，右旋細輪向上靡，

淨髮嚴如琉璃寶，身量端似尼拘樹，
普賢無譬大仙人，那羅延力堅固身，
不思議相三十二，佛說此是人王相。(三)

乃為：(一) 足下善住平滿相；(二) 手足千輻輪相；(三) 足跟趺廣平相；(四) 手足指纖長相；(五) 手足指縵網相；(六) 細薄皮相；(七) 七處隆滿相；(八) 伊尼延鹿王腨相；(九) 象馬陰藏相；(十) 上身如獅子相；(十一) 肩圓好相；(十二) 兩腋下隆滿相；(十三) 手足柔軟相；(十四) 正立手過膝相；(十五) 圓光一尋相；(十六) 白海螺無垢頸相；(十七) 獅子頰相；(十八) 四十齒相；(十九) 清淨密嚴齒相；(廿) 齒齊相；(廿一) 牙白相；(廿二) 廣長舌相；(廿三) 味中得上味相；(廿四) 梵聲相；(廿五) 眞青眼相；(廿六) 牛眼睫相；(廿七) 白毫相；(廿八) 頂髻相；(廿九) 金色身相；(卅) 一孔一毛右旋生相；(卅一) 身廣長等相；(卅二) 大直身相。

關於三十二相的名稱與順序，諸經論所說不一，上述三十二相，按照《寶性論》偈頌的順序排列，名稱與意義參考《大智度論》〔註 23〕等諸經。其中，梵藏文中譯本皆有第十六種白海螺無垢頸相〔註 24〕，北魏漢譯本則說「項如孔雀王」〔註 25〕。白海螺代表佛陀的三條頸紋，佛陀的法音廣大悠揚，生生世世永不停止的度化眾生，如白海螺般的清淨美好，使一切有情入於解脫。白海螺無垢頸相是由於往昔於病者惠施眾藥，所以成就白海螺具三紋理無垢頸相。〔註 26〕「項如孔雀王」則在諸經論中少有相同的說法，孔雀項多是於八十種隨形好中形容如來身毛的顏色〔註 27〕，而此應是譬喻相狀，兩者意義不同。

此三十二相是報身與化身所具有的異熟果功德，〔註 28〕與凡夫眾生的身相有極大的差異，可從顯現於外在的色相上，破除凡夫眾生對於相貌的執著，

〔註 23〕《大智度論》《大正藏》冊 25，p.90a～91a。
〔註 24〕談錫永梵文中譯本有「頸淨無垢如白螺」，藏文中譯本有「頸淨猶如白海螺」，見附錄一：《寶性論》四種版本對照表正分第三品。
〔註 25〕《究竟一乘寶性論》《大正藏》冊 31，p.817c。
〔註 26〕參見多羅瓦著，堪布益西彭措譯：《大乘無上續論（一）》，p.188。
〔註 27〕《大般若波羅蜜多經》：「如來身毛紺青光淨，如孔雀項紅暉綺飾色類赤銅，是六十四。」《大正藏》冊 7，p.377c。
〔註 28〕《究竟一乘寶性論》：「眾生見二處，如清淨水中，見於月影像，是三十二相，依色身得名，如摩尼寶珠，不離光色相，色身亦如是，不離三十二。」《大正藏》冊 31，p.845b。三十二相是色身的功德，即是報身與化身的功德。

雖見相而不著相。因此，《寶性論》以空月與水月比喻報身與化身，一段美妙的文辭形容眾生見到佛身之狀：

猶如無雲空月色，秋季湛海水中見，

如是正覺壇城中，佛子能見遍主身。（三）

猶如在秋季無雲的虛空中，看見圓滿的月輪，以及瞧見倒映於湛然清澈大海中的月影。同樣的，十地的諸菩薩在正等覺壇城中見到報身，有如空月；而凡夫眾生在世俗壇城中見到化身，有如水月。佛身的顯現非常廣大，無有阻礙，度化一切的眾生。

第三節　任運不間斷的事業

佛的功德並不是僅僅為了自利而証悟，佛行事業是為了利益眾生而開展。佛的事業是任運成就的，佛無以作意幫助一切眾生，仍無量且不間斷的行持利益眾生的事業。心的本性是佛性，凡夫眾生雖無始以來被無明煩惱的烏雲所遮蔽，但並不表示佛性未曾顯發，因為究竟上與佛無別的佛性，不停的為眾生的淨化而積極作用，即《寶性論》偈言：「佛性功德無垢藏，已見眾生無別具，煩惱所知雲羅網，諸佛大悲風令散」（四），諸佛無限平等的慈悲，引導眾生能夠真正喚醒本具的佛。

一、任運的事業

佛陀自然任運的利益一切有情眾生，以各種不同的方便法門引導所化眾生，《寶性論》偈言：

所化界與調方便，所化界之調伏事，

隨所化處應時行，遍主恆時任運轉。（四）

當諸佛在行持利生事業的時候，了知一切所化眾生不同的根器、習性與隨眠種性，但並沒有自他的種種分別，乃是任運而行。因此，可從所化界、調方便、所化界的調伏事、所化處、所化時等五個角度說明覺他行是無勤作、任運而行，《寶性論》偈言：

何者依於何方便，調所化業何處時，

於彼不生分別念，是故能仁恆任運。

何者種種所化界，彼彼諸多調方便，

所化種種之事業，何處何時任運行。（四）

應爲哪個所化眾生而示現？應給予哪種方便法門？如何進行調伏的事業？應前往哪處教化的地方？何時又是調伏的適當時機？有關此類的任何分別概念並不會產生，所以能仁佛陀的事業是恆常自然的任運成就。此即是說，佛陀自然的熟悉所化眾生的意樂與根器，能夠相應於眾生各自的信解，透過三乘的種種方便法門，進行調伏教化的事業，並且會將輪迴中的所化眾生安置於暫時增上生，在最終安置於究竟決定勝的境界，隨著所化的地點與時機，任運無分別的幫助一切有情眾生。

二、不間斷的事業

如來事業的相續不斷，乃是因爲佛將一切有情眾生暫時安住於十地與福慧二資糧中，究竟安住於証悟的大菩提，透過大悲摧毀諸眾生的一切障礙，如此無有間斷，《寶性論》偈言：

> 所謂出離即十地，二種資糧是彼因，
> 彼果乃爲大菩提，菩提攝受諸有情，
> 彼障無邊諸煩惱，及隨煩惱與習氣，
> 一切時中斷障緣，彼者乃爲大悲心。（四）

諸佛毫無分別概念的利益眾生，自然行持的事業相續不斷，可從六個要點說明：

（一）出離因

具有陀羅尼、三昧等功德的菩薩十地，是到達究竟出離位的因。

（二）顯示因

能成熟諸有情眾生的福德資糧與智慧資糧，是殊勝十地功德輾轉增上的顯示因，由此令眾生成就一切乘或道的因圓滿具足。

（三）究竟果

究竟果是獲得無上正等覺的殊勝大菩提。

（四）攝受界

得証菩提後，見一切有情眾生毫無差別的皆具如來藏，因此幫助眾生証知具有力等無垢功德的如來藏。

（五）所斷障垢

攝受的根據，是因爲眾生的如來藏被煩惱、隨眠煩惱與習氣等諸客塵障垢所遮蔽。

（六）能斷助緣

無時無刻能斷障礙的助緣即是大悲心，以大悲心能教導正道。

將此六個要點與譬喻合說佛事業的相續不斷，《寶性論》偈言：

> 智水功德寶具故，諸地猶如廣大海；
> 爲諸眾生資生故，二種資糧如日輪；
> 無有中邊廣大故，菩提猶如虛空界；
> 正等正覺法性故，眾生界如珍寶藏；
> 客塵周遍無體故，彼障煩惱如雲聚；
> 具能散盡彼障故，大悲猶如猛烈風。（四）

具有無垢智慧水與神通等功德的寶珠，乃是究竟出離之因的菩薩十地，如同大海。能作一切眾生利益與安樂的受用，福德資糧與智慧資糧支撐一切眾生，如同日輪放射光芒，成熟顯示眾生。因爲遍及一切而廣大，且無止盡而深奧，此大菩提果就如同虛空界。本自任運安住的法性，是圓滿正等覺佛陀的境界，蘊含無盡的功德財富，由此所攝受的諸眾生界，即自性清淨的如來藏，如同寶藏一般。客塵煩惱能周遍自性，但在究竟勝義中並非諦實，如此客塵煩惱遮蔽自性清淨的佛性，猶如濃密的雲聚。淨除一切蔽障助緣的大悲心，能教導吹散如雲煩惱的正道，有如強而猛烈的風。

在一切有情眾生的寶藏未發掘之際，厚重的雲聚未吹散之前，諸佛的事業不會停息，《寶性論》偈言：

> 由於他因得出離，自身有情見平等，
> 事業尚未圓滿故，輪迴未空業不息。（四）

於因位十地修持累積福慧二資糧時，誓願救度一切有情眾生，由此悲心眷顧眾生的他因圓滿而得出離，了知所證的大菩提與眾生界的自性清淨毫無差別且平等，瞭解展開佛事業是有意義的。因爲眾生是無邊無盡，以大悲斷除世間眾生障礙的事業尚未圓滿，未將所有眾生安置於佛果境界之前，乃至輪迴未空之間，如來的事業相續不斷，永不止息。

三、事業的九種譬喻

佛陀具有任運不間斷的事業，但避免落入抽象的思維概念，《寶性論》提出九種譬喻，以此九種譬喻說明無勤任運是可以成就有情眾生的利益，兩者並非矛盾。事業的九種譬喻乃引自《如來莊嚴智慧光明入一切佛境界經》〔註29〕，承其喻義，最初以聽聞趨入清淨智慧，斷除疑惑，終究會證入任運自成的佛事業之境。《寶性論》偈言九種譬喻：

現身如寶現帝釋，善說教誡如天鼓，
遍主智悲廣大雲，遍至有頂無邊眾，
如梵不動無漏界，示現種種變化相，
如日智慧放光明，意密如淨摩尼寶，
佛語無字猶如響，身遍非色恆如空，
如地眾生白法藥，一切所依爲佛地。（四）

（一）如帝釋天

如同由自性清淨琉璃寶所成的南贍部洲大地上，映現人天之主帝釋天的影像，佛陀依於法身不動中，對於有緣的所化眾生，示現無量變化的色身，這是身的顯現。

（二）如天鼓

爲了激勵讓未入定者入定、已入定者得解脫，因此以語言善說法音與教誡，猶如詳細述說四法印的天鼓。

（三）如雲

諸佛體現周遍一切所知自性，因此具有了知盡所有與如所有的智慧，以及願一切有情眾生從輪迴痛苦中解脫的大悲心，此種意念就如同遍覆各處的雲一般，遍及一切有情眾生，乃至有頂天，其數無量難計。

（四）如梵天王

如同不離色界的梵天王，卻在欲界顯現幻化般，佛陀絲毫不離無漏法界處，對有緣相應的信解者，展現種種色身和語言的顯相。

〔註29〕《如來莊嚴智慧光明入一切佛境界經》，元魏．曇摩流支譯，同經異譯爲《度一切諸佛境界智嚴經》梁．僧伽婆羅等譯與《佛說大乘入諸佛境界智光明莊嚴經》宋．法護譯，均收入《大正藏》第十二冊。

（五）如日

猶如太陽放射光芒般，佛陀依於智慧，無分別的放射無量聖法光明。

（六）如摩尼寶

如同離垢清淨的滿願摩尼寶，佛陀具有意的不可思議秘密相，雖然完全遠離概念，卻能無勤的成就一切所求。

（七）如谷響

猶如在山谷間迴響的回音般，不住於內外，正等覺如來的語秘密，可以種種方式而聽聞，然而語言與名相基礎的文字本質，卻不存在。

（八）如虛空

身之秘密猶如虛空一般，遍及萬事萬物且恆常，雖以種種外形顯現，卻不被視爲色相而存在，不成立色法的自性。

（九）如大地

如同大地能提供農作物等生長的基礎，在一切有情眾生的生命相續中，能成爲其增長、穩固及廣大成就的所依，是一切善法草木的根本，已於一切毫無例外的轉化，此是具足大悲的如來地。

以九種譬喻表示佛陀的事業，九種譬喻各有其總攝的意義，《寶性論》偈言：

示現言說與周遍，幻化智慧放光芒，

身口意之三秘密，獲得大悲自性者。（四）

帝釋天喻說明佛身的種種變化示現；天鼓妙音喻表達聖法的言說；雲喻說明意藉由智慧與慈悲的方便，周遍一切；梵天王喻說明身與語的無量幻化相；日輪喻說明依於智慧放射聖法光芒；摩尼寶喻說明意的秘密；以谷響喻說明語秘密；而虛空喻宣說身秘密；最後，大地喻宣說轉依大悲的自性，是一切功德成就的所依基礎，能成一切有情眾生的受用資糧。〔註 30〕

九種譬喻與喻義能夠闡釋佛事業的任運無勤作，《寶性論》偈言：

一切勤作相續滅，無有分別之智慧，

猶如離垢琉璃上，映現帝釋影像等。

〔註 30〕參見多羅瓦著，堪布益西彭措譯：《大乘無上續論（一）》，p.232～233。

寂滅勤作是所立，無分別智是能立，

爲能成立自性義，喻者帝釋影像等。（四）

當諸佛爲利他之時，平息以覺知費力思維之流，寂滅一切勤作的戲論相續，因爲無分別的大悲自性之光明智慧已直接顯露，如同人間已轉變爲無垢的琉璃地，帝釋天等影像倒映顯現，即便有功用，卻毫無勤作。對於此佛事業而言，寂滅一切勤作的戲論相續是所立，而無分別智的究竟顯露是成就的能立。所以說無勤作而任運成就他利的自性者，於所化的心識前成立，藉由帝釋天影像、天鼓妙音等譬喻表達此本質的意義。因此，《寶性論》偈言：

此處所表此義者，已說示現等九種，

導師遠離生與死，無有勤作任運轉。（四）

透過九種譬喻所表達的九種意義，顯示圓滿的導師諸佛是遠離生、死等等有爲法，以無有分別的方式，無有此者、彼者的概念與作意，自然任運的成就佛事業。

第一節法報化三身的特質中提及佛身常住的原因，在此可由佛身常住說明佛事業的相續不斷。法身是無漏常住、滅死魔，因此若說諸佛遠離生滅，又爲何會見到釋迦牟尼佛有生有滅？《寶性論》解釋說：

猶如琉璃淨心地，彼爲現見佛陀因，

即彼清淨心地者，增長不奪之信根。

由自善根生與滅，故佛色身現生滅，

然如帝釋天主身，法界之身無生滅。（四）

基於善根的累積，如同人間大地轉變爲琉璃地一樣，自心遠離煩惱染污，自心清淨無垢成爲見到如來佛身的因。能夠清淨自心的方法，即是以具有信心等〔註31〕能力增長，不再因爲沒有信心等無益事物而逆轉，變得堅固且平穩。因此，如同在譬喻中，由於大地的清淨與不淨，影像會有所顯現與隱沒；而所化眾生信心等善根的生滅，使得諸佛世俗色身亦有生滅的顯現。然而，帝釋天自身始終不曾離於三十三天的處所，如是佛陀的究竟法身，一切種智的自體，亦無絲毫遷變，無生無滅。佛事業的相續不斷，是依於無生滅的法身，而不斷化現利眾的色身，《寶性論》偈言：

〔註31〕第二章第二節當中談到如來藏的四個能淨因，是爲信法、增上慧、三昧、大悲等。

如是遠離諸勤作，無生無滅法身中，

乃至三有未空時，轉入示現等事業。(四)

猶如帝釋天等譬喻，雖然沒有勤作，但能顯現影像而利他，諸佛亦是無分別等任何勤作，於顯露無有生滅的法身常住中，乃至輪迴不空、眾生未離娑婆之際，任運示現身的變化、語的宣說法教、意的智悲周遍等事業，由是相續不斷而轉入。

因此，只要輪迴尚未空盡，諸佛恆常安住於法身不動中，以色身不捨世間的不斷利益眾生，絲毫無間的說法與化現，佛行事業相續不斷。

第六章　結　論

第一節　研究成果

如來藏的思想對於佛陀與眾生之間的關連性，給予富有邏輯思辨的解析，對於凡夫眾生而言，並不只是情感上的皈依佛陀，而是能透過理論性的探討，一方面可以瞭解宗教信仰上圓滿生命的歸處，一方面能夠通貫佛教教理的眞理實相。〔註 1〕《寶性論》作爲闡述如來藏思想的論典，層層開展如來藏的思想，其中的重要議題之一，即是佛性的隱顯，或可說是有垢或無垢，本論文即是由此透析如來藏思想的內在意涵，在簡言「眾生皆具佛性」一語外，可以知其所以然。綜述本論文之成果如下：

一、開顯一乘之性

由《寶性論》的名義，可以得知此論中心思想之梗概，會三歸一的「究竟一乘」，指出不論緣覺、聲聞、菩薩等乘，終究歸於成佛的一乘，而其能成的基礎在於「寶性」，此佛性是超越時間概念的延續（tantra），即是於境、行、果無改變，因爲成佛不是以某換某，成爲他體，而是拭去佛性上所覆蓋的塵埃，體悟本來無一物的自性清淨心〔註 2〕。

〔註 1〕我敢相信，適應未來的世界佛教，仍將以如來藏思想爲其主軸，因爲如來藏思想，既可以滿足哲學思辨的要求，也可滿足信仰的要求，可以連接緣起性空的源頭，也可貫通究竟實在的諸法實相。見聖嚴法師：《自家寶藏——如來藏經語體譯釋》，p.7。

〔註 2〕如同禪宗六祖惠能大師言「菩提本無樹，明鏡亦非臺，本來無一物，何處惹塵埃。」《六祖大師法寶壇經》，《大正藏》冊 48，p.349a。

以「佛陀法身能現」、「眞如無有差別」、「諸有情具種性」三個方面瞭解眾生皆具如來藏，即就果、本質、因三義而言，由於法身周遍一切眾生，從眞如本質清淨而說眾生與佛無別，且佛種性是眾生的眞實本性，所以說一切眾生皆具如來藏。

對於眾生被客塵煩惱所蔽而隱藏自性，針對大欲有情、外道、聲聞、辟支佛四類的眾生說明，由其所產生的於法嗔恨、我見、怖畏輪迴之痛苦、捨離利樂眾生事等四種障礙性，能以信法、增上慧、三昧、大悲四種能淨因對治。其中的大欲有情，是指邪定聚眾生，也就是一闡提，所以《寶性論》並不認爲一闡提無佛性，欲令一切眾生進入菩薩之大乘，能証得法身淨、我、樂、常四波羅蜜果，呼應其一佛乘之旨。

二、離垢清淨與自性清淨

佛性的隱顯，需從障垢清淨與否而言，《寶性論》提出自性清淨與離垢清淨的說法。承不空如來藏、佛性本有，乃言自性清淨；承空如來藏、佛性始有，乃言離垢清淨。

因爲離垢清淨，所以論及二障的淨除，舉出九種譬喻，斷除從凡夫至第十地菩薩的客塵煩惱，因此可以知道佛性與染垢不是一，種種無明煩惱只是暫時的、外來的蔽障，一切有情眾生皆可去除染垢而証悟成佛。所以若有人將虛執以爲實，應依般若智慧說此離垢清淨，無明煩惱之空，使其去除過錯。

因爲自性清淨，因此具有成佛的可能性，使得修行變得有意義，本具清淨的佛性，究竟可証悟佛果，成就佛的功德與事業。對於誹謗眞實法者，則依如來的後得智，說自性清淨，彰顯不空的如來藏德性。

然而此二者，不是分說的，不以本有、始有衝突，不以空、不空對立，是依於自性清淨而說離垢清淨，對於証悟成佛而言，是具足兩種清淨，具足空、不空，究竟層次上則超越此分別立說。

三、究竟的歸依處

具有自利圓滿的法身，爲利他的報身與化身之所依，是一切眾生的究竟歸依處〔註3〕，此是回到自性本具的如來藏而言果位歸依，自性如來藏就如同

〔註3〕《寶性論》偈言：「了義之中諸有情，皈依唯一是佛陀，能仁法性之身故，亦彼僧之究竟故」(一)。

圓月，不論月盈月虧，其性依舊。貞定究竟的歸依處，歸依本具的本初善，透過修行實踐的活動可將無明染垢的遮障逐漸淨除。因爲具有如來藏，所以使人願意開展修持之道，不因無法覺悟而畏怯，能生勇猛心而精進，因而自利。因爲一切眾生具有如來藏，所以能體悟自他平等，以平等心對待自己與別人，不隨便對眾生心存輕蔑，去除我執，因此而生起慈悲心利益自他，不管所遇順境或逆境，依此都能去思維其中的眞實意義，轉化於菩薩道。〔註4〕

從《如來藏經》乃至《不增不減經》、《勝鬘經》、《大般涅槃經》、《大集經》等等，經中所講述關於如來藏的重點，都被《寶性論》所擷取，簡明扼要的以偈頌去闡釋如來藏思想的精華，將之理論化與體系化，可謂集如來藏系經典思想之大成。《寶性論》梵、藏文本的中譯，使筆者能獲得有別於以往的見地，以新的譯本配合北魏漢譯本，並整合相關的經論，使原本受限於北魏時代譯詞不明確與譯者見地的《寶性論》，在中文研究領域產生新的火花，佛學語詞的確認突破對思想瞭解的侷限，也不會陷入勒那摩提以如來藏爲實體的看法中，見地的改變可使佛學研究有嶄新的空間。

以《寶性論》如來藏思想來瞭解佛教的眞理，似乎是一條較爲曲折的道路，因爲「不空」的部分難以思議，超越的淨、我、常、樂難以理解，更遑論佛陀的事業與功德，聽起來有點像是天方夜譚，因此許多學者將此思想判爲不了義，產生批判佛教的學者認爲禪宗不是佛教〔註5〕。正因如此，《寶性論》以繁複的邏輯說明如來藏思想，由「空即是色」的進路說明實相，展現成佛的可能性，但非捨離「色即是空」，僅爲詮解的角度不同，企圖打破思想的窠臼，筆者由此將可思議文詞竭己力闡明，而不可思議之境猶待超於語言文字的實踐〔註6〕。

〔註4〕如來藏思想能使發心菩薩，願意接受一切眾生都是現前菩薩未來佛的觀念，也能使發心菩薩，願意尊敬、尊重每一個人。若能將順、逆兩種因緣的發動者，都看作是順行菩薩及逆行菩薩，也就能將在苦難中失去的親友，視作菩薩的現身說法，幫助自己改變對於人生的態度。因此，我們要推動人間淨土的建設工程，佛性如來藏的信仰就太重要了。見聖嚴法師：《自家寶藏——如來藏經語體譯釋》，p.8。

〔註5〕參見霍巴德、史乃森主編・龔雋等譯：《修剪菩提樹：「批判佛教」的風暴》（上海：上海古籍，2004年11月），p.1～2。

〔註6〕在最初的佛教，世尊已經說過，我們不能夠完全解決我們的認識或經驗那邊的形上學的問題，即使能夠解決，那對於人們的解脫（悟）也是無益的，同時也不能夠帶來眞實的認識。這裡所說的對解脫無益，是同時表示著那並不是能到達於眞實的認識之道的意思。見柏木弘雄：〈如來藏的緣起思想〉，玉城康四郎主編・李世傑譯：《佛教思想（一）：在印度的開展》，p.199。

第二節　研究展望

本論文的資料以中文爲主，在外國文獻方面而言，筆者僅取已翻譯爲中文的資料，或在於高崎直道等日本學者的書中尋找相關的梗概，或針對問題從英文書籍中尋找解答，然《寶性論》在歐美、日本、藏地尚有許多研究的成果，受限於筆者的語文能力而未能借鑒，因是之故，本論文實有未臻完善的缺憾。此外，這也凸顯了中文學界在《寶性論》議題的研究上，仍有發展的空間，除了印順導師、釋恆清法師、賴賢宗等人之論文篇章探討其中的部分要點，至今能未出現全面性介紹的專書，猶待後人的努力與發揮。

在學理論証與思想探究方面，本論文只單就佛性隱顯的角度切入，主軸於《寶性論》如來藏思想本身，並未拓及於其他思想的比較，因而可進一步發掘研究。以漢傳佛教已具備的文獻而言，可與《勝鬘經》、《不增不減經》、《楞嚴經》、《楞伽經》、《大乘起信論》等經論綰合研討，亦可由中觀思想或唯識思想進行整合研究。除此之外，在藏傳佛教方面，則有許多篇幅的詮釋與辯證等，除了進行基礎的翻譯工作外，還可進一步探討不同教派或不同釋論者的觀點，例如《寶性論》他空見之研究，或從多羅瓦、麥彭仁波切的釋論著手等等，相當具有延伸探討的價值。

再者，由於《寶性論》集如來藏思想之大成，所以可視爲一個參考點，除了思想的研究以外，亦可從事歷史學的研究，乃至文獻學與版本學的考索。且《寶性論》使用許多譬喻，無論是《如來藏經》的九種譬喻或關於《俱舍論》的梵天王喻等等，都展現了文學譬喻的巧妙，是文學研究的一條途徑。

綜合上述的研究心得與不足之處，皆可作爲筆者未來研究之展望。

參考書目

一、佛教經論（依《大正藏》所收冊數排序）

印度漢譯經典

1.《雜阿含經》，劉宋・求那跋陀羅譯，《大正藏》第二冊。
2.《央掘魔羅》，劉宋・求那跋陀羅譯，《大正藏》第二冊。
3.《增壹阿含經》，東晉・瞿曇僧伽提婆譯，《大正藏》第二冊。
4.《大般若經》，唐・玄奘譯，《大正藏》第五冊。
5.《金剛般若波羅蜜經》，姚秦・鳩摩羅什譯，《大正藏》第八冊。
6.《般若波羅蜜多心經》，唐・玄奘譯，《大正藏》第八冊。
7.《佛說能斷金剛般若波羅蜜多經》，唐・義淨譯，《大正藏》第八冊。
8.《妙法蓮華經》，姚秦・鳩摩羅什譯，《大正藏》，第九冊。
9.《大方廣佛華嚴經》（四十卷），唐・般若譯，《大正藏》第十冊。
10.《勝鬘獅子吼一乘大方便方廣經》，劉宋・求那跋陀羅譯，《大正藏》第十二冊。
11.《大般涅槃經》，北涼・曇無讖譯，劉宋・慧嚴等再治（依《泥洹經》加之）《大正藏》第十二冊。
12.《如來莊嚴智慧光明入一切佛境界經》，北魏・曇摩流支譯，《大正藏》第十二冊。
13.《佛說大般泥洹經》，《大正藏》東晉・法顯譯，《大正藏》第十二冊。
14.《大方等大集經》，北涼・曇無讖譯，《大正藏》第十三冊。
15.《百千頌大集經地藏菩薩請問法身讚》，唐・不空譯，《大正藏》第十三冊。

16.《佛說海意菩薩所問淨印法門經》，宋・惟淨譯，《大正藏》第十三冊。
17.《維摩詰所說經》，姚秦・鳩摩羅什譯，《大正藏》第十四冊。
18.《佛說首楞嚴三昧經》，姚秦・鳩摩羅什譯，《大藏經》第十五冊。
19.《大方等如來藏》，東晉・佛陀跋陀羅譯，《大正藏》第十六冊。
20.《佛說不增不減經》，北魏・菩提流支譯，《大正藏》第十六冊。

印度漢譯論典

1.《大智度論》，龍樹菩薩造，姚秦・鳩摩羅什譯，《大正藏》第二十五冊。
2.《阿毘達磨大毘婆沙論》，五百大阿羅漢等造，唐・玄奘譯，《大正藏》第二十五冊。
3.《阿毘達磨順正理論》，尊者眾賢造，唐・玄奘譯，《大正藏》第二十九冊。
4.《瑜伽師地論》，彌勒菩薩造，唐・玄奘譯，《大正藏》第三十冊。
5.《中論》，龍樹菩薩造，梵志青目釋，姚秦・鳩摩羅什譯，《大正藏》第三十冊。
6.《攝大乘論》，無著菩薩造，陳・眞諦釋，《大正藏》第三十一冊。
7.《佛性論》，天親菩薩造，陳・眞諦譯，《大正藏》第三十一冊。
8.《究竟一乘寶性論》，北魏・勒那摩提譯，《大正藏》第三十一冊。
9.《成唯識論》，護法等菩薩造，唐・玄奘譯，《大正藏》第三十一冊。
10.《大乘莊嚴經論》，無著菩薩造，唐・波羅頗蜜多羅譯，《大正藏》第三十一冊。
11.《顯揚聖教論》，無著菩薩造，唐・玄奘譯，《大正藏》第三十一冊。
12.《大乘起信論》，馬鳴菩薩造，梁・眞諦譯，《大正藏》第三十二冊。
13.《成實論》，訶梨跋摩造，姚秦・鳩摩羅什譯，《大正藏》第三十二冊。
14.《異部宗輪》，世友菩薩造，唐・玄奘譯，《大正藏》第四十九冊。

中國論典史籍

1.《涅槃宗要》，新羅・元曉撰，《大正藏》第三十八冊。
2.《法界無差別論疏》，唐・法藏傳，《大正藏》第四十四冊。
3.《大乘起信論義記》，唐・法藏《大正藏》第四十四冊。
4.《大乘玄論，唐・吉藏撰，《大正藏》第四十五冊。
5.《摩訶止觀》，隋・智顗說，灌頂錄，《大正藏》第四十六冊。
6.《高僧傳》，梁・慧皎撰，《大正藏》第五十冊。
7.《大唐西域記》，唐・玄奘述，辯機集，《大正藏》第五十一冊。
8.《法華傳記》，唐・僧詳撰，《大正藏》第五十一冊。

二、中文現代專籍論著（依著者姓氏筆畫排序）

史傳、史料

1. 山口益著・肖平、楊金萍譯：《般若思想史》，台北：上海古籍出版社，2006 年 7 月。
2. 三枝充悳著・劉欣如譯：《印度佛教思想史》，台北：大展出版社，1998 年 9 月。
3. 平川彰著・莊崑木譯：《印度佛教史》，台北：商周出版，2004 年 12 月，二版。
4. 宇井伯壽等著・世界佛學名著譯叢編委會譯：《中印佛教思想史》，台北：華宇出版社，1987 年 12 月。
5. 呂澂：《中國佛學源流略講》，台北：里仁書局，1998 年 1 月，初版三刷。
6. 湯用彤：《漢魏兩晉南北朝佛教史（上）（下）》，台北：台灣商務印書館，1979 年，台五版。
7. 劉立千：《印藏佛教史》，北京：民族出版社，2000 年 2 月。
8. 藍吉富：《佛教史料學》，台北：東大圖書公司，1997 年 7 月。

通　著

1. 川田熊太郎、中村元等・李世傑：《華嚴思想》，台北：法爾出版社，2003 年 11 月。
2. 水野弘元・世界佛學名著譯叢編委會譯：《佛教要語的基礎知識》，台北：華宇出版社，1985 年 11 月。
3. 中村瑞隆著・世界佛學名著譯叢編委會譯：《梵漢對照究竟一乘寶性論研究》，台北：華宇出版社，1988 年 6 月。
4. 卡盧仁波切：《密乘解脫之道》，台北：利生佛學中心，1985 年。
5. 玉城康四郎主編・李世傑譯：《佛教思想（一）：在印度的開展》，台北：幼獅文化事業公司，1987 年 4 月，再版。
6. 印順法師：《如來藏之研究》，新竹：正聞出版社，1981 年 12 月。
7. 印順法師：《印度之佛教》，新竹：正聞出版社，1985 年 10 月，三版。
8. 印順法師：《勝鬘經講記》，新竹：正聞出版社，1991 年 9 月，十四版。
9. 印順法師：《成佛之道》，新竹：正聞出版社 2000 年 10 月，新版一刷。
10. 平川彰等著・許明銀譯：《佛學研究入門》，台北：法爾出版社，1990 年。
11. 牟宗三：《佛性中國與般若（上）》，台北：台灣學生書局，1984 年 9 月，修訂四版。
12. 呂澂：《中國佛學思想概論》，台北：天華出版社，1982 年。
13. 呂澂：《印度佛學思想概論》，台北：天華出版社，1982 年。

14. 吳汝鈞：《佛學研究方法論》，台北：學生書局，1996年7月，增訂版。
15. 吳汝鈞：《佛學的概念與方法》，台北：台灣商務印書館，1989年。
16. 吳汝鈞：《中國佛學的現代詮釋》，台北：文津出版社，1995年。
17. 吳汝鈞：《印度佛學的現代詮釋》文津出版社，1994年。
18. 宗喀巴大師著・法尊法師譯：《入中論善顯密義疏》，台北：法爾出版社，1995年10月。
19. 林朝成・郭朝順合著：《佛學概論》，台北：三民書局，2000年2月。
20. 杰米霍巴德・保羅史萬森主編・龔雋等譯：《修剪菩提樹——「批判佛教」的風暴》，台北：上海古籍出版社，2004年11月。
21. 袁保新：《老子哲學之詮釋與重建》，台北：文津出版社，1991年9月。
22. 高崎直道等著・李世傑譯：《如來藏思想》，台北：華宇出版社，1986年6月。
23. 郭朝順等著：《宗教與心靈改革研討會論文集》，高雄道德院，1997年。
24. 紐修堪蔣揚多傑仁波切：《大圓滿傳承源流——藍寶石》，台北：全佛文化事業有限公司，2002年7月。
25. 貢卻亟美汪波著・陳玉蛟譯：《宗義寶鬘》，台北：法爾出版社，2004年3月，二版。
26. 第十四世達賴喇嘛著・丁乃竺譯：《大圓滿》，台北：心靈工坊文化事業股份有限公司，2003年6月。
27. 傅偉勳：《從創造的詮釋學到大乘佛學》，台北：東大圖書公司，1990年7月。
28. 創古仁波切：《佛性——《究竟一乘寶性論》十講》，台北：眾生文化出版有限公司，1999年。
29. 聖嚴法師：《自家寶藏——如來藏經語體譯釋》，台北：法鼓文化事業股份有限公司，2001年。
30. 聖嚴法師・丹增諦深喇嘛著：《漢藏佛學同異答問》，台北：東初出版社，1995年。
31. 談錫永譯著：《寶性論新譯》，香港：密乘佛學會，1996年12月。
32. 談錫永譯著：《寶性論梵文新譯》，台北：全佛文化事業有限公司，2006年1月。
33. 蔡耀明：《佛教的研究方法與學術資訊》，台北：法鼓文化事業股份有限公司，2006年。
34. 霍韜晦：《絕對與圓融》，台北：東大圖書公司，1989年12月，再版。
35. 賴永海：《中國佛性論》，高雄：佛光出版社，1990年12月。

36. 賴賢宗：《如來藏說與唯識思想的交涉》，台北：新文豐出版公司，2006年11月。
37. 釋恆清：《佛性思想》，台北：東大圖書公司，1997年2月。
38. T.R.V. Murit 著，郭忠生譯：《中觀哲學》，收於《世界佛學名著譯叢》，台北：華宇出版社，第64冊，1986年6月。
39. 多羅瓦釋著，堪布益西彭措譯：《大乘無上續論（一）》，四川：色達喇榮五明佛學院，出版日期不詳。
40. 麥彭仁波切釋著，堪布益西彭措譯：《大乘無上續論（二）》，四川：色達喇榮五明佛學院，出版日期不詳。

學位論文

1. 楊惠珊：《寶性論》中佛性思想之研究，中華佛學研究所碩士論文，1988年。
2. 廖淑珍：當代臺灣佛教的佛陀觀及其宗教實踐，玄奘人文社會學院宗教學研究所碩士論文，2001年。
3. 鄭郁慧：《究竟一乘寶性論》如來藏思想之研究，輔仁大學宗教研究所碩士論文，2000年。

單篇論文

1. 方立天：〈印度佛教心性思想述評〉，《哲學雜誌》第14期，1995年11月。
2. 古正美：〈定義大乘及研究佛性論上的一些反思〉，《佛學研究中心學報》第3期，1998年7月。
3. 吳汝鈞：〈如來藏思想〉，《獅子吼》第32卷，第11／12期，1993年11月。
4. 杜正民：〈當代如來藏學的開展與問題〉，《佛學研究中心學報》第3期，1998年7月。
5. 杜正民：〈如來藏學研究小史〉，《佛學圖書館館訊》第10／11期，1997年6／9月。
6. 林崇安：〈漢藏的佛性論〉，《佛教思想的傳承與發展——印順導師九秩華誕祝壽文集》，台北：東大圖書公司，1995年4月。
7. 林鎮國：〈佛教哲學可以是一種批判哲學嗎？——現代東亞「批判佛教」思潮的思想史省察〉，《佛教思想的傳承與發展——印順導師九秩華誕祝壽論文集》，臺北：東大圖書公司，1991年。
8. 葉阿月：〈以中邊分別論爲中心比較諸經論的心清淨說〉，《台灣大學文史哲學報》第23期，1974年10月。

9. 鈴木大拙著．郭忠生譯：〈楞伽經論佛之「三身」（上）〉，《菩提樹》32 卷 10 期，1984 年 9 月。
10. 賴賢宗：〈「寶性論」及相關論典論佛性與信：論早期如來藏說的基本模型及如來藏說與唯識思想的交涉中三種佛性與信之三義之交涉〉，《正觀》第 11 期，1999 年 12 月。
11. 釋恆清：〈《佛性論》的研究〉，《中印佛學泛論——傅偉勳教授六十大壽祝壽論文集》，1993 年 11 月。
12. 釋恆清：〈「批判佛教」駁議〉，《哲學評論》第 24 期，2001 年 4 月。

三、外文相關專籍論著（依著者姓氏筆畫排序）

1. Maitreya，written down by Asanga，Buddha Nature：The Mahayana Uttaratantra Shastra with Commentary，and commentary by Jamgon kongtrul lodro Thaye explanations by Khenpo Tsultrim Gyamtso Rinpoche，Rosemarie Fuchs（tr.），The Unassailable Lion's Roar，N.Y：Snow Lion，2000.
2. Maitreya，Buddha Nature：Mahayana-Uttaratantra-Shastra，and commentary by Dzongsar Jamyang Khyentse Rinpoche，edited by Alex Trisoglio，Canada：Khyentse Foundation printed，2007.
3. 小川一乘：《佛性思想》，京都：文榮堂，1982 年。
4. 高崎直道：《如來藏思想の形成》，東京：春秋社，1974 年。
5. 高崎直道：《如來藏思想Ⅰ》，京都：法藏館，1988 年。
6. 高崎直道：《如來藏思想Ⅱ》，京都：法藏館，1989 年。
7. 高崎直道：《寶性論》，（インド古典叢書），京都：講談社，1989 年。

四、工具書

1. 佛光大辭典，高雄市：佛光，1989 年。
2. 中華佛教百科全書，臺南縣永康市：中華佛教百科文獻基金會，1994 年。

附　錄

附錄一：《寶性論》四種版本對照表

序分〔註1〕

版本	藏文中譯本	北魏漢譯本	梵文中譯本	藏文中譯本
譯者	益西彭措堪布	勒那摩提	談錫永	談錫永
釋論偈	佛法僧及如來藏 菩提功德與事業 論體一切攝略說 如是七種金剛處	佛法及眾僧 性道功德業 略說此論體 七種金剛句	佛法僧以及佛性 菩提功德與事業 如是七種金剛句 於此論中皆統攝	佛法僧及佛性寶 菩提功德與事業 如是七種金剛句 於此論中皆統攝
	應知七種相次第 依照總持自在王 經序有三餘四處 菩薩如來差別分	七種相次第 總持自在王 菩薩修多羅 序分有三句 餘殘四句者 在菩薩如來 智慧差別分 應當如是知	七金剛句性相之次第悉依陀羅尼自在王經於序分中說此初三句餘四見於功德差別分	應知七金剛句之次第悉依陀羅尼自在王經於序分中說此初三句餘四見於智慧差別分
	從佛有法從法僧 從僧獲得藏智界	從佛次有法 次法復有僧	由佛故有法 由法故有僧	由佛故有法 由法故有僧

〔註1〕漢譯本無人造科判，益西彭措堪布所作的科判繁細縝密，不適合於版本對照排列所用，因此引用談錫永《寶性論梵文新譯》中之目錄，略微修改標題，以此作爲科判，清楚明晰，統整全論之綱要。

	終獲智慧勝菩提 力等具利眾生業	僧次無礙性 從性次有智 十力等功德 爲一切眾生 而作利益業 有如是次第	有僧有智因 成就於佛性 證無上菩提 具力等功德 成辦利益業 饒益諸有情	有僧故有智 乃顯現佛性 證無上菩提 具力等功德 成辦利益業 饒益諸有情

正分——第一品

甲、三寶建立

第一金剛句：佛寶

論本偈	誰無初中後三際 寂靜自覺而證知 既已覺悟令他覺 宣說無畏常恆道	佛體無前際 及無中間際 亦復無後際 寂靜自覺知 既自覺知已 爲欲令他知 是故爲彼說 無畏常恒道	既證佛體性 無初中後際 寂靜自覺知 我向作頂禮 證佛體性已 清淨而顯示 爲覺他而說 無畏常恆道	我向佛頂禮 佛無終無始 亦無中間際 寂靜自覺知 既自證佛性 清淨而顯露 爲未知者說 無畏常恆道
	執勝智悲劍金剛 割截一切苦苗芽 摧諸見林疑慮牆 如是佛陀我敬禮	佛能執持彼 智慧慈悲刀 及妙金剛杵 割截諸苦芽 摧碎諸見山 覆藏顛倒意 及一切稠林 故我今敬禮	佛持無上劍 及妙金剛杵 劍者表智慧 杵表慈悲義 截斷諸苦芽 摧毀相違牆 此牆受覆障 於諸見稠林	佛持無上劍 及妙金剛杵 劍者表智慧 杵表慈悲義 截斷諸苦芽 摧毀諸見山 山爲稠林覆 藏諸顛倒見
釋論偈	無爲法體任運成 不依他緣而證知 具有圓滿智悲力 具足二利唯佛陀	無爲體自然 不依他而知 智悲及以力 自他利具足	無爲無功用 不依他而覺 具智悲與力 自他利俱足	無爲無功用 不依他而覺 具智悲力用 自他利俱足
	非初非中非後際 自性故是無爲體 寂靜法身自性故 應知稱爲任運成	非初非中後 自性無爲體 及法體寂靜 故自然應知	無初中後際 自性即無爲 法身常寂靜 是故無功用	無初中後際 如是即無爲 法身常寂靜 是故無功用

	唯以各別自證故 不依他緣而證知 證此三相故爲智 宣說道故爲大悲	唯內身自證 故不依他知 如是三覺知 慈心爲說道	唯內自證故 不依他而覺 具三覺爲智 示覺道爲悲	唯內自證故 不依他而覺 具足三覺智 悲心示覺道
	依於智慧及大悲 斷除苦惑故爲力 以初三者成自利 末後三者成他利	智悲及力等 拔苦煩惱刺 初三句自利 後三句利他	智悲起力用 拔苦滅顛倒 初三圓自利 餘三圓利他	智悲起力用 拔苦滅顛倒 圓自利者三 餘三圓利他

第二金剛句：法寶

論本偈	非無非有非有無 亦非非有非無邊 不可思量離言語 各別自證及寂滅	非有亦非無 亦復非有無 亦非即於彼 亦復不離彼 不可得思量 非聞慧境界 出離言語道 內心知清涼	頂禮如日法 非有亦非無 亦復非有無 非非有非無 離言內證法	頂禮如日法 非有亦非無 亦復非有無 非非有非無 離言內證法
	無垢智慧具光明 能破一切攀緣境 貪欲嗔恚愚癡暗 如是法日我敬禮	彼眞妙法日 清淨無塵垢 大智慧光明 普照諸世間 能破諸瞖障 覺觀貪瞋癡 一切煩惱等 故我今敬禮	清淨無垢智 如日破無明 貪瞋癡等障	清淨無垢智 如日破無明 貪瞋癡等障
釋論偈	不思不二無分別 清淨顯現對治故 何法依何離貪欲 具二諦相是爲法	不思議不二 無分淨現對 依何得何法 離法二諦相	不思議不二 無分別清淨 顯現及對治 離欲離欲因 滅諦與道諦 體性爲法寶	不思議不二 無分別清淨 顯現及對治 離煩惱離因 滅諦與道諦 合之爲法寶
	遠離貪欲自性者 滅道二諦所攝取 如其次第彼等亦 應以三三功德知	滅諦道諦等 二諦攝取離 彼各三功德 次第說應知	所言離欲者 即滅道二諦 二種諦所攝 次第三功德	滅諦離煩惱 道諦離其因 二種諦所攝 各具三功德

	不思量故無言故 聖者自證故不思 寂故不二無分別 淨等三者猶如日	不思量無言 智者內智知 以如是義故 不可得思議 清涼不二法 及無分別法 淨顯現對治 三句猶如日	離思量離言 聖者自證智 故不可思議 無二無分別 由是爲清淨 其餘三功德 則類如大日	離思量離言 聖者自證德 不二無分別 如是清淨法 其餘三功德 喻之爲大日

第三金剛句：僧寶

論本偈	此心自性光明故 照見煩惱本無實 眞實證悟諸有情 無我眞實際寂靜	正覺正知者 見一切眾生 清淨無有我 寂靜眞實際 以能知於彼 自性清淨心 見煩惱無實 故離諸煩惱	敬禮正知者 由本明清心 見煩惱無實 由是而了知 周遍諸有情 極我無寂靜	敬禮諸聖者 心光明清淨 見煩惱無實 故能離垢障
	見眾如來常隨逐 具有無障淨智者 見眾清淨遍無量 如是具慧我敬禮	無障淨智者 如實見眾生 自性清淨性 佛法僧境界 無閡淨智者 見諸眾生性 遍無量境界 故我今敬禮	觀見等覺性 遍於一切處 其智無障礙 彼以智慧眼 於清淨中見 無量有情眾	無障淨智者 如實見有情 自性清淨性 佛法身境界 清淨心無礙 以證聖智心 能見有情性 遍無量法界
釋論偈	如所盡所各別證 智慧見者清淨故 具慧不退之僧眾 定具無上之功德	如實知內身 以智見清淨 故名無上僧 諸佛如來說	由內身知見 如實見清淨 不退轉智者 具無上功德	智見極清淨 如實證內境 不退轉僧伽 具無上功德
	眾生寂滅之法性 證悟故爲如所性 彼亦本來清淨故 煩惱本來消盡故	如實見眾生 寂靜眞法身 以見性本淨 煩惱本來無	知世間寂靜 故能如實見 本淨故能證 煩惱本來無	證世法清淨 故能如實見 心淨故能證 客塵見破滅
	所知究竟證悟心 現見一切有情眾	如實知見道 見清淨佛智	由於如量性 彼見諸有情	由盡眞實智 盡眞實而證

	具有遍知法性者 是故具有盡所性	故不退聖人 能作眾生依	俱一切種智 此即爲如量	知有情皆具 一切道種智
	如是證悟之彼者 依於各別自證見 無垢法界無著礙 是故彼等爲清淨	境界諸功德 證智及涅槃 諸地淨無垢 滿足大慈悲	以內自證智 證本來如是 無漏界清淨 無著復無礙	以內自證智 證本來如是 無漏清淨界 無障復無礙
	智慧見者清淨故 佛陀智慧無上故 不退轉眾之聖者 是諸有情皈依處	生於如來家 具足自在通 果勝最無上 是勝歸依義	由證見清淨 無上如佛智 不退位聖者 諸有情依怙	見道證清淨 殊勝如佛智 不退位聖者 爲有情依怙

總說三寶

釋論偈	由說佛法僧功德 依照三乘三供養 不同信解六種人 是故安立三皈依	以能調所證 弟子爲三乘 信三供養等 是故說三寶	導師教法及弟子 三者功德攝三乘 復爲三種信皈依 故說三者爲三寶	導師教法及弟子 三者功德攝三乘 復爲三種信皈依 故說三者爲三寶
	可捨棄故虛妄故 無故具有怖畏故 二種法及聖者眾 非爲究竟皈依處	可捨及虛妄 無物及佈畏 二種法及僧 非究竟歸依	以可捨及欺法故 以無有及怖畏故 如是二種法及僧 究竟非勝皈依處	法具戲論與虛妄 僧眾未能離怖畏 如是二種法及僧 都非究竟皈依處
	了義之中諸有情 皈依唯一是佛陀 能仁法性之身故 亦彼僧之究竟故	眾生歸一處 佛法身彼岸 依佛身有法 依法究竟僧	世間皈依處唯一 究竟皈依唯向佛 牟尼已具法身故 僧眾依之爲究竟	一切有情作皈依 究竟皈依唯向佛 佛者具眞實法身 是爲聖者究竟趣
	少出現故無垢故 具勢力故世嚴故 殊勝故及不變故 以此六因稱勝寶	眞寶世希有 明淨及勢力 能莊嚴世間 最上不變等	稀有且無垢 具力世莊嚴 無上及不變 是爲其寶性	稀有且無垢 具力世莊嚴 無上及不動 是爲其寶性

乙、成就建立

總說四不思議境界

論本偈	眞如有垢及無垢 無垢佛德佛事業 從彼生起三寶善 證悟勝義諸佛境	眞如有雜垢 及遠離諸垢 佛無量功德 及佛所作業	有雜垢眞如 及離垢眞如 無垢佛功德 以及佛事業	清淨光明之三寶 生於雜垢及離垢 生於佛功德事業 唯證勝義始知境

		如是妙境界 是諸佛所知 依此妙法身 出生於三寶	見勝義境界 生清淨三寶	
釋論偈	如是三寶此種性 遍知諸佛妙境界 彼亦四相依次第 以四根據不思議	如是三寶性 爲諸佛境界 以四法次第 不可思議故	如是三寶性 一切見之界 四不可思議 次第四種因	生三寶因緣 唯佛始能知 次第四種境 皆不可思議
	清淨而具雜染故 無而雜染而淨故 法不離而不現故 任運而無分別故	染淨相應處 不染而清淨 不相捨離法 自然無分別	清淨而污染 （如來藏） 無垢而清淨 （佛法身） 不捨離〔佛性〕 （佛功德） 無作無分別 （佛事業）	清淨而污染 （如來藏） 無垢而清淨 （佛法身） 不捨離佛性 （佛功德） 法爾且離戲 （佛事業）
	所覺以及覺悟體 覺悟支及覺他故 依次所覺爲淨因 其餘三者爲淨緣	所覺菩提法 依菩提分知 菩提分教化 眾生覺菩提 初句爲正因 餘三爲淨緣 前二自利益 後二利益他	所覺以及覺 覺分及覺行 以所覺爲因 餘三爲淨緣	所覺以及覺 覺道及覺行 以所覺爲因 餘三爲淨緣

第四金剛句：如來藏

一、總說

釋論偈	佛陀法身能現故 眞如無有差別故 具種性故諸有情 恆時具有如來藏	佛法身遍滿 眞如無差別 皆實有佛性 是故說常有	佛法身周遍 眞如無分別 具佛性有情 說有如來藏	佛法身周遍 眞如無分別 具佛性有情 說有如來藏
論本偈	佛智入諸有情故 自性無垢彼無二 佛性假立彼果故 說眾皆具如來藏	一切眾生界 不離諸佛智 以彼淨無垢 性體不二故	佛智入諸有情聚 以無垢性故無二 佛種性上現其果 有情故具如來藏	種種有情入佛智 以無垢性故無二 於佛性上現其果 有情故具如來藏

		依一切諸佛 平等法性身 知一切眾生 皆有如來藏		

二、別說

（一）如來藏十義

論本偈	本體因果業相應 行及分位遍行義 常恆不變德無別 是說勝義界密意	體及因果業 相應及以行 時差別遍處 不變無差別 彼妙義次第 第一眞法性 我如是略說 汝今應善知	自性因果以及用 相應行相與差別 遍處不變及無二 說勝義性十種義	以性以因果及用 相應行相與差別 遍處不變及無二 十義以說如來藏

1、性及因

論本偈	如淨寶珠虛空水 自性恆時無雜染 信法以及增上慧 三昧大悲而出生	自性常不染 如寶空淨水 信法及般若 三昧大悲等	如寶如空如淨水 自性恆常不污染 由信法及由般若 由三昧及大悲生	如寶如空如淨水 自性恆常不污染 由信法及由般若 由三昧及大悲生
釋論偈	自在勢力及不變 滋潤本體自性故 彼等寶空水功德 是爲相似對應法	自在力不變 思實體柔軟 寶空水功德 相似相對法	如寶尼寶力 如虛空不變 如水之普澤 功德類相似	如寶自在力 如虛空不變 如水之普澤 法身體相似
	於法嗔恨及我見 怖畏輪迴之痛苦 捨離利樂眾生事 是爲四種障礙性	有四種障礙 謗法及著我 怖畏世間苦 捨離諸眾生	謗法及我見 怖畏世間苦 捨離諸有情 如是四種障	謗法及我執 怖畏世間苦 捨離諸有情 如是四種障
	大欲有情及外道 聲聞以及辟支佛 增上信等四種法 應知是爲能淨因	闡提及外道 聲聞及自覺 信等四種法 清淨因應知	闡提與外道 聲聞及緣覺 以信等四法 作爲清淨因	闡提與邪見 聲聞及緣覺 以信等四法 作爲清淨因
	信解勝乘爲種子 般若爲母生佛法	大乘信爲子 般若以爲母	大乘信爲子 般若以爲母	大乘信爲子 般若以爲母

	禪樂胎處悲乳母 具足彼等誕佛子	禪胎大悲乳 諸佛如實子	禪胎大悲乳 諸佛如實子	禪胎大悲乳 諸佛如實子

2、果及用

論本偈	淨我大樂及恆常 功德波羅蜜多果 厭離輪迴求涅槃 欲願彼等之作業	淨我樂常等 彼岸功德果 厭苦求涅槃 欲願等諸業	淨我樂常等 德波羅蜜果 其用爲厭苦 願成就寂靜	淨我樂常等 勝義功德果 其用爲厭苦 願成就寂靜
釋論偈	彼等果者若總攝 以於法身四顛倒 不淨無我苦無常 相反對治而獲得	略說四句義 四種顛倒法 於法身中倒 修行對治法	四種功德果 於佛法身具 其於四顛倒 實爲對治法	四種功德果 於佛法身具 其於四顛倒 實爲對治法
	法身自性清淨故 及斷習氣故爲淨 我與無我諸戲論 寂滅之故爲聖我	如清淨眞空 得第一無我 諸佛得淨體 是名得大身	本來清淨 〔佛法身〕 遠離〔煩惱之〕 習氣 寂靜故證最勝我 滅我無我二戲論	佛法身圓滿清淨 具清淨性離染故 以寂靜故證一如 常我無我故無二
	彼意生身及其因 捨離故爲大安樂 三有輪迴及涅槃 證悟平等故爲常	缺	於彼意蘊及其因 悉根除故而得樂 輪迴涅槃平等性 如是證境是爲常	於諸意蘊及其因 悉根除得無上樂 輪迴涅槃同一味 如是證境是爲常
	智慧斷除我愛執 悲憫眾生不住寂 智悲菩提方便力 聖者不住有寂邊	無分別之人 不分別世間 不分別涅槃 涅槃有平等	由般若故離世法 由悲憫故離寂滅 智悲雙運即菩提 不捨於迷不捨覺	由般若故離世法 由悲憫故離寂滅 智悲雙運即菩提 不捨世間不捨覺
	倘若無有佛種性 不能厭離輪迴苦 及不希求於涅槃 亦無希欲之願心	若無佛性者 不得厭諸苦 不求涅槃樂 亦不欲不願	若然無佛性 則不厭諸苦 既不希涅槃 亦不欲不願	若然無佛性 則不厭諸苦 既不希涅槃 亦不欲不願
	於彼輪迴及涅槃 觀見苦樂之功過 此依具有種性有 何故於無種性無	見苦果樂果 此依性而有 若無佛性者 不起如是心	輪迴苦及涅槃樂 見其過患及利益 都緣具有佛種性 若無種性 〔心不起〕	心知世苦涅槃樂 且知其弊及其利 都緣具有佛性寶 若無此寶心不起

3、相應

論本偈	猶如大海器寶水 無量功德無盡處 具有無別功德性 是故猶如酥油燈	大海器寶水 無量不可盡 如燈明觸色 性功德如是	無量功德寶 無盡藏大海 復如燈明色 自性不可分	大海無盡藏 寶具莊嚴性 復如燈明色 是無分別性
釋論偈	法身以及如來智 大悲之因蘊涵故 如以具有器寶水 是故宣說如大海	佛法身慧定 悲攝眾生性 海珍寶水等 相似相對法	以此寶性具法身 復具智慧及大悲 如藏如寶如海水 是故種性如大海	佛性寶具佛法身 復具智慧及大悲 如藏如寶如海水 是故說爲如大海
	神通智慧及漏盡 於彼眞如體無別 猶如燈之明暖色 故與無垢界相似	通智及無垢 不離於眞如 如燈明煖色 無垢界相似	神通智無垢 於無垢依中 不離於眞如 似燈焰熱色	神通與漏盡 以及無漏智 如燈焰熱色 不分離相似

4、行相

論本偈	依於凡夫及聖人 佛陀眞如分類行 見眞實者於眾生 宣說如此如來藏	見實者說言 凡夫聖人佛 眾生如來藏 眞如無差別	凡夫聖者佛 不離於眞如 如實見者言 都具如來藏	證行有差別 凡夫聖者佛 如實見者言 都具如來藏
釋論偈	一切凡夫心顚倒 已見眞實異於彼 如來如實不顚倒 遠離一切諸戲論	凡夫心顚倒 見實異於彼 如實不顚倒 諸佛離戲論	凡夫顚倒行 見實者異彼 如來如實證 無謬離戲論	凡夫顚倒行 見實者異彼 如來如實證 無謬離戲論

5、差別

論本偈	不淨以及不淨淨 極爲圓滿清淨者 如是次第而宣說 凡夫菩薩與如來	有不淨雜淨 及以善淨等 如是次第說 眾生菩薩佛	不淨與染淨 及圓滿清淨 次第相應者 凡夫菩薩佛	不淨與染淨 及圓滿清淨 次第相應者 凡夫菩薩佛
釋論偈	於彼本體等諸義 以六所攝之法界 彼者於三分位中 以三異名而宣說	體等六句義 略明法性體 次第三時中 說三種名字	如來藏具足 自姓等六義 依三種境界 立三種名字	如來藏具足 體等六種義 依三種境界 立三種名字

6、遍一切處性

論本偈	猶如具無分別性 虛空遍行於一切 心之自性無垢界 如是遍行於一切	如空遍一切 而空無分別 自性無垢心 亦遍無分別	如空遍一切 具無分別性 心本無垢性 亦遍無分別	如空遍一切 而空無分別 自性無垢心 亦遍無分別
釋論偈	共相法性能周遍 過失功德究竟位 猶如虛空能周遍 下中上等色相器	過功德畢竟 遍至及同相 下中勝眾生 如虛空中色	遍一切處法共相 過失功德及究竟 恰如虛空中色法 有劣有中有最勝	遍一切處法共相 過失功德及究竟 恰如虛空中色法 有劣有中有最勝

7、不變性

釋論偈	具有過失客塵故 具有功德自性故 本初如是後亦爾 眞如法性無變易	諸過客塵來 性功德相應 眞法體不變 如本後亦爾	過失似客塵 本性應功德 本初及後際 法性不變異	過失似客塵 功德應其性 本初及後際 不變其勝義
論本偈	猶如虛空遍一切 由體細故塵不染 如是佛性遍眾生 一切煩惱亦不染	如虛空遍至 體細塵不染 佛性遍眾生 諸煩惱不染	如虛空遍至 微妙性不染 〔佛性〕遍眾生 〔諸煩惱〕不染	如虛空遍在 體妙塵不染 佛性遍眾生 諸煩惱不染
	猶如器界一切法 依於虛空而生滅 如是有情之諸根 依無爲界而生滅	如一切世間 依虛空生滅 依於無漏界 有諸根生滅	如於虛空中 世法有生滅 依於無爲界 有諸根生滅	如於虛空中 世法有生滅 依於無漏界 有諸根生滅
	猶如虛空以諸火 往昔何時未曾燒 如是佛性死病老 諸火亦復不能燒	火不燒虛空 若燒無是處 如是老病死 不能燒佛性	劫火不能燒 壞此虛空界 老病死諸火 〔佛性〕燒不壞	劫火不能燒 壞此虛空界 老病死諸火 佛性燒不壞
	地者依於水而住 水則依於風而住 風復依於虛空住 虛空不依地等住	地依於水住 水復依於風 風依於虛空 空不依地等	地界依水住 水復依於風 風依於虛空 空不依地等	地界依水住 水復依於風 風依於虛空 空不依地等
	如是一切蘊界處 住於業及煩惱中 此等行業及煩惱 住於非理作意中	如是陰界根 住煩惱業中 諸煩惱業等 依不善思惟	蘊界及諸根 住煩惱與業 諸煩惱與業 依非理作意	如是蘊處界 住煩惱與業 諸煩惱與業 住執實作意

	此等非理作意者 住於心之清淨中 心之自性諸法者 不住彼等諸法中	不善思惟行 住清淨心中 自性清淨心 不住彼諸法	依非理作意 依心清淨性 然此心本性 不住彼諸法	彼執實作意 住清淨心中 自性清淨心 不住彼諸法
	知蘊處界猶如地 有情業惑猶如水 非理作意猶如風 淨心如空無基住	陰入界如地 煩惱業如水 不正念如風 淨心界如空	諸蘊處界等 知彼如地界 諸煩惱及業 知彼如水界 非如理作意 知彼如風界 〔心〕性如空界 無依無所住	彼蘊處界等 可喻之爲地 諸煩惱及業 可喻之爲水 彼執實作意 喻與風相似 清淨心如空 無依無所住
	非理作意分別者 住於心之自性中 依於非理之作意 生起諸業及煩惱	依性起邪念 念起煩惱業 依因煩惱業 能起陰界入	彼非理作意 依於心本性 非理作意力 煩惱諸業生	彼執實作意 依於清淨心 依此謬作意 煩惱諸業生
	依於業及煩惱水 生起有漏蘊處界 空中器界成壞般 如是有情生而滅	依止於五陰 界入等諸法 有諸根生滅 如世界成壞	煩惱業力水 生起蘊處界 現其生與滅 如〔世界〕成壞	煩惱業力水 生起蘊處界 有諸法生滅 如世界成壞
	心之自性如虛空 無因以及無有緣 無有和合及無生 無滅亦無安住相	淨心如虛空 無因復無緣 及無和合義 亦無生住滅	清淨如空界 無因亦無緣 復無和合相 無有生住滅	清淨心如空 無因亦無緣 復無和合相 無有生住滅
	心之自性爲光明 猶如虛空無轉變 妄念所生諸貪等 客塵諸垢不能染	如虛空淨心 常明無轉變 爲虛妄分別 客塵煩惱染	心本性如空 明輝無變異 虛妄分別生 貪等客塵垢	如空清淨心 澄明無易變 謬作意所生 煩惱塵不染
釋論偈	依於業及惑水等 不能令彼新生起 以死病老猛烈火 亦復不能焚燒彼	不正思惟風 諸業煩惱水 自性心虛空 不爲彼二生 自性清淨心 其相如虛空 邪念思惟風 所不能散壞	煩惱業力水 彼不爲所生 死病老諸火 彼不爲所壞	煩惱業力水 彼不爲所生 老病死諸火 彼不爲所壞

		諸業煩惱水 所不能濕爛 老病死熾火 所不能燒燃		
	劫末地獄普通火 三者依次而對應 死病老之三種火 應知彼等相似法	有三火次第 劫燒人地獄 能作種種苦 能熟諸行根	死病老三火 次第以相應 劫火地獄火 以及世間火	死病老三火 次第以相應 劫火地獄火 以及世間火
論本偈	菩薩如實知佛性 解脫生老病死等 離生等貧由證因 悲憫眾生示生死	菩薩摩訶薩 如實知佛性 不生亦不滅 又無老病等 菩薩如是知 得離於生死 憐愍眾生故 示現有生滅	菩薩已證心本性 遣除生老病死已 復以悲憫有情故 由是示現有生死	菩薩已證眞實性 遣除生老病死已 復以悲憫有情故 由是示現有生死
釋論偈	死病老之諸痛苦 聖者悉皆永滅盡 依於煩惱業力生 彼者無彼故無生	老病死諸苦 聖人永滅盡 依業煩惱生 諸菩薩無彼	死病老等苦 菩薩永滅盡 生依業煩惱 諸菩薩無彼	老病死等苦 菩薩永滅盡 生依業煩惱 諸菩薩無彼
	如實眞實已見故 雖於生等已超離 然以大悲之自性 示現生死老病等	缺	以如實知見 故離生等〔苦〕 唯以大悲故 示生老病死	菩薩證眞實 故離生等苦 唯以大悲故 示生老病死
	諸佛意子已證悟 不變法界眞如性 無明令盲諸眾生 見現生等誠稀有	缺	佛子已了知 不變異法性 無明者所見 奇哉有生相	佛子已證得 不變眞如性 無明眼奇哉 卻謂有生死
	若得聖者之境界 凡夫境界中顯現 是故眾生之至親 善巧以及悲殊勝	缺	已證聖者位 仍現凡夫境 示有情如友 無上悲方便	已證聖者位 仍現世間相 示有情如友 大悲與善巧
	彼者超越諸世間 依然安住於世間 爲利世間現世間 世間障垢無染汙	缺	超越諸世間 仍不離世間 於世間作業 不爲世法染	已離世間法 仍住於世間 於世間作業 不爲世法染

	猶如蓮花出於水 不爲彼水所染汙 如是佛子生世間 不爲世間法所染	缺	如蓮水中生 不受〔污〕水染 〔佛子〕住世間 不受世法染	如蓮花出水 不受污泥染 佛子住世間 不受煩惱染
	行持利他之事業 智慧恆如火熾燃 寂滅靜慮之等持 恆時入此定境中	缺	智慧成事業 如火常熾燃 同時入三昧 行於寂靜境	智慧成事業 如火燃不熄 雙運寂滅境 不可思議境
	以宿善願推動力 及離一切分別故 爲令成熟諸有情 十地菩薩無勤作	缺	以具願力故 以離分別故 能成熟有情 而無須造作	以離虛妄故 以具誓句故 能成熟有情 而無須造作
	說法以及現色身 利行及與諸威儀 何者以何如何調 此者如是皆通達	缺	菩薩如實知 調化與方便 色身示威儀 或施以教化	教化及神通 事業與方便 善巧令皈依 菩薩皆通達
	如是對於虛空際 無邊有情恆時中 具慧任運無障礙 眞實廣行利生業	缺	是於有情中 無盡若長天 聖者無礙智 任運利有情	是於有情中 無盡若長天 聖者常無礙 作利生事業
	菩提薩埵後得時 事業相與諸善逝 眞實救度諸有情 於此世間視平等	缺	既以得其行 菩薩佛平等 於種種世間 救度至彼岸	菩薩於世間 作業利有情 如佛後得智 令有情解脫
	然如大地與微塵 亦如大海牛迹水 彼等差別極懸殊 佛與菩薩亦如是	缺	菩薩比於佛 微塵比大地 亦如牛蹄窪 比於大海水	菩薩比於佛 微塵比大地 亦如牛蹄窪 比於大海水
論本偈	不變性具無盡法 眾皈無後際究竟 此常不二無分別 無滅法性非作故	佛身不變異 以得無盡法 眾生所歸依 以無邊際故 常住不二法 以離妄分別 恒不執不作 清淨心力故	不變性具無盡法 有情無盡皈依處 離分別故常無二 以非作故無有滅	佛不滅故不變異 有情無盡皈依處 常住離戲不二法 以不生故無有壞

釋論偈	清淨法界無有生 無死無病亦無老 依次常故堅固故 寂滅故與不變故	不生及不死 不病亦不老 以常恒清涼 及不變等故	不生及不死 不病亦不老 以常及且恆 寂靜無變異	不生及不死 不病亦不老 以常及且恆 寂靜無變易
	佛性依於意生身 無生其性恆常故 依於不可思議死 無死其性堅固故	以常故不生 離意生身故 以恒故不死 離不思議退	縱於意生身 以常故不生 不思議生死 以恆故不死	以常故不生 意生身亦離 以恆故不死 不思議亦離
	依於無明習氣病 無害其性寂滅故 依於無漏之行業 無老其性不變故	清涼故不病 無煩惱習故 不變故不老 無無漏行故	寂靜故不病 無煩惱習氣 不變故不老 無無漏行故	寂靜故不病 無煩惱習氣 不變故不老 無無漏行故
	當知以二復二句 亦復具有二二句 依次無爲法界中 具有恆常堅固等	有二復有二 復有二二句 次第如常等 無漏境界中	二句復二句 各有二句釋 以知無爲界 常等諸句義	二句復二句 各有二句釋 以明如來藏 常等四句義
	具有無盡功德故 如如不變常恆義 如同輪迴無邊故 皈依自性堅固義	缺	缺	以其無盡故 不變法中常 常作皈依處 無邊法中恆
	無分別智自性故 無二法性寂滅義 具非造作功德故 自性不滅不變義	缺	缺	以其無二故 究竟寂靜性 眞實無作故 是爲不變性

8、無二

論本偈	法身如來及聖諦 涅槃如光不離日 如是功德無二故 除佛之外無涅槃	法身及如來 聖諦與涅槃 功德不相離 如光不離日	法身及如來 聖諦勝涅槃 功德不相離 如光不離日	法身及如來 聖諦與涅槃 如光不離日 涅槃不離佛
釋論偈	總之無漏法界中 依於四種義差別 當知四種相應名 稱爲法身如來等	略明法身等 義一而名異 依無漏界中 四種義差別	此有四異名 曰法身等等 以於無漏界 具四差別義	無垢眞如性 具有四句義 有四相應名 曰法身等等
	佛陀諸法不相離 及彼佛性如是得	佛法不相離 及彼眞如性	佛法不相離 本住如種性	佛性無分別 法爾眞如性

不妄不欺之法性 本來自性寂滅性	法體不虛妄 自性本來淨	無欺無虛妄 本來即寂靜	離戲無虛妄 無始即寂滅
遍知一切現菩提 已斷障垢及習氣 如來以及涅槃者 於勝義中無二性	覺一切種智 離一切習氣 佛及涅槃體 不離第一義	覺一切種智 根除諸習氣 故佛與涅槃 第一義無二	佛證無上覺 涅槃離習氣 故佛與涅槃 同屬第一義
一切諸相無數量 無思無垢之功德 無別體相即解脫 解脫彼者爲如來	無量種功德 一切不思議 不差別解脫 解脫即如來	無量不思議 無垢諸功德 不離於解脫 解脫即如來	無量種功德 一切不思議 不差別解脫 解脫即如來
譬如種種繪畫師 各自善巧各不同 某師了知能繪分 此分餘人不知曉	如種種畫師 所知各差別 彼一人知分 第二人不知	譬如眾畫師 各擅畫一份 一人所擅者 餘眾皆不曉	譬如眾畫師 各擅畫一份 彼人所擅者 餘眾皆不曉
此後於此由諸師 我之形貌當共繪 具權國王於彼等 下諭布絹賜與彼	有自在國王 敕諸畫師言 於彼摽畫處 具足作我身	有具權國王 授彼等畫布 且下命令言 用此畫我像	有具權國王 召眾師畫像
從彼聽聞此事已 著手繪畫國王像 繪畫王像畫師中 若有一人去他方	國中諸畫師 一切皆下手 若不闕一人 乃成國王像 畫師受敕已 畫作國王像 彼諸畫師中 一人行不在	眾師承諾已 即須下手畫 以從事於此 無人得他住	眾師聽令已 即便下手畫 眾中有一人 以事離他往
由於彼人遠行去 缺少彼者一人故 圓滿王像遂不成 此喻此處如是知	由無彼一人 國王像不成 以其不滿足 一切身分故	若有他往者 畫像即不成 以缺一份故 此即爲譬喻	畫像遂不成 以缺一份故
所言彼等畫師者 布施持戒忍辱等 具有殊勝諸方便 空性即說圓身像	所言畫師者 喻檀戒等行 言國王像者 示一切種智 一人不在者 示現少一行	此中眾畫師 喻持戒等行 此中國王像 喻爲最勝空	此中眾畫師 喻持戒等等 此中國王像 喻殊勝空義

		王像不成者 空智不具足		
	般若以及智解脫 光明照耀及清淨 無二是故如光明 光芒日輪無一般	慧智及解脫 不離法界體 無差涅槃界 日相似相對	般若聖智與解脫 光輝清淨無分別 此如光輝與日輪 亦與大日無分別	般若聖智與解脫 光輝清淨無分別 此如光輝與日輪 亦與大口無分別
	是故乃至未得佛 眞實涅槃不可得 如捨光明及光芒 日輪永時不可見	不證諸佛身 涅槃不可得 如棄捨光明 日不可得見	不證佛體性 涅槃不可得 恰如離光輝 即不見大日	不證諸佛身 涅槃不可得 恰如捨光輝 即不見大日

（二）如來藏九喻

釋論偈	如是已說如來藏 十種意義而安立 今說煩惱所纏藏 當以九喻而了知	向說如來藏 十種義示現 次說煩惱纏 以九種譬喻	上來以十義 解說如來藏 藏受煩惱覆 由下諸喻知	向說如來藏 示以十種義 今說煩惱纏 如下種種喻
論本偈	萎花中佛蜂中蜜 皮殼中果糞中金 地中寶藏果中芽 破衣之中寶佛像	萎花中諸佛 眾蜂中美蜜 皮糩等中實 糞穢中眞金 地中珍寶藏 諸果子中芽 朽故弊壞衣 纏裹眞金像	萎華中佛蜂腹蜜 皮殼中實糞中金 地中寶藏種中芽 破朽衣中勝者像	萎華中佛蜂腹蜜 皮殼中實糞中金 地中寶藏種中芽 破朽衣中聖者像
	貧賤醜女腹中王 焦泥模中妙寶像 客塵煩惱所障覆 眾生如是佛性住	貧賤醜陋女 懷轉輪聖王 焦黑泥模中 有上妙寶像 眾生貪瞋癡 妄想煩惱等 塵勞諸垢中 皆有如來藏	貧醜女懷輪王胎 泥模之中藏寶像 住於有情〔如來〕性 客塵煩惱垢覆障	貧醜女懷輪王胎 泥模中藏眞金像 有情所具如來藏 時爲煩惱染成障
	障垢猶如萎蓮花 蜜蜂皮殼及糞穢 地蘊果皮破壞衣 苦逼醜女黑泥模	花蜂糩糞穢 地果故弊衣 貧賤女泥模 煩惱垢相似	垢如萎蓮復如蜂 如殼如糞如土地 如種如朽故敗衣 如貧女如火燒地	染如萎蓮如蜂腹 如殼如糞如土地 如種如朽故敗衣 如貧醜女如泥土

無垢佛性如佛身 蜂蜜果實及黃金 寶藏肧芽寶佛像 四洲聖王妙寶像	佛蜜實眞金 寶牙金像王 上妙寶像等 如來藏相似	最勝性則如佛陀 如蜜如實如黃金 如寶藏榕樹寶像 如輪王如淨寶像	如來藏則如佛陀 如蜜如實如黃金 如寶藏如寶樹芽 如轉輪王如金像
譬如萎敗蓮花中 安住相好莊嚴佛 具淨天眼人見已 去除花葉顯佛身	問曰：華佛譬喻，爲明何義？ 答曰：言萎華者，喻諸煩惱。 言諸佛者，喻如來藏。 偈曰： 功德莊嚴佛 住於萎華中 淨天眼者見 去花顯諸佛	譬如萎敗蓮華中 佛具千種光輝相 唯具天眼始得見 於敗蓮中出彼〔佛〕	譬如萎敗蓮華中 佛具千種莊嚴相 唯具天眼者得見 迎佛出此水中蓮
如是善逝佛眼見 阿鼻亦遍如來藏 無礙大悲於輪迴 常住令眾解脫障	佛眼觀自法 遍一切眾生 下至阿鼻獄 具足如來藏 自處常住際 以慈悲方便 令一切眾生 遠離諸障礙	是故善逝具佛眼 地獄亦見其法性 盡未來際大悲憫 解脫有情於此障	是故善逝具佛眼 地獄亦見如來藏 能以無礙大悲憫 救渡有情離此障
猶如萎敗蓮花中 安住善逝佛陀身 無垢天眼見此已 去除凋殘敗壞葉	如朽故華中 有諸佛如來 天眼者見知 除去萎華葉	萎蓮之中見善逝 具天眼者綻花開	萎蓮中佛天眼見 萎敗蓮花瓣即開
如是眾生貪嗔等 煩惱纏中住佛性 大悲能仁見此已 善作摧毀障垢業	如來亦如是 見貪煩惱垢 不淨眾生中 具足如來藏 以大慈悲心 憐愍世間故 爲一切眾生 除煩惱花葉	佛見世間如來藏 貪瞋諸障以悲離	譬如佛見如來藏 有情煩惱障即離

譬如上妙美味蜜 爲諸群蜂所圍繞 須者見已設方便 驅散群蜂而取蜜	問曰：蜂蜜譬喻， 爲明何義？ 答曰：言群蜂者， 喻諸煩惱。 言美蜜者，喻如來藏。 偈言： 上妙美味蜜 爲群蜂圍遶 須者設方便 散蜂而取蜜	譬如蜜釀蜂群內 爲具智者所發現 欲以善巧方便法 散諸蜂群而取蜜	譬如蜜釀蜂腹內 具善巧者欲取蜜 乃以善巧方便法 使蜜能離蜜蜂腹
大仙一切智眼見 猶如蜂蜜之佛性 彼之障垢如蜜蜂 善作徹底斷除業	如來亦如是 以一切智眼 見諸煩惱蜂 圍遶佛性蜜 以大方便力 散彼煩惱蜂 顯出如來藏 如取蜜受用	世尊一切種智眼 見此性猶如蜂蜜 畢竟成就於此性 不與如蜂障相應	世尊具一切種智 見如來藏譬如蜜 使離如蜂根本障 由是取得蜂腹蜜
譬如蜜爲百千萬 蜜蜂障覆須求人 驅散彼等諸群蜂 隨意而作蜂蜜事	猶如百千億 那由他諸虫 遮障微妙蜜 無有能近者 有智者須蜜 殺害彼諸虫 取上味美蜜 隨意而受用	欲得千萬蜂繞蜜 求者驅蜂取蜜用	欲得百千萬蜂蜜 蜜若有情無垢藏 煩惱藏則恰如蜂 世尊善巧取蜜者
如是眾生所具有 無漏智慧如蜂蜜 善巧摧毀如蜂惑 智者佛陀如丈夫	無漏智如蜜 在眾生身中 煩惱如毒虫 如來所殺害	煩惱如蜂蜜如智 佛如善巧除滅者	
譬如具殼之果實 眾人不能得受用 凡欲食用果實者 去除皮殼取果實	問曰：穭實譬喻， 爲明何義。 答曰：言皮穭者， 喻諸煩惱。 言內實者，喻如來藏。	果實爲殼掩 無人能得食 凡欲食其實 先須去皮殼	果實爲殼掩 無人能得食 凡欲食其實 先須去皮殼

	偈言： 　穀實在穭中 　無人能受用 　時有須用者 　方便除皮穭		
如是眾生所具有佛性爲諸惑垢雜乃至未脫煩惱垢三有不能作佛事	佛見諸眾生 身有如來性 煩惱皮穭纏 不能作佛事 以善方便力 令三界眾生 除煩惱皮穭 隨意作佛事	有情如來藏 爲煩惱所雜 不離煩惱染 三界不成佛	譬如如來藏 爲煩惱所雜 不離煩惱染 三界不成佛
譬如稻穀麥等糧果未脫殼具芒者倘若果實未善治眾人不能享美味	如稻穀麥等 不離諸皮穭 內實未淨治 不任美食用	米麥未去殼 食之無滋味	米麥未去殼 食之無滋味
如是眾具法自在未離煩惱之佛身於爲煩惱所逼眾不能賜予法喜味	如是如來藏 不離煩惱穭 令一切眾生 煩惱所飢渴 佛自在法王 在眾生身中 能示以愛味 除彼飢渴苦	法王住煩惱 有情無法味	如來藏污障 有情無法味
譬如有人行路時黃金遺失糞穢中具有不壞之黃金於彼安住百千年	問曰：糞金譬喻，爲明何義？ 答曰：糞穢譬喻者，諸煩惱相似。眞金譬喻者，如來藏相似。 偈言： 　如人行遠路 　遺金糞穢中 　經百千歲住 　如本不變異	旅客失黃金 遺於糞穢中 黃金性不改 千百年如是	如人有黃金 置於糞穢中 黃金性不改 千百年如是

具淨天眼見金已 以語告示餘人言 此中現有眞金在 汝當還淨起金用	淨天眼見已 遍告眾人言 此中有眞金 汝可取受用	天人具天眼 見而告人曰 此中有寶金 待還清淨相	天人具天眼 見而告人曰 此中有寶金 待還清淨相
如是能仁分明見 陷溺煩惱糞穢中 眾生功德欲令淨 於諸眾生澍法雨	佛觀眾生性 沒煩惱糞中 爲欲拔濟彼 雨微妙法雨	如佛見有情 煩惱如糞穢 爲除煩惱染 降法雨除垢	如佛見有情 煩惱如糞穢 爲除貪欲染 降無上法雨
譬如腐爛糞穢中 墜入黃金天眼見 爲令清淨勝美金 認眞顯示於他人	如於不淨地 漏失眞金寶 諸天眼了見 眾生不能知	如天人見金 示人還彼淨	如天人見金 示其珍貴性
如是佛陀已明見 煩惱不淨大糞中 墮入有情圓覺寶 令淨於眾說聖法	諸天既見已 語眾悉令知 教除垢方便 得淨眞金用 佛性金亦爾 墮煩惱穢中 如來觀察已 爲說清淨法	佛見佛寶藏 示人以淨法	佛以法清淨 著染如來藏
譬如貧人家地下 具有無盡珍寶藏 主人於此無所知 寶藏不言我在此	問曰：地寶譬喻，爲明何義。 答曰：地譬喻者，諸煩惱相似。 寶藏譬喻者，如來藏相似。 偈言： 譬如貧人舍 地有珍寶藏 彼人不能知 寶又不能言	譬如貧家地深處 具有被掩無盡藏 貧人對此無所知 寶藏不能命彼掘	譬如貧家地深處 具有被掩無盡藏 貧人對此無所知 寶藏不能命彼掘
如是意中珍寶藏 不增不減淨法性 由未證故諸眾生 恆時備受貧乏苦	眾生亦如是 於自心舍中 有不可思議 無盡法寶藏 雖有此寶藏 不能自覺知	此如心中無垢藏 無窮盡且不思議 有情對此無所知 由是常受種種苦	此則恰似如來藏 清淨不增復不減 有情對此無所知 由是常受輪迴苦

	以不覺知故 受生死貧苦		
譬如貧家地層下 已有寶藏對主人 寶藏不言我在此 主人不知有寶藏	譬如珍寶藏 在彼貧人宅 人不言我貧 寶不言我此	貧者不知具寶藏 寶藏不能告其在	貧者不知具寶藏 寶藏不能告其在
如是意家法藏住 一切眾生如窮人 爲令彼等獲此故 大仙眞實降世間	如是法寶藏 在眾生心中 眾生如貧人 佛性如寶藏 爲欲令眾生 得此珍寶故 彼諸佛如來 出現於世間	有情心具法寶藏 聖者方便令出世	有情如是具法身 佛以方便令出世
譬如郁多羅等樹 果中種芽未朽壞 種於地中灌水等 漸次生長成大樹	問曰：果芽譬喻，爲明何義？ 答曰：果皮譬喻者，諸煩惱相似。子芽譬喻者，如來藏相似。 偈言： 如種種果樹 子芽不朽壞 種地中水灌 生長成大樹	譬如菴摩羅果等 其種恆具發芽力 若予土壤及水等 即能漸長成爲樹	譬如菴摩羅果等 其種恆具發芽力 若予土壤及水等 即能漸長成爲樹
一切有情無明等 果皮中纏法界善 如是若依彼彼善 漸次成爲能仁王	一切諸眾生 種種煩惱中 皆有如來性 無明皮所纏 種諸善根地 生彼菩提芽 次第漸增長 成如來樹王	如是清淨法本性 有情無明如種核 若以功德作諸緣 即能漸成勝利王	如是無上眞如性 有情無明如種核 若以功德作諸緣 即能漸成勝利王
譬如依水日風土 時間虛空之眾緣 郁多羅及庵摩羅 果皮之內生長樹	依地水火風 空時日月緣 多羅等種內 出生大樹王	水土陽光時空等 種芽具緣發成樹	水土陽光時空等 芽具諸緣發成樹

有情煩惱果皮內 具有正覺之胚芽 如是彼彼善緣力 見法次第漸增長	一切諸眾生 皆亦復如是 煩惱果皮內 有正覺子牙 依白淨等法 種種諸緣故 次第漸增長 成佛大法王	有情煩惱殼所掩 佛芽緣具成法樹	有情煩惱藏所掩 佛芽緣具即茁長
譬如寶成之佛像 臭穢破衣所纏裹 天人見彼在道中 為除穢衣此示他	問曰：衣像譬喻，為明何義？ 答曰：弊衣譬喻者，諸煩惱相似。金像譬喻者，如來藏相似。 偈言： 弊衣纏金像 在於道路中 諸天為人說 此中有金像	譬如寶石造佛像 為破臭衣所遮蓋 天人見此在路旁 乃為旅人作指引	譬如寶石造佛像 為破臭衣所遮蓋 天人見此在路旁 乃為凡夫作指引
佛陀無礙眼現見 諸惑纏裹如來藏 下至旁生亦具有 為令解脫示方便	種種煩惱垢 纏裹如來藏 佛無障眼見 下至阿鼻獄 皆有如來身 為令彼得故 廣設諸方便 說種種妙法	無障礙眼見佛身 縱使畜生亦具足 種種煩惱垢掩蓋 故施方便解脫彼	佛亦如是見佛性 縱使畜生亦具足 無始以來煩惱掩 故說法義解脫彼
譬如珍寶之佛像 臭穢破衣所纏裹 置於路中天眼見 為令解脫示他人	金像弊衣纏 墮在曠野路 有天眼者見 為淨示眾人	路旁寶像朽衣掩 天眼見已示凡夫	如寶石像朽衣掩 天眼見已示凡夫
如是煩惱破衣纏 佛性安住輪迴道 佛見旁生亦具有 為令解脫說妙法	眾生如來藏 煩惱爛衣纏 在世間險道 而不自覺知 佛眼觀眾生 皆有如來藏	輪迴道上煩惱掩 佛說法令性顯露	如來藏為煩惱掩 佛說深法令顯露

	為說種種法 令彼得解脫		
譬如醜陋無怙女 住於無有依怙處 胎藏住持吉祥王 自腹有王不覺知	問曰：女王譬喻，為明何義？ 答曰：賤女譬喻者，諸煩惱相似。歌羅邏四大中，有轉輪王身喻者，生死歌羅邏藏中，有如來藏轉輪王相似。 偈言： 譬如孤獨女 住在貧窮舍 身懷轉輪王 而不自覺知	譬如貧醜無助婦 無依唯住孤獨舍 腹中雖懷王者胎 不知輪王在腹內	譬如貧醜無助婦 既無片瓦復無護 腹中雖懷王者胎 不知輪王在腹內
轉生三有無怙家 不淨眾生如孕婦 具有怙主無垢界 如彼腹中轉輪王	如彼貧窮舍 三有亦如是 懷胎女人者 喻不淨眾生 如彼藏中胎 眾生性亦爾 內有無垢性 名為不孤獨	輪迴如住孤獨舍 不淨有情如孕婦 無垢性雖堪作護 卻似輪王處腹內	世法渾如無瓦屋 污染有情如孕婦 清淨藏雖堪作護 卻似輪王處腹內
譬如身著破垢衣 醜女胎中輪王住 然於無怙寒舍中 感受猛厲之痛苦	貧女垢衣纏 極醜陋受苦 處於孤獨舍 懷妊王重擔	臭衣醜婦住孤獨 輪王在胎亦大苦	臭衣醜婦屋無瓦 縱使輪王在胎住
如是心住佛性怙 無怙具心諸有情 由於煩惱心不靜 是故安住痛苦處	如是諸煩惱 染污眾生性 受無量苦惱 無有歸依處 實有歸依處 而無歸依心 不覺自身中 有如來藏故	有情煩惱住苦舍 雖有依護仍無助	有情恰似無助者 雖具護助亦苦惱
譬如模中融金鑄	問曰：摸像譬喻，為明何義？	如人熔金鑄金像	譬如大像真金鑄

	寶像外有焦泥模 見已知者爲清淨 內金除去外泥障	答曰：泥摸譬喻者，諸煩惱相似。寶像譬喻者，如來藏相似。 偈言： 如人融眞金 鑄在泥摸中 外有焦黑泥 內有眞寶像	金注於內泥覆外 當其量金已冷時 去外覆泥令金淨	卻爲泥塵所掩蓋 若有人能知見者 除去泥模金清淨
	佛見自性常明淨 以及障垢亦客塵 眾生猶如金泥模 令淨諸垢成菩提	彼人量已冷 除去外泥障 開摸令顯現 取內眞寶像 佛性常明淨 客垢所染污 諸佛善觀察 除障令顯現	得證最勝菩提者 常見有情心本性 光輝而受客塵染 除障即如開寶藏	佛亦如是見有情 自性光明偶污染 除諸障已得解脫 有情即如眞金像
	譬如無垢金鑄成 象馬等像藏模中 彼無垢故寂滅性 鑄師知已除泥模	離垢明淨像 在於穢泥中 鑄師知無熱 然後去泥障	閃亮金像受泥掩 待冷善巧除其泥	如純金像泥模掩 知金像性除其泥
	如是遍知佛陀見 猶如純金寂滅意 以說妙法巧方便 善破模障令清淨	如來亦如是 見眾生佛性 儼然處煩惱 如像在摸中 能以巧方便 善用說法椎 打破煩惱摸 顯發如來藏	一切智知心寂靜 說如椎法除其障	一切智知心寂靜 演說深法除諸障
釋論偈	萎敗蓮花與蜜蜂 皮殼糞穢及土地 果皮破壞垢穢衣 女人胎藏及泥模 佛身蜂蜜與果實 純金寶藏及大樹 佛像以及轉輪王 純金所鑄寶像般	華蜂等諸喻 明眾生身中 無始世界來 有諸煩惱垢 佛蜜等諸喻 明眾生身中 無始來具足 自性無垢體	蓮中蜂腹及殼內 糞穢所蓋及土地 種子之內朽衣裏 胎中以及泥土裡 如佛如蜜如果實 如金如寶復如樹 如寶像如轉輪王 又如純金所鑄像	蓮中蜂腹及殼內 糞穢所蓋及土地 種子之內朽衣裏 胎中以及泥模裡 如佛如蜜如果實 如金如寶復如樹 如佛像如轉輪王 又如純金所鑄像

	宣說眾生無始來 具有煩惱客塵垢 無垢自性清淨心 無始不離而安住		有情所具之心性 無始以來即無垢 雖然煩惱藏當中 不相結合如喻說	有情所具無垢性 不為污蓋所更變 無始以來即如是 無始以來心性淨

（三）明九喻所喻

釋論偈	貪欲嗔恚癡隨眠 猛厲現行及習氣 見道修道不淨地 清淨地之所斷障	貪瞋癡相續 及結使熏集 見修道不淨 及淨地有垢	貪瞋癡煩惱 增上及習氣 見修道所斷 不淨及淨地	貪瞋癡煩惱 增上及習氣 見修道所斷 不淨及淨地
	如是九種障垢相 依於萎蓮等顯示 以隨煩惱所纏覆 差別之相無有數	萎華等諸喻 說九種相對 無邊煩惱纏 故說差別相	煩惱具九相 喻如萎蓮等 然而雜染藏 萬千差別相	煩惱具九相 喻如萎蓮等 然而煩惱纏 萬千差別相
	貪等九種障垢者 概要略說如次第 萎敗蓮花等九喻 依彼眞實而宣說	愚癡及羅漢 諸學及大智 次第四種垢 及一二復二	略說煩惱纏 有貪等九種 喻如萎蓮瓣 九喻作相對	略說煩惱纏 有貪等九種 喻如萎蓮瓣 九喻作相對
	以彼等垢令凡夫 羅漢學人及具慧 如其次第四一二 復二成為不清淨	如是次第說 四凡一聖人 二學二大智 名為不淨地	凡夫四種垢 阿羅漢唯一 道上染兩種 菩薩亦二垢	凡夫四種染 阿羅漢唯一 道上染兩種 菩薩亦二染
	譬如淤泥水蓮花 初敷榮時人歡喜 後萎悴時人不喜 歡喜貪欲亦如是	依佛神力故 有彼眾妙華 初榮時則愛 後萎變不愛 如華依榮悴 有愛有不愛 貪煩惱亦爾 初樂後不樂	譬如泥中蓮 初開人貪悅 花萎人不喜 貪愛亦如是	譬如水中蓮 初開人貪悅 花萎人不喜 貪煩惱如是
	譬如愛蜜之蜜蜂 極其擾亂刺螫擊 如是生起嗔恚故 內心產生諸苦惱	群蜂為成蜜 瞋心嚙諸花 瞋恚心起時 生種種苦惱	譬如釀蜜蜂 受擾即刺人 恰如瞋起時 令心生諸苦	譬如釀蜜蜂 受擾即刺人 瞋煩惱起時 令心受諸苦
	譬如稻等內果實 外為皮殼所包裹	稻等內堅實 外為皮檜覆	譬如穀實等 外為皮殼裹	譬如穀實等 外為皮殼裹

如是現見如來藏 癡心蛋殼所覆蔽	如是癡心纏 不見內堅實	恰如內實性 爲無明所蔽	恰如實性見 爲無明所纏
譬如糞穢不合意 如是具貪諸有情 依止五欲之因故 猛厲現行如糞穢	猶如臭穢糞 智觀貪亦爾 起欲心諸相 結使如穢糞	譬如厭不淨 智觀貪亦爾 增上諸煩惱 纏縛厭如穢	譬如厭糞穢 貪欲亦如是 增上諸煩惱 生貪令人厭
譬如財富由覆障 不知不得珍寶藏 如是眾生自生智 無明習氣地所覆	譬如彼地中 種種珍寶藏 眾生無天眼 是故不能見 如是自在智 爲無明地覆 眾生無智眼 是故不能見	譬如無知故 不見地中寶 不知自覺性 埋沒無明土	譬如埋寶地 令人不見寶 有情自在性 埋沒無明土
譬如芽等漸生故 種子皮殼即破裂 如是由見眞實性 斷除見道諸所斷	如子離皮繪 次第生芽等 見道斷煩惱 次第生諸地	譬如芽漸長 突離種子殼 見道斷〔煩惱〕 而見於眞實	譬如芽漸長 突離種子殼 見道斷煩惱 漸修忽頓證
依與聖道相連屬 摧毀壞聚見核心 修道智慧諸所斷 宣說猶如破壞衣	以害身見等 攝取妙聖道 修道斷煩惱 故說弊壞衣	隨逐聖道上 雖已斷身見 修道智斷者 喻爲破敗衣	學人修道上 雖已斷身見 猶有煩惱藏 喻爲破敗衣
依於七地諸障垢 猶如胎藏之障垢 如同遠離於胎藏 無分別智成熟般	七地中諸垢 猶如胎所纏 遠離胎藏智 無分別淳熟	前七地諸垢 如藏之污垢 唯無分別智 長養藏離覆	前七地諸垢 如母腹污穢 唯無分別智 長養胎離腹
隨逐三地諸障垢 當知猶如泥土染 巨大智慧之自性 金剛喻定所摧毀	三地知諸垢 如泥模所泥 大智諸菩薩 金剛定智斷	後三地諸垢 知彼如泥模 以金剛喻定 聖者能除垢	後三地諸垢 如泥模染痕 以金剛喻定 聖者能除染
如是貪等九種垢 如同萎敗蓮花等 由三自性歸攝故 種性如同佛身等	萎華至泥模 如是九種喻 示貪瞋癡等 九種煩惱垢 垢中如來藏 佛等相對法	貪等九種垢 喻如萎蓮等 如來藏三性 喻之如佛等	貪等九種纏 喻如萎蓮等 如來藏三性 喻之如佛等

	如是九種義 以三種體攝		
此之自性即法身 眞如以及種性者 其中由三及一種 五種比喻當了知	法身及眞如 如來性實體 三種及一種 五種喻示現	法身及眞如 及佛種自性 以三喻一喻 及五喻作喻	法身及眞如 以及佛種性 以三喻一喻 及五喻作喻
當知法身有二種 法界最極清淨體 以及依彼之等流 宣說深及種種法	法身有二種 清淨眞法界 及依彼習氣 以深淺義說	法身有二種 法界無垢性 及彼性等流 所說深淺法	法身有二種 眞實無垢性 及彼性流露 所說深廣法
當知由超世間故 世間此喻不可見 不可見故佛自身 所說與彼界相同	以出世間法 世中無譬喻 是故依彼性 還說性譬喻	〔法身〕出世間 世法難譬喻 故說相似喻 喻爲佛色身	法身出世間 世法難譬喻 故說相似法 喻爲色身佛
所說微細甚深法 猶如蜂蜜一味性 所說種種廣大法 猶如種種殼中實	如美蜜一味 微細法亦爾 修多羅等說 如種種異味	所說深細法 如蜂蜜一味 廣說種種法 種種殼藏實	所說深細法 如美蜜一味 廣說種種法 種種殼藏實
由於自性無變異 以及勝善及清淨 是故宣說此眞如 與彼眞金性相同	譬如諸色像 不離於虛空 如是眾生身 不離諸佛智 以如是義故 說一切眾生 皆有如來藏 如虛空中色 以性不改變 體本來清淨 如眞金不變 故說眞如喻	本性無變異 善妙復清淨 是故說眞如 喻之如眞金	自性無變異 莊嚴復清淨 是故說眞如 喻之如眞金
猶如地藏及果樹 當知佛性有二種 無始自性住種性 眞實納受勝種性	一切諸眾生 平等如來藏 眞如清淨法 名爲如來體 依如是義故 說一切眾生	如藏如種芽 種性有二相 本性住種性 習所成種性	如藏如種芽 佛性有二相 一者性種性 二者習種性

		皆有如來藏 應當如是知 佛性有二種 一者如地藏 二者如樹果 無始世界來 自性清淨心 修行無上道		
	承許依此二種性 獲得如來三種身 依於初者得初身 依於次者得後二	依二種佛性 得出三種身 依初譬喻故 知有初法身 依第二譬喻 知有二佛身	依此二種性 生出三身佛 初者第一身 次者爲餘二	依此二種性 生出三身佛 初喻喻法身 次喻喻餘二
	當知莊嚴自性身 猶如珍寶之佛像 自性本來非所作 攝集功德寶藏故	眞佛法身淨 猶如眞金像 以性不改變 攝功德實體	清淨自性身 知彼如寶像 自然離造作 功德藏所依	自性法身佛 如寶石聖像 自然離造作 攝諸功德藏
	具大法王國政故 報身猶如轉輪王 唯是影像自性故 化身猶如黃金像	證大法王位 如轉輪聖王 依止鏡像體 有化佛像現	報身如輪王 證大法王位 化身如金像 本性爲影像	報身如輪王 證大法王位 化身如金像 其性爲示現

（四）四種不識如來藏有情

釋論偈	自生諸佛之勝義 唯是依信所證悟 猶如日輪光晃耀 無眼目者亦不見	無始世來性 作諸法依止 依性有諸道 及證涅槃果 唯依如來信 信於第一義 如無眼目者 不能見日輪	於佛最勝義 唯依信得解 譬如於日輪 無目不能見	於此如來藏 唯依如來信 譬如於日輪 無目不能見
	此無任何所遮遣 亦無纖毫所安立 眞實正觀眞實性 眞實見已即解脫	不空如來藏 謂無上佛法 不相捨離相 不增減一法	於法無所減 亦復無所增 如實見眞實 見此得解脫	於法無所減 亦復無所增 如實知實諦 證此即解脫

	具有分離之體性 如來藏以客塵空 無有分離之體性 藏以無上法不空	如來無爲身 自性本來淨 客塵虛妄染 本來自性空	法性離客塵 以其爲空故 而不離功德 以其不空故	佛身法爾淨 煩惱故不染 而不離功德 以其不異故

（五）答難

論本偈	處處經說諸法空 如雲如夢如幻相 此中如來云何說 眾生皆具如來藏	問曰：餘修多羅中，皆說一切空。此中何故，說有眞如佛性？ 偈言： 處處經中說 內外一切空 有爲法如雲 及如夢幻等	處處皆說諸法空 如雲如夢復如幻 然則何故如來言 一切有情具佛性	處處皆說諸法空 如雲如夢復如幻 然則何故如來言 有情皆具如來藏
	心怯輕慢劣眾生 執著虛妄謗正法 增上我執五過失 爲具過者斷彼說	此中何故說 一切諸眾生 皆有眞如性 而不說空寂 答曰：偈言： 以有怯弱心 輕慢諸眾生 執著虛妄法 謗眞如實性 計身有神我 爲令如是等 遠離五種過 故說有佛性	怯懦心及輕慢心 執虛妄或謗眞法 以及我執爲五過 爲離過失是故說	怯懦心及輕慢心 執虛妄或謗眞如 與諸憍慢爲五過 爲離過失是故說
釋論偈	究竟清淨眞實際 以諸有爲法而空 煩惱行業果報義 說爲猶如浮雲等	諸修多羅中 說有爲諸法 謂煩惱業等 如雲等虛妄	〔經言〕有爲法 煩惱業及果 遠離於眞實 說爲如雲等	究竟眞如性 離諸有爲法 煩惱業及果 說爲如雲等
	一切煩惱猶如雲 行業猶如夢受用 煩惱行業之果報 五蘊猶如幻變化	煩惱猶如雲 所作業如夢 如幻陰亦爾 煩惱業生故	煩惱猶如雲 業如夢受用 煩惱業之果 諸蘊說如幻	煩惱猶如雲 業力說如夢 煩惱業力果 五陰說如幻

	先前如是安立已 復於無上續此中 爲令斷除五過失 宣說具有如來藏	先已如是說 此究竟論中 爲離五種過 說有眞如性	先已如是說 今說無上續 爲離五種過 示以具佛性	先已如是說 佛性究竟法 爲離五種過 說有如來藏
	如是未聞此善法 而以輕視自身過 心中生起怯弱者 菩提心者不生起	以眾生不聞 不發菩提心 或有怯弱心 欺自身諸過	若不聞此說 易生怯懦心 以其自卑故 菩提心不生	若不聞此說 易生怯懦心 以其自卑故 菩提心不生
	何者已生菩提心 由此故生我慢心 眾生未生菩提心 於彼生起下劣想	未發菩提心 生起欺慢意 見發菩提心 我勝彼菩薩	諸有慢心者 嚮往菩提心 及見發心者 乃生卑下想	諸有慢心者 未發菩提心 及見發心者 乃謂己勝彼
	如是於此思惟者 眞實智慧不生起 是故執著虛妄法 及不能知眞實義	如是憍慢人 不起正智心 是故虛妄取 不知如實法	如是起心者 正知見不生 是故執虛妄 不見如實法	如是慢心者 正知見不生 是故執虛妄 不知如實法
	由於改造客塵故 眾生過失非實有 眞實此過無有我 功德自性爲清淨	妄取眾生過 不知客染心 實無彼諸過 自性淨功德	過失亦非實 乃虛妄客塵 無我性則實 功德本清淨	過失亦非實 爲虛幻客塵 彼亦無自性 功德本清淨
	執著虛妄之過失 誹謗眞實功德者 具慧自身與眾生 不得現見平等慈	以取虛妄過 不知實功德 是故不得生 自他平等慈	見過失非實 毀謗實功德 則不能生慈 自他平等心	若取虛妄過 不知實功德 不能生大慈 自他平等心
	如是依於聽聞此 勇悍敬眾如導師 生起般若智大慈 由於生起此五法	聞彼眞如性 起大勇猛力 及恭敬世尊 智慧及大悲 生增長五法	聞法起正勤 尊有情如佛 智般若大悲 五功德生起	如聞此法已 於法起精進 依佛及智悲 五功德增長
	無罪以及觀平等 無有過失具功德 自與有情平等慈 依此疾得如來果	不退轉平等 無一切諸過 唯有諸功德 取一切眾生 如我身無異 速疾得成就 無上佛菩提	離過具功德 即得平等見 取有情如我 疾速證菩提	離過具功德 即得平等見 慈悲具二利 疾速證菩提

正分——第二品

第五金剛句：證菩提

一、總說

論本偈	淨得遠離及二利 其依深廣大自性 常住世間如實性 以此八義而宣說	淨得及遠離 自他利相應 依止深快大 如彼所爲義	清淨成就及捨離 能自他利與依止 甚深廣大莊嚴性 盡時際如是 〔而示現〕	得淨成就及解脫 能自他利與相應 甚深莊嚴廣大性 恆時隨類作示現
釋論偈	本體因果與事業 相應以及分類行 常住以及不思議 由此建立如來地	實體因果業 及以相應行 常不可思議 名佛地應知	自性與因果 業用應示現 常住不思議 建立於佛地	自性與因果 業用及示現 恆常不思議 如是佛境界

二、別說

（一）自性及因

論本偈	所謂自性之光明 猶如日輪與虛空 以客煩惱所知障 厚重雲聚而遮蔽	初說佛菩提及得菩提方便。 偈言： 向說佛法身 自性清淨體 爲諸煩惱垢 客塵所染污 譬如虛空中 離垢淨日月 爲彼厚密雲 羅網之所覆	佛本性光輝 客塵煩惱覆 如日如虛空 受彼層雲網	佛性如日如虛空 無明垢障若重雲
	遍具無垢佛功德 常堅不變之佛體 此依於法無分別 以及揀擇智獲得	佛功德無垢 常恒及不變 不分別諸法 得無漏眞智	無垢具功德 恆時不變異 復於一切法 依智離分別	無垢即現佛功德 常恆無二證眞智
釋論偈	佛性是由無別異 清淨妙法所安立 猶如日輪與虛空 智慧離染二體相	佛身不捨離 清淨眞妙法 如虛空日月 智離染不二	佛體性清淨 具無分別德 智斷二性相 譬如天與日	佛性無分別 清淨生功德 周遍與證智 譬如天與日

	光明非是所作性 無別超過恆河沙 是故本來即具足 佛陀功德之諸法	過恒沙佛法 明淨諸功德 非作法相應 不離彼實體	佛性諸功德 過恆河沙數 光輝及無作 不離而顯現	淨光明無生 周遍無分別 具諸佛功德 過恆河沙數
	是由自性不成立 周遍以及客塵故 煩惱所知二障位 宣說猶如厚重雲	煩惱及智障 彼法實無體 常為客塵染 是故說雲喻	煩惱所知障 譬如為障雲 自性無實故 遍〔染〕亦客塵	煩惱所知障 譬如為障雲 以無自性故 遍染亦客塵
	斷除二種障礙因 承許即是二種智 一者無分別智慧 二者依彼後得智	遠離彼二因 向二無分別 無分別眞智 及依彼所得	離二障之因 即是此二智 一無分別智 一為後得智	除二障之因 二無分別智 證諸法無二 復證後得智

（二）果

論本偈	猶如具有無垢水 蓮花漸榮遍滿池 亦如圓滿之月輪 羅睺口中得解脫 復如圓滿之日輪 雲聚煩惱中解脫 具有無垢功德故 具光明者即彼體	次說無垢清淨體。 偈言： 如清淨池水 無有諸塵濁 種種雜花樹 周匝常圍遶 如月離羅睺 日無雲翳等 無垢功德具 顯現即彼體	清淨水池蓮花生 滿月離蝕日離雲 無垢功德既具足 故即解脫現光輝	清淨水池蓮花生 滿月離蝕日離雲 無垢功德既具足 故即顯現淨光明
	唯佛如同佛身蜜 果實眞金及寶藏 果樹無垢寶佛像 轉輪聖王純金像	蜂王美味蜜 堅實淨眞金 寶藏大果樹 無垢眞金像 轉輪聖王身 妙寶如來像 如是等諸法 即是如來身	佛如勝王如甘蜜 如實如金如寶藏 如果樹如無垢寶 如轉輪王如金像	佛如聖者如甘蜜 如實如金如寶石 如果樹如無垢像 如轉輪王如金鑄
釋論偈	如水池等貪欲等 客塵煩惱得清淨 簡要無分別智慧 其果如是而宣說	貪等客煩惱 猶如濁水塵 無分別上智 果法如池水	清淨貪欲等 客塵諸煩惱 喻如池水者 無分別智果	清淨無煩惱 譬如池水等 由無分別智 結此所證果

	具有一切相殊勝 佛陀之身決定得 是依出定揀擇智 其果如是而宣說	示現佛法身 一切諸功德 依彼證智果 是故如是說	既得證智果 即成佛境界 具種種殊勝 是後得智果	既證佛三身 具無上功德 如是諸功德 爲後得智果
	由斷貪欲之濁塵 且於所化眾蓮中 降禪定水滋潤故 佛如清淨之池水	貪如濁水塵 淨法雜垢染 可化諸眾生 如繞池藕花 禪定習氣潤 遠離瞋羅睺 以大慈悲水 遍益諸眾生	譬如淨水池 貪等障垢淨 禪定水灌溉 化眾如蓮花	譬如淨水池 貪等煩惱淨 水亦靜如定 化眾如蓮花
	由脫嗔恚羅睺羅 且以大慈悲光明 普照一切眾生故 佛如無垢之滿月	如十五日月 遠離雲羅網 光明照眾生 能除諸幽闇	如無垢滿月 離羅睺瞋〔蝕〕 以大慈悲光 周遍諸世間	譬如圓滿月 離羅喉惡蝕 以大慈悲光 普照諸有情
	由脫厚重愚癡雲 且以慧光照群生 遣除無知黑暗故 佛如無垢之日輪	佛無垢日月 離癡雲羅網 智光照眾生 除滅諸黑闇	佛性無垢日 離無明雲障 以聖智光輝 破諸有情暗	譬如無垢日 離無明雲障 以聖智光輝 破諸有情暗
	獲得無等等法故 賜予無上法味故 遠離二障皮殼故 佛如佛身蜜果實	得無等等法 能與妙法味 諸佛如蜜堅 遠離蜂繪障	無等等法性 施以正法味 以破〔無明〕殼 說如佛蜜實	具無等功德 施無上法味 且破無明殼 說如聖蜜等
	淨故眞實妙功德 遣除有情貧窮故 解脫果賜眾生故 佛如眞金寶藏樹	眞實妙功德 除斷諸貧窮 能與解脫勢 故說金樹喻	清淨功德財 除有情困乏 能與解脫果 說如金樹藏	清淨饒功德 除有情困乏 能與解脫果 說如金樹等
	現前珍寶法身故 兩足主尊最勝故 顯示種種寶色故 佛如佛像王金像	法寶眞實身 增上兩足尊 勝色畢竟成 故說後三喻	法寶所成身 最勝兩足尊 至寶莊嚴色 如寶國王像	法身眞實寶 無上兩足尊 至寶莊嚴色 說如王如鑄

（三）業

論本偈	無漏周遍不滅法 堅固寂常不變處	次說成就自利利 他。	無漏周遍不滅性 堅固寂靜不變處	無垢周遍常恆性 寂靜不動無異處

	諸佛法身如虛空 能作聖者六根境	偈言： 無漏及遍至 不滅法與恒 清涼不變異 不退寂靜處 諸佛如來身 如虛空無相 爲諸勝智者 作六根境界	如來體性若虛空 賢者六根境界因	佛如虛空容萬法 智者六識境界基
	令見非大微妙色 令聞清淨微妙音 令嗅善逝戒妙香 令嘗大聖妙法味	示現微妙色 出乎妙音聲 令嗅佛戒香 與佛妙法味	色爲自在恆常相 聲爲善說清淨音 香者清淨具佛戒 味則甚深妙法味	色離四大極微妙 聲爲悅樂清淨音 香既純和且具戒 味則甚深妙法味
	令受三昧妙樂觸 令知甚深勝妙理 倘若仔細而思惟 佛如虛空離諸相	使覺三昧觸 令知深妙法 細思惟稠林 佛離虛空相	觸爲樂受三摩地 法證自性甚深義 細思稠林究竟義 佛如虛空離相因	觸爲大樂三摩地 法則證知深妙意 細思如來大樂源 恰如虛空離緣起
釋論偈	總說二智之作用 應當如此而了知 成就圓滿解脫身 及成清淨法性身	略說二種法 業智應當知 滿足解脫身 清淨眞法身	略說兩種智 以及彼作業 圓滿解脫身 清淨佛法身	略說兩種智 其作業如是 圓滿解脫身 成就佛法身
	解脫身與法性身 應知二相亦一相 無漏性故周遍故 無爲法故依處故	解脫身法身 二及一應知 謂無漏遍至 及究竟無爲	法身解脫身 二種知爲一 無漏且周遍 亦爲無爲句	法身解脫身 具二或一相 離垢且周遍 及究竟無生
	煩惱習氣滅盡故 承許即是無漏法 無著以及無礙故 承許智慧周遍行	煩惱盡無漏 及習氣滅故 無閡及無障 智遍至應知	煩惱習氣滅 故謂無漏性 智之周遍性 無著無障故	煩惱及習氣 滅盡故離垢 二智能周遍 無縛無障故
	畢竟無滅自性故 承許即是無爲法 不滅性者爲略說 由堅固等廣說彼	無爲以不滅 實體不失故 不失名爲本 恒等句解釋	其無爲性者 不壞之自性 略說不壞性 廣說則恆等	其所以無生 具不壞性故 其所以不壞 具恆常性故
	當知滅者有四相 翻此堅固等法故 謂腐變異及間斷 不可思議變易死	對於恒等句 有四失應知 死無常及轉 不可思議退	失壞有四義 與恆常相違 謂異轉與退 及不思議死	失壞有四義 與恆常相對 謂異轉與退 及不思議死

	當知無彼故次第 堅固寂靜常不變 爲白淨法所依故 無垢智慧是爲處	以無死故恒 以常故清涼 不轉故不變 寂靜故不退	以無〔四者〕故 恆寂常不退 以此無垢智 清淨功德基	法身無四者 故恆常無生 以此無垢智 清淨功德基
	猶如無相虛空界 見色聞聲與嗅香 嘗味覺觸知諸法 皆由彼者作爲因	彼究竟足跡 淨智白法體 具足色聲等 示現於諸根 如虛空無相 而現色等相 法身亦如是 具六根境界	如虛空離相 然爲所見色 聞聲與香味 即觸法等因	虛空故離因 而爲色等因 聲香味觸法 示現於諸根
	如是爲於佛二身 無礙加行堅固者 殊勝六根行境中 無漏功德能生因		依於此二身 無礙而相應 無漏功德生 賢者諸根受	報化二身佛 示現爲其因 生清淨功德 令菩薩覺受

（四）功用

論本偈	不思常堅寂不變 靜遍離念如虛空 無著無礙無澀觸 非見取善佛無垢	次說第一義相應。 偈言： 如空不思議 常恒及清涼 不變與寂靜 遍離諸分別 一切處不著 離閡麤澀觸 亦不可見取 佛淨心無垢	不可思議常且恆 清涼不變且寂靜 周遍及諸離分別 善淨無垢佛體性 彼如虛空無染著 遍一切處皆無礙 抑且離於粗官感 彼不可見不可取	不思議常恆寂樂 不變寂靜及周遍 離偏離住離障觸 不見不取善無垢
釋論偈	依於解脫法性身 顯示自利及他利 自利他利之依處 具有不思等功德	解脫身法身 示自利利他 依自利利他 彼處相應義	法身解脫身 自利及利他 自他利所依 不思議功德	法身解脫身 自利及利他 能圓滿二者 依十五功用
	一切種智之行境 如來非是三慧境 是故當知此智慧 一切有情不可思	一切諸功德 不思議應知 以非三慧境 一切種智知	一切種智境 非三慧境界 即使具智身 亦不可思議	證一切種智 非世間三慧 是故佛智身 爲不可思議
	微細故非聞慧境 勝義故非思慧境 法性甚深故亦非 世間修慧等行境	諸眾生佛體 細故非聞境 第一非思思 以出世深密	以其微妙故 非是聞慧境 勝義非思慧 深密非修慧	以其微妙故 非是聞慧境 勝義非思慧 深定非修慧

	此因如盲不見色 凡夫從來未曾見 且如產房內嬰兒 不見日輪聖亦爾	世修慧不知 諸愚癡凡夫 本來未曾見 如盲不矚色 二乘如嬰兒 不見日月輪	凡夫所未見 生盲未見色 聖者如乳嬰 僅見室中日	凡夫所未見 如盲未見色 二乘如嬰孩 僅見室中日
	遠離生故是恆常 無有滅故是堅固 無彼二故是寂滅 法性住故是不變	以不生故常 以不滅故恒 離二故清涼 法性住不變	無生故爲常 無滅故爲恆 清涼離二見 法性故不變	無生故爲常 無壞故爲恆 寂樂離尋伺 法性故不變
	證悟滅諦故極靜 覺悟一切故周遍 無所住故無分別 斷煩惱故無耽著	證滅故寂靜 一切覺故遍 不住不分別 離煩惱不著	證滅諦寂靜 遍知故周遍 無住無分別 無煩惱無染	證滅故寂靜 遍知故周遍 無分別離偏 無煩惱離住
	清淨一切所知障 是故一切皆無礙 無二堪能且調柔 是故遠離粗澀觸	無智障離閡 柔軟離麤澀	所知障淨盡 一切處無礙 以具隨順性 故離粗劣觸	無明障除盡 是故爲離障 無昏沉掉舉 常在定離觸
	彼無色故不可見 亦無相故不可取 自性淨故勝善根 障垢斷故極無垢	無色不可見 離相不可取 以自性故淨 離染故無垢	無色不可見 離相無可取 善以性淨故 離垢故無垢	無色不可見 離相無可取 善以性淨故 離染故無垢

（五）示現

論本偈	非初中後無別異 無二離三垢分別 證悟法界之自性 入定瑜伽師得見	次說佛法身。 偈言： 非初非中後 不破壞不二 遠離於三界 無垢無分別 此甚深境界 非二乘所知 具勝三昧慧 如是人能見	非初中後者無二 不可分而三解脫 無垢分別法界性 入三昧行者能見	非三時際離分別 遠離二邊離三界 無垢且離諸戲論 此境唯佛內自證

	無量超過恒沙數 具諸不思無等德 如來無垢法性身 盡斷過失及習氣	出過於恒沙 不思議功德 唯如來成就 不與餘人共 如來妙色身 清淨無垢體 遠離諸煩惱 及一切習氣	功德無比不思議 無量過於恆沙數 如是如來無垢性 根除過失及習氣	所具功德不思議 無量過於恆沙數 如是如來離垢性 遠離煩惱及習氣
	種種妙法光明身 勤修眾生解脫義 事業猶如摩尼王 能現種種非彼體	種種勝妙法 光明以爲體 令眾生解脫 常無有休息 所作不思議 如摩尼寶王 能現種種形 而彼體非實	種種正法光明身 無休解脫諸世間 摩尼寶王如所作 現種種〔身〕無自性	身具甚深法光華 無休救渡諸有情 摩尼寶王如所作 現種種身卻非實
	世間令置寂靜道 成熟授記因色身 不離法界恆安住 猶如諸色不離空	爲世間說法 示現寂靜處 教化使淳熟 授記令入道 如來鏡像身 而不離本體 猶如一切色 不離於虛空	世間導入寂之道 成熟有情授記因 影像身常住本處 如諸色於虛空界	調順有情爲事業 此身即是救渡因 因其示現得利樂 恰如諸色住虛空

1、總說三身

釋論偈	自生諸佛之遍知 唯稱彼者爲如來 最勝涅槃不思議 各別自證出有壞	向說佛法身 及一切種智 自在與涅槃 及第一義諦 不可思議法 應供等功德 唯自身內證 應當如是知	覺者一切智 說爲佛體性 最勝之涅槃 不思議自證	佛一切種智 究竟與涅槃 不可思議法 皆佛內自證
	彼者分類由深廣 大自性三功德法	彼三身差別 實法報化等	示現種種相 甚深與廣大	差別爲三身 甚深與莊嚴

	當知如是自性等 安立法報化三身	所謂深快大 無量功德身	大我等功德 自性等三身	以及廣大身 是名法報化

2、說自性法身

釋論偈	其中一切諸如來 自性身之五體相 攝略宣說當了知 具足五種功德相	明實體身者 謂諸佛法身 略說五種相 五功德應知	諸佛自性身 具足五性相 若簡潔而言 括爲五功德	今說法身佛 內具五自性 若簡潔而言 括爲五功德
	無爲法與無別異 以及遣除二種邊 煩惱所知三摩地 三障決定得解脫	無爲無差別 遠離於二邊 出離煩惱障 智障三昧障	此即謂無爲 離邊不異離 離煩惱所知 等至等三障	此即謂無生 離邊無分別 及離煩惱障 智障等至障
	無垢無有分別心 諸瑜伽師境界故 由於法界自性力 本來清淨故光明	以離一切垢 故聖人境界 清淨光明照 以法性如是	離垢無分別 瑜伽行者境 法性之自性 清淨光華射	無染離見地 佛內自證境 法性本無垢 清淨光華射
	無量無數不思議 無等清淨之究竟 當知彼等諸功德 眞實自性身具足	無量阿僧祇 不可數思議 無等諸功德 到第一彼岸	自性身功德 無量及無數 及不可思議 無等究竟淨	自性身功德 無邊及無數 不可得思議 無等究竟淨
	廣大故及無數故 非爲尋思境界故 唯佛習氣亦斷故 次第是爲無量等	實法身相應 以快不可數 非思量境界 及遠離習氣	廣大不可數 亦離思量境 不共離習氣 無量等次第	廣大故無量 離世智思議 無比故無等 究竟離習氣

3、說受用報身

釋論偈	圓滿受用諸法故 顯示自性之法故 大悲清淨之等流 利益眾生無息故	無邊等佛法 次第不離報 受種種法味 示現諸妙色 淨慈悲習氣 無虛妄分別 利益諸眾生 自然無休息	示現以色身 受用諸法〔樂〕 淨大悲等流 無間利有情	現諸莊嚴身 與法樂相應 無間利有情 無緣大悲性
	無有分別任運中 所欲如實滿足故	如如意寶珠 滿足眾生心	離分別功用 而滿有情願	離作意功用 而滿有情願

	以如意寶神通故 圓滿受用身安住	受樂佛如是 神通力自在	受用神通力 如摩尼寶王	受用神通力 如摩尼寶王
	說法示現業不息 無有加行功用相 顯現不是彼自體 此處種種示五相	此神力自在 略說有五種 說法及可見 諸業不休息 及休息隱沒 示現不實體 是名要略說 有五種自在	說法及示現 無休作事業 任運及無性 如是五功德	說法及示現 無休作事業 法爾及無性 如是五功德
	如由種種形色物 摩尼中現非彼體 亦由眾生種種緣 如來顯現非彼體	如摩尼寶珠 依種種諸色 異本生諸相 一切皆不實	摩尼染諸色 色非摩尼性 自在者示現 亦非實身性	寶色染諸色 色非寶石性 報佛示現身 亦非實身性

4、說應化身

釋論偈	依大悲心知世間 觀照一切世間界 法性身中不動移 幻化種種之事業 天界出生聖白幢 從於兜率天宮降 入於母胎及降生 善巧通達工巧處 王妃眷屬中嬉樂 出家修習諸苦行 往詣菩提道場中 降伏一切諸魔軍 圓滿菩提轉法輪 趨入大般涅槃界 普於不淨剎土中 輪迴未空恆示現 演說諸法無常苦 無我寂靜知方便 先令眾生厭三有 後令悟入於涅槃 既入聲緣寂滅道	如來亦如是 方便力示現 從兜率陀退 次第入胎生 習學諸伎藝 嬰兒入王宮 厭離諸欲相 出家行苦行 推問諸外道 往詣於道場 降伏諸魔眾 成大妙覺尊 轉無上法輪 入無餘涅槃 於不清淨國 現如是等事 世間無休息 宣說無常苦 無我寂靜名 方便智慧力 令彼諸眾生	大悲觀世間 了知諸世法 而法身無動 作種種應化 示現諸本生 都史陀天降 入母胎出世 善巧諸技藝 受用王妃已 出家修苦行 後詣菩提座 降伏魔羅眾 圓滿無上覺 乃轉大法輪 入無餘涅槃 穢土諸示現 方便說無常 苦無我寂靜 令眾厭三界 而入涅槃〔道〕 入寂靜道者	大悲視世間 了知諸世法 而不動法身 作種種應化 如來作示現 都史陀天降 入母胎出世 善巧諸技藝 受用王妃已 出家修苦行 後詣菩提場 降伏魔羅眾 圓滿無上覺 乃轉大法輪 入無餘涅槃 無量餘示現 室說無常苦 無我及寂靜 令眾厭三界 而入涅槃道 彼入滅道者

	具有已得涅槃想	厭離三界苦	謂已得涅槃	謂已得涅槃
	妙法蓮華等諸經	後入於涅槃	法華等諸經	法華等諸經
	宣說諸法眞實性	以入寂靜道	爲說如實法	爲說如實法
	遣除彼等先前執	諸聲聞人等	以般若方便	以方便智慧
	若以智慧方便攝	有是虛妄相	遮除彼等執	轉彼虛妄見
	令彼成熟於勝乘	言我得涅槃	成熟無上乘	攝入大乘道
	授與殊勝菩提記	法華等諸經	授記勝菩提	授記其證覺
		皆說如實法		
		般若方便攝		
		迴先虛妄心		
		令淳熟上乘		
		授妙菩提記		
		微細大勢力		
		令愚癡眾生		
		過嶮難惡道		

5、總結三身

釋論偈	甚深圓滿大勢力	深快及以大	成就妙神力	甚深無上力
	善引凡夫同利故	次第說應知	導人如商主	方便導有情
	彼等次第應稱爲	初法身如來	爲彼次第說	分別說三身
	甚深廣大大自性	第二色身佛	深廣莊嚴性	深廣大爲性
	此處初者爲法身	譬如虛空中	第一爲法身	甚深爲法身
	其後二者爲色身	有一切色身	後二爲色身	廣大二色身
	如於空中色安住	於初佛身中	如色依虛空	如色依虛空
	於初身中後身住	最後身亦爾	色身依法身	色身依法身

6、恆常

論本偈	由無量因眾無盡	次說如來常住身。	無量因有情不盡	無量因有情不盡
	慈悲神足智具樂	偈言：	大悲神力智成就	大悲神力智與樂
	得法自在滅死魔	世尊體常住	法自在及降死魔	法自在及降死魔
	無體世尊故常法	以修無量因	無自性故佛常在	無爲依怙故恆常
		眾生界不盡		
		慈悲心如意		
		智成就相應		
		法中得自在		
		降伏諸魔怨		
		體寂靜故常		

釋論偈	棄捨身命財三者 護持諸佛正法故 爲利一切諸有情 究竟圓滿本願故	棄捨身命財 攝取諸佛法 爲利益眾生 究竟滿本願	捨棄身命財 攝受於正法 利益諸有情 成就本初誓	捨棄身命財 執持眞實法 救渡諸有情 究竟滿本誓
	佛身淨潔及澄清 大慈大悲生起故 神變神足力顯示 彼者住世行持故	得清淨佛身 起大慈悲心 修行四如意 依彼力住世	於佛體性起 極清淨大悲 復現如意足 恆住世作業	佛由是示現 大悲淨離垢 復現神通力 恆住世作業
	成就妙智於輪涅 取捨二執脫離故 恆常圓滿而具足 無量等持大樂故	以成就妙智 離有涅槃心 常得心三昧 成就樂相應	具智得解脫 離輪涅二執 常入深三昧 成就相應樂	具智得自在 輪涅知無異 常入深三昧 相應得大樂
	常住世間利益他 不爲世間染汙故 獲得無死寂靜處 無有死魔現行故	常在於世間 不爲世法染 得淨甘露處 故離一切魔	常遊化世間 不爲世法染 無死寂靜處 無與於死魔	常行化世間 不爲世法染 不朽寂靜境 故與死魔離
	無爲自性之能仁 本來極爲寂靜故 恆常是諸無依者 皈依處等合理故	諸佛本不生 本來寂靜故 以常可歸依 故言歸依我	佛無爲自性 本初即寂靜 諸無依怙眾 佛爲皈依處	佛具無爲性 恆圓滿寂靜 諸無依怙土 佛即爲依怙
	由前七種無誤理 顯示色身恆常性 由後三種無誤理 顯示法身恆常性	初七種譬喻 如來色身常 後三種譬喻 善逝法身常	其初七種因 色身常住性 其餘三種因 法身常住性	初七種義理 說佛色身常 餘三種義理 說佛法身常

7、不可思議

論本偈	非言語境勝義攝 非心所觀超譬喻 無上輪涅不攝故 佛境聖亦不可思	次說不可思議體。 偈言： 非言語所說 第一義諦攝 離諸覺觀地 無譬喻可說 最上勝妙法 不取有涅槃 非三乘所知 唯是佛境界	離言唯勝義所攝 離思量境無可喻 無上及不著有寂 佛此境界不思議	離言唯勝義所攝 離世智且無可喻 無比及離輪涅法 佛此境界不思議

釋論偈	不可思議離言故 離言勝義所攝故 勝義所攝非思故 非思超越比量故	不可得思議 以離言語相 離言語相者 以第一義攝 第一義攝者 非思量境界 非思量境者 以無譬喻知	佛不可思議 以離言說故 其離言說者 以唯勝義攝 其唯勝義攝 是故離思量 以其離思量 由是無譬喻	佛不可思議 以離言說故 其離言說者 以唯勝義攝 其唯勝義攝 故便離世智 其離世間智 由是無譬喻
	超越比量無上故 無上輪涅不攝故 輪涅不攝不住故 不取輪涅過德故	無譬喻知者 以最勝無上 最勝無上者 不取有涅槃 不取是二者 不取功德過	既離諸譬喻 是故爲無上 無上最勝者 〔輪涅皆〕不取 既不取〔輪涅〕 無功過分別	既離諸譬喻 是故爲無比 無比最勝者 輪涅皆不取 既不取輪涅 無功德無過
	前五正理微細故 如來法身不思議 第六正理自在故 如來色身不思議 無上智悲等功德 至德彼岸佛不思 是故諸佛最後相 自在大仙亦不知	前五種譬喻 微細不思議 如來法身常 第六譬喻者 以得自在故 如來色身常	〔前〕五因微細 不思議法身 第六說色身 亦爲不思議 〔其不思議者〕 以非實有故 佛無上智悲 所證諸功德 十地亦難知 佛之最後位	前五說法身 第六說色身 法身微妙故 說不可思議 色身不思議 質礙自在故 智悲皆無上 佛功德圓滿 不思議法爾 十地亦難知

正分——第三品

第六金剛句：功德

論本偈	自利他利勝義身 及依彼者世俗身 離繫果與異熟果 功德分類六十四	自利亦利他 第一義諦身 依彼眞諦身 有此世諦體 果遠離淳熟 此中具足有 六十四種法 諸功德差別	自利利他勝義身 爲世間身之所依 現爲離繫異熟果 六十四功德差別	自利利他勝義身 依此世間作示現 現爲離繫異熟果 具足六十四功德

釋論偈	自利圓滿功德處 即一切佛勝義身 他利圓滿功德處 即一切佛世俗身	於自身成就 住持諸佛法 故攝第一身 爲他身住持 諸如來世尊 故有世諦體	自成就依處 是佛勝義身 他成就依處 則是世俗身	自受用法樂 是爲勝義身 依此而利他 則是世俗身
	初者法身十力等 離繫功德皆具足 二者大丈夫相等 異熟功德皆具足	佛無量功德 初身攝應知 十力四無畏 大丈夫相等 彼受樂報體 第二佛身攝	初身所具足 力等離繫德 次異熟功德 具果大人相	初身所具足 力等淨功德 次成熟功德 具足大人相

一、總說

論本偈	力破愚癡如金剛 處眾無畏若獅子 善逝不共類虛空 佛現二身同水月	略說偈言： 佛力金剛杵 破無智者障 如來無所畏 處眾如師子 如來不共法 清淨如虛空 如彼水中月 眾生二種見	力如破障金剛杵 處眾無畏若獅王 佛不共性似虛空 二種色身水月喻	力如破暗金剛杵 處眾無畏若獅王 佛不共法似虛空 二種色身水月喻

二、別說

（一）十力

論本偈	知處非處業異熟 種種根機種種界 種種信解遍趣行 染淨二種靜慮等 憶念自他之宿命 了知生死天眼通 寂滅煩惱習氣智 如是宣說十種力	初說十力。 偈言： 處非處果報 業及於諸根 性信至處道 離垢諸禪定 憶念過去世 天眼寂靜智 如是等諸句 說名十種力	處非處與業異熟 知諸根器種種界 以及種種信解力 及遍一切處之道 禪定煩惱及無垢 能起宿世之憶念 以及天眼與寂靜 是爲〔如來〕十種力	此說如來十智力 處非處與業異熟 知諸根器種種界 以及種種信解力 知一切至處道智 知諸禪定知宿命 天眼無礙知生死 永斷習氣漏盡智

	是處非處異熟界 眾生種種信解性 遍趣行與染淨定 種種根機憶宿命 天眼通及漏盡智 無明鎧甲牆與林 能刺能摧能截故 佛力猶如金剛杵	如金剛杵者。 偈言： 處非處業性 眾生諸信根 種種隨修地 過宿命差別 天眼漏盡等 佛力金剛杵 能刺摧散破 癡鎧山牆樹	處非處異熟與界 世間信解染淨道 根聚以及宿世念 天眼以及漏盡理 無名鎧甲牆與樹 杵能穿透能摧倒	知業報之當不當 知果知法及知信 知諸種種淨染道 知諸心性知宿命 知宿生及知他生 永斷煩惱及習氣 無明鎧甲牆與樹 杵能穿透能摧倒

（二）四無畏

論本偈	諸法圓滿覺菩提 一切諸障能禁止 宣說道諦及滅諦 如是四種無所畏	偈言： 如實覺諸法 遮諸閡道障 說道得無漏 是四種無畏	現等覺知一切法 以及斷除諸障礙 道之教示得寂滅 此即說爲四無畏	佛於諸法皆覺知 闡示修行除障礙 一切漏盡及說道 如是如來四無畏
	諸法自知令他知 道障自斷令他斷 入道自得令他得 說二利諦佛無畏	於所知境界 畢竟知自他 自知教他知 此非遮障道 能證勝妙果 自得令他得 說自他利諦 是諸處無畏	自他所知一切法 依一切種智悉知 依所修持之教法 斷應斷事令他斷 證得無上離垢境 亦令他者得圓成 自他利益眞實說 聖者何處亦無畏	自覺復令他人覺 自除障已令人除 既入道已令他入 斷盡煩惱令人斷
	林中獸王常無畏 百獸群中自在行 佛陀獅王處眾中 無畏善住堅勢力	如獅子王者，偈言： 譬如師子王 諸獸中自在 常在於山林 不怖畏諸獸 佛人王亦爾 處於諸群眾 不畏及善住 堅固奮迅等	林中獸王常無畏 獸中遊走無所畏 牟尼獅王處眾時 勇健堅定而安住	林中獸王無所畏 處諸獸中得自在 佛處眾時如獅王 無畏善巧且堅定

（三）十八不共法

論本偈	如來無過亦無諍 無有心意失念過 亦無不定散亂心 及無輪涅種種想	次說佛十八不共法。 偈言： 佛無過無諍 無妄念等失 無不定散心 無種種諸想	身無過且無暴語 亦無念失之過失 彼亦無有心不定 亦復無有諸異想	佛無過且語無失 心非虛妄念無失 攝心故無心不定 心不簡擇無異想
	並無不擇而捨置 志欲精進與正念 以及智慧與解脫 解脫知見不退失	無作意護心 欲精進不退 念慧及解脫 知見等不退	佛無簡擇已捨心 欲無減精進無減 念慧解脫皆無減 解脫知見皆無減	佛無不知已捨心 欲無減精進無減 念慧解脫皆無減 解脫知見皆無減
	三門事業隨智轉 智慧無礙知三世 如是十八及餘法 是爲佛陀不共德	諸業智爲本 知三世無障 佛十八功德 及餘不說者	諸業皆隨智慧行 智慧不昧三世法 是爲十八種功德 與諸餘人悉不共	身語意隨智慧行 智慧知見三世法 是爲如來十八德 與諸餘人悉不共
	佛身語意悉無過 心無動搖無異想 不擇捨置亦遠離 志欲精進清淨念	佛身口無失 若他來破壞 內心無動相 非作心捨心 世尊欲精進 念淨智解脫	佛身語意無過失 心無散動無異想 自然無作而捨心 欲與精進無減退	佛身語意無過失 散心異想佛非有 佛非住心而不捨 渡生欲望且精進
	無垢智慧及解脫 解脫知見均不退 諸業普隨智導轉 三世無礙廣智行	知見常不失 示現可知境 一切諸業等 智爲本展轉 三世無障礙 廣大智行常	清淨念與無垢智 遍知解脫亦無減 佛示〔身語意〕三業 悉隨一切智而起	清淨念與無垢智 及正知見無減退 佛示身語意三門 悉依解脫智而作
	覺彼不共大菩提 爲眾無畏轉妙輪 此唯具足大悲者 一切中勝如來得	是名如來體 大智慧相應 覺彼大菩提 最上勝妙法 爲一切眾生 轉於大法輪 無畏勝妙法 令彼得解脫	此智爲常極廣大 故於三世無障礙 勝者慈悲爲有情 故轉無畏妙法輪	智既廣大及決定 是故乃能知三世 佛既慈悲爲有情 故轉無畏勝法輪

	地等體相空中無 虛空體相色中無 然五大種世間共 不共世間塵許無	次說虛空不相應義。 偈言： 地水火風等 彼法空中無 諸色中亦無 虛空無閡法 諸佛無閡障 猶如虛空相 如來在世間 如地水火風 而諸佛如來 所有諸功德 乃至無一法 共餘世間有	虛空性無地等性 虛空德性無障礙 地水火風世間法 不共世法唯佛具	空中四大無自性 空亦無性無質礙 堅濕熱動世間法 不共世法喻如空

（四）三十二相

論本偈	善住平滿輪輻相 足跟廣長趺不隆 手足諸指悉纖長 及如鵝王網縵相 肌膚柔軟且細嫩 身體七處極隆滿 伊尼延鹿王腨相 陰藏猶如大象王 上身猶如獅子王 肩脖隆滿極豐腴 臂膀渾圓豐腴相 手軟渾圓無高下 正立不俯手過膝 清淨之身具圓光 頸項無垢如海螺 兩頰平廣似獸王 齒具四十上下等 亦極清淨且密嚴 淨齒長短粗細勻 大牙極勝潔白性	次說三十二大人相。 偈言： 足下相平滿 具足千輻輪 跟傭趺上隆 伊尼鹿王踹 手足悉柔軟 諸指皆纖長 鵝王網縵指 臂肘上下傭 兩肩前後平 左右俱圓滿 立能手過膝 馬王陰藏相 身傭相洪雅 如尼拘樹王 體相七處滿 上半如師子 威德勢堅固	足掌平滿具法輪 足跟與踵俱平滿 手足諸指悉纖長 且〔如鵝王〕具網縵 皮膚柔軟且幼嫩 手足肩頸七處滿 膝骨纖圓如鹿王 密處隱藏如馬象 上身渾如獅子王 兩腋豐盛圓滿相 雙肩圓好且豐盈 雙臂柔長上下液 身直雙手能過膝 且具清淨身光輪 頸淨無垢如白螺 頰則猶如獅子王 口中四十齒均勻 齒密平正且透明 齒白清淨且齊平	足掌平滿具法輪 足跟與踵俱平滿 手足諸指悉纖長 且如鵝王具網縵 手足柔軟兜羅綿 手足肩頸七處滿 膝骨纖圓如鹿王 下根隱藏如馬象 上身渾如獅子王 腋下骨肉圓滿相 雙肩圓好胸寬廣 雙臂豐盈且柔滿 身直雙手能過膝 且具圓光廣一丈 頸淨猶如白海螺 頰如林中獅子王 口中四十齒均勻 齒密齊平無間隙 齒無污垢無比白 復有四牙白淨相

	難思無邊廣長舌 品嘗諸味得勝味 迦陵頻伽自然聲 梵音清澈深遠聞 眼如蓮花牛王睫 具淨白毫嚴飾面 頂有肉髻膚金色 清淨細薄眾生尊 一孔生一細柔毛 右旋細輪向上靡 淨髮嚴如琉璃寶 身量端似尼拘樹 普賢無譬大仙人 那羅延力堅固身 不思議相三十二 佛說此是人王相 猶如無雲空月色 秋季湛海水中見 如是正覺壇城中 佛子能見遍主身	猶如那羅延 身色新淨妙 柔軟金色皮 淨軟細平密 一孔一毛生 毛柔軟上靡 微細輪右旋 身淨光圓匝 頂上相高顯 項如孔雀王 頤方若師子 髮淨金精色 喻如因陀羅 額上白毫相 通面淨光明 口含四十齒 二牙白踰雪 深密內外明 上下齒平齊 迦陵頻伽聲 妙音深遠聲 所食無完過 得味中上味 細薄廣長舌 二目淳紺色 眼睫若牛王 功德如蓮華 如是說人尊 妙相三十二 一一不雜亂 普身不可嫌	復有四牙白淨相 舌廣且長無邊際 最勝味覺不思議 自在之聲如梵音 又如迦陵頻伽鳥 佛眼紺青如青蓮 睫毛整齊如牛工 眉間白毫頂具髻 皮膚細滑身金色 毛髮柔軟極微妙 且皆右旋而向上 髮無污垢如寶石 圓身相若尼拘樹 如來無比悉殊勝 堅穩具力如天王 不可思議卅二相 佛說人中尊如是 恰如秋月碧天際 人望清池能見月 如是佛子於壇城 能見自在者示現	舌廣且長薄而軟 於諸味中得上味 聲如天鼓如梵王 又如迦陵頻伽鳥 佛眼紺青如青蓮 睫毛整齊如牛王 眉間白毫頂具髻 皮膚細滑身金色 毛髮柔軟不雜亂 且皆右旋而向上 髮無污垢如寶石 圓身相若尼拘樹 如來圓滿無比身 堅穩具力如天王 不可思議卅二相 佛說人中尊如是 恰如秋月碧天際 人望清池能見月 如是菩薩在壇城 能見圓滿報身佛
釋論偈	如是六十四功德 各自所具成就因 如其次第當依照 寶女問經而了知	六十四功德 修因及果報 一一各差別 寶經次第說	六十四功德 成就種種因 於寶女經中 一一次第說	六十四功德 成就種種因 於寶女經中 一一次第說

1、總明四喻

<table>
<tr><td>釋論偈</td><td>由無毀壞無羸劣
無與倫比無動故
次第金剛獅子王
虛空水月喻顯示</td><td>衝過無慈心
不共他無心
故說杵師子
空水中月喻</td><td>通達及無法
不共及不動
次第喻如杵
如獅空水月</td><td>不壞具自信
無比及不動
次第喻如杵
如獅空水月</td></tr>
</table>

2、說金剛杵喻

<table>
<tr><td rowspan="2">釋論偈</td><td>初六中三後一力
依此十力之次第
遣除所知三昧障
以及習氣諸障故</td><td>諸如來六力
次第三及一
所知境界中
離三昧諸障</td><td>如來所具力
分爲六三一
次第破無明
離煩惱習氣</td><td>如來所具力
分爲六三一
次第破無明
離障除習氣</td></tr>
<tr><td>如甲如牆如稠林
刺穿摧毀截斷故
重精堅固不壞故
大仙勢力如金剛
何以沈重由精華
何以精華由堅固
何以堅固由不壞
不壞是故如金剛</td><td>及離餘垢障
譬如破散截
鎧牆及樹等
亦重亦堅固
亦不可破壞
如來十種力
猶如彼金剛
故說金剛杵</td><td>譬爲能透甲
摧牆及倒樹
佛力金剛杵
重實堅不壞
其重以實故
其實以堅故
其堅不可壞
不壞金剛杵</td><td>譬爲能透甲
摧牆及倒樹
佛力金剛杵
恆常堅不壞
其恆以常故
其常以堅故
其堅以不壞
不壞金剛杵</td></tr>
</table>

3、說獅子王喻

<table>
<tr><td rowspan="2">釋論偈</td><td>無畏懼故善住故
堅故勢力圓滿故
釋迦獅子如獅子
處大眾中無畏懼</td><td>知病苦知因
遠離彼苦因
說聖道妙藥
爲離病證滅
遠離諸怖畏
善住奮迅城
佛王在大眾
無畏如師子</td><td>無怯且無執
堅固且勇健
牟尼如獅子
處眾而無畏</td><td>無怯且自信
堅定而善巧
佛處大眾中
無畏如獅王</td></tr>
<tr><td>正遍知故於何者
無所畏懼而安住
清淨有情與自身
亦見不等故善住</td><td>以知一切法
是故能善住
一切處不畏
離愚癡凡夫
二乘及清淨
以見我無等</td><td>具一切神通
故無畏而住
以見無等故
淨眾亦難比</td><td>以知一切法
故無畏而住
知見無可比
自信而清淨</td></tr>
</table>

	心於一切諸法中 一緣安住故堅固 極細無明習氣地 徹底越故具勢力	於一切法中 心常定堅固 何故名奮迅 過無明住地 自在無閡處 是故名奮迅	於一切法中 心常穩安住 破無明住地 故爲勝利王	了知一切法 故心常堅穩 以能破無明 且具足善巧

4、說虛空喻

釋論偈	凡夫聲聞及獨覺 具慧菩薩與如來 愈上智慧愈細微 故以五大喻顯示	聲聞及空行 智者及自在 上上微細法 故示現五大	凡夫與聲聞 緣覺菩薩佛 愈後智愈妙 故有五種喻	凡夫與聲聞 緣覺菩薩眾 及佛俱生智 喻之如五大
	一切世間受用處 故如地水火風大 超越世出世間相 故不共法如空大	諸眾生受用 如地水火風 離世離出世 故說虛空大	利益諸世間 地水火風等 離世離出世 故喻如虛空	堅溼熱動等 世間所共法 離世離出世 故喻如虛空
		三十二功德 依止法身有 如世間燈炷 明煖及色相 相應無差別 諸如來法身 一切諸功德 無差別亦爾 〔註 2〕		

5、說水月喻

釋論偈	此等三十二功德 依止法身無別異 如如意寶光色形 彼等三者無別故 見時喜足功德者	三十二功德 見者生歡喜 依法報化身 三種佛而有 法身淨無垢	三十二功德 法身佛所顯 如形色光輝 不離摩尼寶 〔佛〕三十二相	三十二功德 法身佛所具 如色澤光輝 不離於寶石 現三十二相

〔註 2〕其餘版本皆無此偈頌，其所使用的譬喻乃重複於〈如來藏品第一〉中如來藏十義的相應，相應中所言燈之明暖色爲論本偈原有，而此釋論偈疑爲後代所增。

	所謂妙相三十二 依二色身即化身 聖法圓滿受用身 依於垢淨遠近眾 世間如來壇城中 見此有情有二種 如現水空月輪色	遠離於世間 在如來輪中 眾生見二處 如清淨水中 見於月影像 是三十二相 依色身得名 如摩尼寶珠 不離光色相 色身亦如是 不離三十二	見生歡喜德 此依於二身 化身受用身 世間及壇城 清淨之遠近 見二種示現 水月空中月	見者生歡喜 示現於化身 及受用報身 諸未離垢者 於二處見佛 壇城及世間 月在天在水

正分——第四品

第七金剛句：事業

一、兩種事業

論本偈	所化界與調方便 所化界之調伏事 隨所化處應時行 遍主恆時任運轉	於可化眾生 以教化方便 起化眾生業 教化眾生界 諸佛自在人 於可化眾生 常待時待處 自然作佛事	方便教化可化眾 所行教化應根機 應時與地無休息 無功用作教化事	方便教化可化眾 所行教化應根機 應時與地無休息 自然而作教化事
	具足功德勝寶聚 智慧水海福慧日 諸乘無餘定成就 廣無中邊如空遍	遍覺知大乘 最妙功德聚 如大海水寶 如來智亦爾 菩提廣無邊 猶如虛空界 放無量功德 大智慧日光 遍照諸眾生 有佛妙法身	智慧盈滿諸勝德 具福與智日光華 知佛體性若虛空 周遍無中且廣大	智慧大海藏多寶 無量功德智日光 能知佛性如虛空 周遍無中無後際
	佛性功德無垢藏 已見眾生無別具	無垢功德藏 如我身無異	此即無垢功德藏 觀察有情諸差別	處處有情具佛性 佛見無垢功德藏

	煩惱所知雲羅網 諸佛大悲風令散	煩惱障智障 雲霧羅網覆 諸佛慈悲風 吹令散滅盡	煩惱所知障雲覆 以大慈風吹令散	二障所覆羅網雲 以慈悲風吹令散
釋論偈	何者依於何方便 調所化業何處時 於彼不生分別念 是故能仁恆任運	以何等性智 何者何處時 作業無分別 是故業自然	化誰及以何方便 以何教法何時處 種種分別皆無有 牟尼自在無功用	化誰及以何方便 以何教法何時處 種種分別皆無有 如來自在無功用
	何者種種所化界 彼彼諸多調方便 所化種種之事業 何處何時任運行	以何等根性 諸眾生可度 以何等智慧 能度諸眾生 又以何者是 化眾生方便 眾生以何處 何時中可化	誰者即是所化機 方便即爲諸教化 其處與時即應機 如是即爲教化業	於諸根器佛皆化 於諸方便佛皆具 具諸智慧渡有情 應機即是時與處
	出離以及彼顯示 彼果以及攝受彼 彼障以及斷障緣 於此無有分別故	進趣及功德 爲果爲攝取 彼障及斷障 諸緣不分別	無分別故無休息 唯教出離及依止 示〔出離〕果與攝 受說二障及斷障 緣	無分別故無休息 唯教出離及彼因 示出離果與攝取 說二障及斷障緣
	所謂出離即十地 二種資糧是彼因 彼果乃爲大菩提 菩提攝受諸有情	進趣謂十地 功德因二諦 果謂大菩提 攝菩提眷屬	出離謂〔菩薩〕十 地 〔出離〕因謂二資 糧 〔出離〕果爲勝菩 提 攝受有情佛眷屬	出離謂菩薩十地 出離因積二資糧 出離果爲成正覺 攝取有情佛眷屬
	彼障無邊諸煩惱 及隨煩惱與習氣 一切時中斷障緣 彼者乃爲大悲心	彼障謂無邊 煩惱及習氣 斷障謂大慈 及大悲心等	障者即無邊煩惱 隨煩惱及諸習氣 大悲即爲斷障緣 常住不斷〔除彼 障〕	二障即無邊煩惱 隨煩惱及諸習氣 斷彼種種煩惱者 佛大悲心斷障緣
	應知此等之六處 如其次第而宣說 猶如大海與日輪 虛空寶藏及雲風	是名一切時 常種種因緣 如是等六處 次第說應知 如大海水寶 空日地雲風	如是六者須應知 別別可譬以爲喻 大海旭日與虛空 寶藏雲網及涼風	如是六者須應知 別別可譬以爲喻 大海旭日與虛空 寶藏雲網及涼風

	智水功德寶具故 諸地猶如廣大海 爲諸眾生資生故 二種資糧如日輪	諸地如大海 智水功德寶 菩提如空界 廣無中後邊 爲利益眾生 二種業如日	具功德藏智慧水 無上勝乘如大海 積二資糧如旭日 饒益一切有情眾	十地如海智如水 所具功德海中寶 積二資糧如旭日 以諸有情賴彼生
	無有中邊廣大故 菩提猶如虛空界 正等正覺法性故 眾生界如珍寶藏	能悉遍照知 一切眾生界 皆有如來性 如地中伏藏 猶如彼大地 體安固不動 爲利益眾生 見彼我無別	菩提有如虛空界 廣大而無中邊際 正覺者所具法性 於有情界如寶藏	無上菩提如虛空 廣大而無中後際 以本具足如來藏 故說有情寶藏喻
	客塵周遍無體故 彼障煩惱如雲聚 具能散盡彼障故 大悲猶如猛烈風	客塵煩惱等 本自無體性 一切皆虛妄 如雲聚不實 起大慈悲心 猶如猛風吹 煩惱智障盡 如彼雲聚散	客塵周遍且虛妄 煩惱如羅網雲 大悲心則如具力 風 〔風〕起吹散〔諸 客塵〕	客塵煩惱無體性 諸法虛幻如雲網 悲心有如具力風 二障皆爲風吹散
	由於他因得出離 自身有情見平等 事業尚未圓滿故 輪迴未空業不息	化事未究竟 故常在世間 從本際以來 自然不休息	教化他眾而出離 有情與己見平等 以教化業未圓滿 盡輪迴際不休息	以諸教化爲利他 以見有情具功德 以化有情未圓滿 輪迴未空不休息

二、事業九喻

論本偈	譬如帝釋法鼓雲 亦如梵天與日輪 摩尼寶王與谷響 以及虛空與大地	次說大乘業喻。 略說偈言： 帝釋妙鼓雲 梵天日摩尼 響及虛空地 如來身亦爾	如來如帝釋天鼓 如雲復如梵天王 如日亦如摩尼寶 如響如空如大地	如帝釋天如天鼓 如雲復如梵天王 如日如彼摩尼寶 如響如空如大地

（一）如帝釋天

<table>
<tr><td rowspan="7">論本偈</td><td>猶如自性淨無垢
琉璃所成大地基
以其清淨故映現
天主帝釋天女眾</td><td rowspan="3">初說帝釋鏡像譬喻。
偈言：
如彼毘琉璃
清淨大地中
天主帝釋身
於中鏡像現
如是眾生心
清淨大地中
諸佛如來身
於中鏡像現
帝釋現不現
依地淨不淨
如是諸世間
鏡像現不現
如來有起滅
依濁不濁心
如是諸眾生
鏡像現不現</td><td>清淨帝青寶
於其地面上
澄澈故能見
天帝諸天女</td><td rowspan="2">譬如無垢帝青寶
以無瑕故明如鏡
帝釋及其眷屬眾
宮殿諸珍皆照影</td></tr>
<tr><td>以及勝利妙宮殿
此外其餘諸宮殿
帝釋無量宮種種
天界諸物皆現見</td><td>亦見勝利宮
其餘諸天眾
及彼所住處
諸天自在力</td></tr>
<tr><td>此後地上所居住
善男善女諸群眾
已見彼等諸顯現
心中能發如是願</td><td>地面上所住
〔世間〕男女眾
見諸影像已
次即作祈願</td><td rowspan="2">地上世間男女眾
見影心悅作祈禱
願我轉生爲天人
爲求滿願故修善</td></tr>
<tr><td>我亦無須極久遠
即與帝釋成同等
爲獲彼者眞實持
白淨善法而安住</td><td rowspan="4">天主帝釋身
鏡像有生滅
不可得說有
不可得說無
如來身亦爾
鏡像有生滅
不可得說有
不可得說無
如地普周遍
遠離高下穢
大琉璃明淨
離垢功德平
以彼毘琉璃
清淨無垢故
天主鏡像現
及莊嚴具生</td><td>願早日轉生
三十三天住
爲求滿願故
勤作積善業</td></tr>
<tr><td>彼等由於白善法
僅見此等影像現
雖不如實而了知
地上命終亦升天</td><td>縱使無知見
此爲影像已
然修善業故
死後亦生天</td><td rowspan="2">縱使不知見是影
以修善故亦生天
帝釋影像本無意
卻令世人得利樂</td></tr>
<tr><td>顯現影像彼等者
雖極無念無動搖
然而於此地基上
成就大義而安住</td><td>此唯是影像
無心無分別
然於地上住
能具大義利</td></tr>
<tr><td>如是無垢信心等
修持信心等功德
自心中現正等覺
具有妙相及隨好</td><td>同理諸有情
具無垢信等
於彼心影像
能見佛示現</td><td>具信者作善功德
心中佛具卅二相
佛之行住作臥業
悉皆宣示寂滅法</td></tr>
</table>

從容行步及站立 端然而坐與臥息 作諸威儀妙姿態 有時宣說寂滅法	若男若女等 於中見天主 及妙莊嚴具 作生彼處願	佛於行於住 以及坐臥等 具足諸相好 及種種莊嚴	
有時默然入禪定 顯示種種神變相 具大威光極晃耀 有緣眾生能見此		開示吉祥法 無言住入定 種種神變等 放出大光明	說法無言皆示現 佛行光輝與莊嚴 如是視佛心生願 作諸功德願圓滿
見已發起欲求心 爲能成佛善修習 眞實納受成佛因 所欲之果能獲得		既見佛像已 熱切而修行 正取〔成就〕因 願證所樂境	
淨心顯現之佛陀 雖極無念無動搖 然而於此世間中 成就大義而安住		然此佛影像 無分別無心 諸世間示現 卻具大義利	是故如來應化身 不動而離諸分別 縱然住於俗世間 亦利世人得解脫
此乃自心所顯現 雖諸異生不能了 然由現見色身相 亦於彼等有義利		凡夫縱不知 佛乃心影像 以見佛色身 亦能得滋長	凡夫縱不知 佛乃心中影 以見佛色身 亦求能成就
依見色身亦逐漸 安住大乘諸士夫 以智慧眼能照見 內具勝義法性身		次後依此見 而入於大乘 漸開智慧眼 見內妙法身	次後依此見 而入於大乘 漸開智慧眼 見自勝法身
猶如諸地離險難 具摩尼德光嚴淨 如是無垢琉璃成 地面平正清淨故		若大地平等 其內離諸垢 是則成明澈 有如帝青寶 淨摩尼寶性 表面平且淨	若世間清淨 明如帝青寶 及見帝釋天 顯影於寶上
映現天主諸住處 天主及天眷屬像 淨地功德漸離故 則此不復再顯現		以其清淨故 是能見影像 諸天與眷屬 住於帝釋宮 然而寶石地 日漸失德性 如是天影像 即不復顯現	然而寶石面 日久漸生暗 如是天影像 即不復顯現

	爲得彼者而修持 近住禁戒布施等 男女諸眾發願心 向空拋散妙花等	眾生爲生彼 修行諸善行 持戒及布施 散花捨珍寶	爲求所欲境 世人守齋戒 供養香花等 求滿心中願	爲求所欲境 世人作齋戒 供養香花等 求滿心中願
	爲能獲得如琉璃 淨心中現能仁果 具極歡喜諸佛子 善能發起如是心	後時功德盡 地滅彼亦滅 心琉璃地淨 諸佛鏡像現 諸佛子菩薩 見佛心歡喜 爲求菩提故 起願修諸行	菩薩亦如是 心如帝青寶 見牟尼影像 歡喜向菩提	菩薩亦如是 心如帝青寶 能見佛影像 喜悅向菩提
	猶如清淨琉璃地 映現天主身影像 如是眾生淨心地 亦現能仁身影像	不生不滅者，即是如來。 偈言： 如毘琉璃滅 彼鏡像亦滅 無可化眾生 如來不出世 琉璃寶地淨 示現佛妙像 彼淨心不壞 信根芽增長	如淨帝青寶 能現天帝相 有情清靜心 亦能現牟尼	如淨帝青寶 能現天帝相 有情淨心識 亦能現如來
	猶如帝釋現不現 由地淨與不淨故 眾生現不現影像 由心濁與不濁故 佛影雖現生與滅 然不能作生滅觀	白淨法生滅 佛像亦生滅 如來不生滅 猶如帝釋王 此業自然有 見是等現前 法身不生滅 盡諸際常住	影相顯與隱 唯緣心淨垢 諸世間顯像 不取有與無	影相顯與隱 唯視心淨垢 故佛顯隱相 所見原非實

（二）如天鼓

論本偈 釋論偈	如天界中由諸天 往昔白法善業力 法鼓無勤無生處 亦無意色與分別	次說天中妙鼓譬喻。 偈言： 天妙法鼓聲	諸天以彼宿生善 離諸勤作離方處 亦離身意等分別 而令法鼓響無停	諸天以彼宿生善 離諸作意離方處 亦離身與離心意 而令法鼓響無停

<table>
<tr><td>同時能說無常苦
無我寂靜之法音
依此數數作警策
令諸天人不放逸</td><td rowspan="7">依自業而有
諸佛說法音
眾生自業聞
如妙聲遠離
功用處身心
令一切諸天
離怖得寂靜
佛聲亦如是
離功用身心
令一切眾生
得證寂滅道
於彼戰鬥時
爲破修羅力
因鼓出畏聲
令修羅退散
滅諸煩惱苦
爲世間說法
示勝禪定道
如來爲眾生</td><td>法鼓響聲作調化
驚醒放逸諸天眾
示以無常及諸苦
示以無我及寂靜</td><td>法鼓響聲作調化
教彼未受化天眾
示以無常及諸苦
示以無我及寂滅</td></tr>
<tr><td>如是遍主雖遠離
勤等然於諸有情
如來法音能周遍
於諸有緣宣說法</td><td>佛陀在於此世間
周遍而離勤作等
爲諸具福有情眾
佛音周遍而說法</td><td>諸佛法音亦如是
周遍而離作意等
爲諸具緣有情者
宣說種種眞實法</td></tr>
<tr><td>猶如天界妙法鼓
其音依於自業生
如是世間佛說法
其音眾生自業生</td><td>譬如諸天之鼓音
天人自身業所起
牟尼世間之法音
亦由自身業而起</td><td>諸天響法鼓
緣彼善業故
世間有佛音
亦緣於善業</td></tr>
<tr><td>如離勤作處身心
妙音令天得寂靜
如是離勤等法音
令諸眾生得寂靜</td><td>鼓聲離勤作方處
亦離身業故寂靜
此即猶如佛說法
亦離此四故寂靜</td><td>恰如天鼓聲
離作意四者
令天人寂靜
佛語亦如是</td></tr>
<tr><td>譬如天城妙鼓聲
彼因產生無畏施
煩惱心起戰鬥時
破諸修羅與嬉戲</td><td>復如天帝城鼓音
戰事而起苦惱時
退阿修羅勝利軍
此如遊戲離怖畏</td><td>天帝城鼓音
令天人無畏
戰阿修羅時
離怖而勝彼</td></tr>
<tr><td>如是由佛於世間
說法四禪四無色
彼因摧毀煩惱苦
開示無上寂靜道</td><td>世間有情亦如是
依教說之無上道
入於四禪無色定
降諸煩惱以及苦</td><td>世間佛法音
說滅煩惱法
且能滅諸苦
導入深禪定</td></tr>
<tr><td>由於能遍眾生界
具有利樂三神變
是故如來妙語聲
超勝天界鐃鈸等</td><td>是於一切有情類
施與利益與安樂
具足三種神變力
佛音勝彼諸天樂</td><td>是能周遍諸有情
施與救助生大樂
示現三不思議力
佛音勝彼諸天樂</td></tr>
<tr><td>天界妙鼓發巨響
地居眾生耳不聞
佛鼓妙音能遍行
輪迴下界諸世間</td><td>缺</td><td>天鼓巨雷音
地上即不聞
唯如來法音
下三道亦聞</td><td>天鼓巨雷音
地上即不聞
唯如來法音
下三道亦聞</td></tr>
<tr><td>天界樂器百千萬
爲增欲火而演奏
大悲諸佛僅一音
亦令息滅痛苦火</td><td>缺</td><td>百千萬天樂
唯燃欲樂火
大悲本性音
寂滅苦火因</td><td>百千萬天樂
唯燃欲樂火
無比大悲音
能息煩惱火</td></tr>
</table>

<table>
<tr><td rowspan="4"></td><td>天界美妙鐃鈸聲
唯增心之掉舉因
大悲自性如來音
能令心入三摩地</td><td>缺</td><td>諸天悅樂聲
增上散亂意
唯如來妙音
導入三昧心</td><td>諸天悅樂聲
增上散亂意
唯佛慈悲音
調教深禪定</td></tr>
<tr><td>總之宣說盡世間
天及地住安樂因
此等無餘皆依靠
普世遍現佛圓音</td><td>缺</td><td>總之安樂因
於諸天地間
世界悉周遍
此喻佛法音</td><td>總之大樂因
周遍天地界
以法音爲基
瀰漫無一遺</td></tr>
<tr><td>猶如遠離耳根故
不能聽聞細音聲
亦如具有天耳者
亦非遍聞一切聲</td><td rowspan="2">一切世間人，不覺自過失。
偈言：
聾不聞細聲
天耳聞不遍
唯智者境界
以聞心不染</td><td>譬如耳疾者
不聞微細聲
故即天人耳
亦非能遍聞</td><td>譬如耳疾者
不聞微細聲
故即天人耳
亦非能遍聞</td></tr>
<tr><td>如是微妙勝法音
微細智慧之境界
若心無有煩惱垢
彼人耳中方聞受</td><td>法音極微妙
最勝智者知
唯心無垢障
始能聞其聲</td><td>法音極微妙
一切種智境
唯心無垢障
始能聞其聲</td></tr>
</table>

（三）如雲

<table>
<tr><td rowspan="4">論本偈
、
釋論偈</td><td>猶如夏季之雲聚
莊稼茂盛圓滿因
水蘊絲毫無勤作
自然降澍於大地</td><td>次說雲雨譬喻。
偈言：
知有起悲心
遍滿世間處
定持無垢藏
佛雨淨穀因</td><td>此即恰如雨季雲
實爲穀物豐收因
水蘊任運無作意
雨降大地亦如是</td><td>譬如雨季雲
實爲豐收因
離作意而降
潤澤彼大地
潤澤彼大地</td></tr>
<tr><td>如是依於大悲雲
佛陀聖教妙法雨
眾生善根莊稼因
無有分別自然降</td><td>缺</td><td>慈悲之雲亦如是
降下勝者正法水
此雨無分別而降
世間善穀物之因</td><td>慈悲雲如是
降無上法雨
有情善業因
離功用而致
離功用而致</td></tr>
<tr><td>猶如世間行善時
風起雲湧降雨霖
如是慈風爲增善
佛雲降澍聖法雨</td><td>世間依善業
依風生雲雨
依悲等增長
佛妙法雲雨</td><td>世間善業道所生
如風生起雲降雨
慈悲風增世間善
亦令佛雲降法雨</td><td>世間依善業
如雨依風雲
慈悲風吹起
佛雲降法雨</td></tr>
<tr><td>於彼三有依智悲
不染輪涅住虛空
三昧總持淨水藏
佛雲善根莊稼因</td><td>缺</td><td>具智與悲虛空住
滅與不滅無所執
禪定總持無垢水
佛雲清靜穀物因</td><td>世間依智悲
淨處佛雲起
禪定總持水
正爲諸善因</td></tr>
</table>

猶如雲聚中普降 清涼甘甜輕軟水 由合地層鹽鹹等 遂成種種諸異味	依止器世間，雨水味變壞。 偈言： 譬如虛空中 雨八功德水 到鹹等仹處 生種種異味	自佛法雲中 降八功德水 世間鹽土等 染水種種味	自佛法雲中 降八功德水 世間鹽土等 染水種種味
如是廣闊慈悲雲 普降八支聖道雨 由合眾生分類處 遂成種種異解味	如來慈悲雲 雨八聖道水 到眾生心處 生種種解味	廣大慈悲雲 雨八正道水 種種心異境 生種種解味	如來慈悲雲 雨八正道水 種種心識境 生種種解味
於此最勝大乘法 具信中等及嗔者 此等三聚似三類 人類孔雀與餓鬼	無差別心。 偈言： 信於妙大乘 及中謗法者 人遮多鳥鬼 此三聚相似 正定聚眾生 習氣不定聚 身見邪定聚 邪見流生死	最勝乘信解 有情分三類 信或置或謗 喻人孔雀鬼	於彼大乘法 有情分三類 信或置或謗 喻人孔雀鬼
猶如夏季無雲雨 人苦孔雀住捨受 夏季地上降澍雨 令諸餓鬼受灼苦	秋天無雲雨 人空鳥受苦 夏天多雨水 燒鬼令受苦	夏旱無雲時 人孔雀〔熱〕苦 及至夏雨 餓鬼	春旱無雲時 人孔雀熱苦 及至夏雨降 餓鬼則燒灼
諸佛大悲雲聚中 法雨世間降不降 於法具信及嗔者 世間之中此譬喻	佛現世不現 悲雲雨法雨 信法器能得 謗法有不聞	次喻慈悲雲 降髮雨不降 有情於法性 或信樂或謗	無論悲憫雲 降法雨不降 世間諸有情 皆或信或謗
猶如空中降大雨 冰雹石類金剛火 微細含生入谷人 雲於彼等無分別	不護眾生。 偈言： 天雨如車軸 澍下衝大地 雹及霹靂石 金剛爆火等 不護微細虫	雲降雨無心 傾盆挾雷電 其或傷細蟲 山間旅人等	雲降雨無心 傾盆挾雷電 其或傷昆蟲 或崩巖裂石

	山林諸果樹 草穀稻糧等 行人故不雨		
善巧方便智悲雲 普降細廣妙法雨 惑淨我見隨眠眾 佛於彼等無分別	如來亦如是 於麤細眾生 相應諸方便 般若悲雲雨 諸煩惱習氣 我邪見眾生 如是種類等 一切智不護	智悲雲亦然 微妙或廣大 無顧於我見 隨眠煩惱處	智悲雲亦然 或細或傾盆 無分正邪見 普爲降法雨
	爲滅苦火。 偈言： 知病離病因 取無病修藥 苦因彼滅道 知離觸修等 〔註 3〕		
輪迴生死無始際 眾生流轉於五道 猶如糞穢無香氣 五道之中無安樂	無始世生死 波流轉五道 五道中受樂 猶如臭爛糞	無始亦無終 輪迴於五道 五道皆無樂 如糞穢無香	無始亦無終 輪迴於五道 五道皆無樂 如糞穢無香
輪迴痛苦恆如觸 烈火利刃鹽生苦 大悲雲降聖法雨 善能平息此諸苦	寒熱惱等觸 諸苦畢竟有 爲令彼除滅 降大妙法雨	所受苦無休 如被火刃傷 慈雲妙法雨 令其得寂息	所受苦無休 如被火刃傷 慈雲降法雨 令其得安適
已知天中死墮苦 人中亦有尋求苦 是故具有智慧者 人天殊勝亦不求	知天中退苦 人中追求苦 有智者不求 人天自在樂	天人有退墮 人有求不得 是故具智者 不求人天王	天人有墮落 人有求不得 天帝與人王 亦不免諸苦
智慧以及隨佛語 生起信解此是苦 此等業惑是苦因 此滅由智所見故	慧者信佛語 已信者知苦 亦復知苦因 觀滅及知道	以彼般若智 能隨順佛語 此苦此苦因 此爲滅苦道	唯具智慧者 始能信佛語 此苦此苦因 此爲滅苦道

〔註 3〕 此偈頌與其他版本排序不同，餘者皆是置於此譬喻的最後面。

	如病應知因須斷 樂住當得藥當依 苦因苦滅如是道 應知應斷應觸修	見註 3	知苦除病因 服藥始能癒 故苦集滅道 應知斷證修	知痛始能醫 服藥始能癒 故苦集滅道 應知斷證修

（四）如梵天王

論本偈	猶如梵天於住處 梵宮不動之同時 遍於欲天一切處 無勤自然而示現	次說梵天譬喻。 偈言： 梵天過去願 依諸天淨業 梵天自然現 化佛身亦爾	譬如梵天王 梵天宮無動 諸天之宮殿 離作而示現	大梵不離所住處 諸天自然現化身 如來亦不離法身 離功用現化身相
	如是能仁法身中 毫不動搖之同時 於世有緣無勤作 自然示現變化等		此即如牟尼 其法身無動 於諸具福者 任運現化身	
	如梵恆住無量宮 不動遍入欲界天 諸天見彼妙色相 由此遣除五欲樂	梵宮中不動 常現於欲界 諸天見妙色 失五欲境界	梵天不離宮 常入於欲界 爲諸天人見 令除物愛欲	大梵不離宮 化身欲界天 諸天人見彼 乃能離欲樂
	如是佛於法身中 不動示現諸世間 有緣眾生見歡喜 由此恆能淨諸障	佛法身不動 而常現世間 眾生見歡喜 不樂諸有樂	此亦如善逝 住法身不動 而爲諸世間 具福者所見 彼見〔佛示現〕 乃除諸垢染	佛現諸世間 而不離法身 有情既見佛 乃除諸煩惱
	如依梵天昔誓願 及與諸天善業力 梵天無勤而顯現 佛陀化身亦復然	缺	大梵依昔誓 具天善德力 離作而示現 化身亦如是	大梵依昔誓 亦依天淨業 故能自顯現 佛現亦如是
	降入胎誕往父國 嬉樂苦行降魔軍 證大菩提轉法輪 涅槃無緣者不見	有現不現。 偈言： 從天退入胎 現生有父母 在家示嬰兒 習學諸伎藝 戲樂及遊行 出家行苦行	從天降入胎 出生入父宮 愛欲與享樂 寂靜處修行 降魔成正覺 轉法倫示寂 牟尼諸示現 未熟者不見	從天降入胎 出生入宮內 習藝後出家 苦行修外道 降魔成正覺 轉法輪示寂 如是諸示現 未熟者不見

		現就外道學 降伏於天魔 成佛轉法輪 示道入涅槃 諸薄福眾生 不能見如來		

（五）如日

論本偈 、 釋論偈	如日普照諸蓮花 有花閉合有花綻 日於功過無分別 佛陀日輪亦復然	次說日譬喻。偈言： 如日光初出 普照諸蓮華 有同一時開 亦有一時合 佛日亦如是 照一切眾生 有智如華開 有罪如華合 如日照水華 而日無分別 佛日亦如是 照而無分別 次第。偈言： 日初出世間 千光次第照 先照高大山 後照中下山 佛日亦如是 次第照世間 先照諸菩薩 後及餘眾生	如日光華同時照 蓮花開綻睡蓮卷 花開花閉不分別 佛日亦無功過算	如日光華普照暖 白蓮開綻紅蓮卷 原本無心生分別 佛日亦無功過算
	猶如日輪無分別 光明一時普照射 能令水花得增長 亦令他物得成熟		如日無分別 光華同時照 得令此花開 而令彼花開	日離作意光普照 卻令此開令彼謝 佛日光華無上法 唯具信者如花放
	如是如來大日輪 放射聖法無量光 於諸所化眾生蓮 無有分別而照入		佛日亦如是 妙法光華射 所化眾如蓮 普照無分別	
	依靠法身及色身 菩提精藏虛空中 顯現遍知大日輪 智慧光芒照群生		法身與色身 菩提座上起 一切智日昇 智光遍世間	如法身亦如色身 一切智日虛空起 能得甘露具信眾 法爾顯現千光射
	由於所化清淨故 於彼一切水器中 如來日輪之影像 無量一時皆顯現	光明輪不同。 偈言： 色智身二法 大悲身如空	缺	缺

<table>
<tr><td rowspan="6"></td><td>恆時周遍於一切
法界虛空之中央
升起佛陀大日輪
應所化山次第照</td><td rowspan="2">遍照諸世間
故佛不同日</td><td>佛日恆時悉周遍
遍於法界若虛空
光華先射受化眾
依彼德行喻為山</td><td>恆時周遍眞如界
佛日無限若虛空
光華先射具信眾
依其德喻作高山</td></tr>
<tr><td>如具千光日初升
照亮一切世間已
高中低山次第照
佛日次第照眾生</td><td>大日千光照世間
依次照山高中低
勝者之日亦如是
先照菩薩後有情</td><td>大日光明照世間
光輝先照到高山
先照菩薩後有情
次第中山至低山</td></tr>
<tr><td>一切國土虛空中
日輪不能普照射
無力破除無明暗
亦不能示所知境</td><td>日不能遍照
諸國土虛空
不破無明闇
不示何知境</td><td rowspan="2">日不遍照地與空
不破無智密林暗
具悲本性
〔之佛日〕
一毫髮中現諸色
且亦遍射光華網
示現世間所知境</td><td rowspan="2">日輪不照諸世界
亦非能破無明暗
大悲遍射虹光網
光明顯示清淨境</td></tr>
<tr><td>大悲體性遍放射
種種彩色光明網
能為眾生照明了
眞實微妙所知境</td><td>放種種諸色
光明雲羅網
示大慈悲體
眞如妙境界</td></tr>
<tr><td>佛陀進入聚落時
無目盲人重得目
遠離無義諸惡法
見佛獲利而覺受</td><td>佛入城聚落
無眼者得眼
見佛得大利
亦滅諸惡法</td><td rowspan="2">有情無眼如得眼
具見而離諸障網
佛日智光破邪暗
照見從來未見處</td><td rowspan="2">有情無眼如得眼
具知見離諸障難
佛日光輝破邪暗
見從未見眞如性</td></tr>
<tr><td>無明瞎卻溺有海
邪見暗覆諸有情
依於佛日光明照
慧光當見不見處</td><td>無明沒諸有
邪見黑闇障
如來日光照
見慧未見處</td></tr>
</table>

（六）如摩尼寶

<table>
<tr><td rowspan="2">論本偈</td><td>猶如如意寶珠王
雖無一切諸分別
一時同處諸有情
亦隨所願皆能滿</td><td>次說摩尼珠譬喻。
偈言：
一時同處住
滿足所求意
摩尼寶無心
而滿眾生願</td><td>如摩尼寶珠
雖然無差別
同時能滿足
各有情意樂</td><td>如摩尼寶珠
法爾離作意
滿足所期求
圓滿有情願</td></tr>
<tr><td>如是依佛如意寶
種種意樂諸有情
雖聞種種差別法
然佛於彼無分別</td><td>自在大法王
同住於悲心
眾生種種聞
佛心無分別</td><td>佛如寶意珠
有情各異想
佛雖無差別
聞法各異見</td><td>依止於佛陀
有情各異見
聞受種種法
佛本無分別</td></tr>
</table>

釋論偈	如如意寶無分別 無勤賜予所求物 能仁無勤應眾機 利他恆住三有中	缺	摩尼寶珠無分別 任運爲他現諸寶 牟尼利他亦無作 唯應根器長住世	自然滿願摩尼寶 佛助有情亦法爾 世間未空長住世 應諸根器作救助
	蘊藏深海地下住 於彼心雖有欲求 然彼善妙如意寶 薄福眾生亦難獲	缺	於大海或地底求 清靜寶珠亦難得 應知煩惱福薄者 極難得見善逝身	寶珠不易得 藏於深海底 福薄具邪見 見佛亦艱難
	如是劣緣諸有情 爲諸煩惱所執持 當知於彼垢心前 極難親睹諸善逝	缺		

（七）如谷響

論本偈	猶如一切谷響聲 依於他緣而得起 無有分別無造作 不住外亦不住內	次說響譬喻。 偈言： 譬如諸響聲 依他而得起 自然無分別 非內非外住	彼空谷回響 依他識相起 離功用分別 非內非外住	彼空谷回響 實由耳識起 離作意造作 非內非外住
	如是如來聲亦然 依於他心而生起 無有分別無造作 不住外亦不住內	如來聲亦爾 依他心而起 自然無分別 非內非外住	如來聲亦然 由他心識起 離功用差別 非內非外住	如來聲亦然 由他耳識起 離作不思議 非內非外住

（八）如虛空

論本偈	譬如無物無顯現 無有所緣無所依 超過眼識之境界 無色不可示虛空	次說虛空譬喻。 偈言： 無物不可見 無觀無依止 過眼識境界 無色不可見	本無一物無顯現 無對境亦無依止 抑且超越眼識境 空中無色不可見	虛空無質無形相 非心非物無依止 抑且超越眼識境 空中無色不可指
	縱然於彼見高下 而彼虛空非如是 如是於佛見一切 然而其義非如是	空中見高下 而空不如是 佛中見一切 其義亦如是	似見虛空有低昂 而彼虛空實非是 所見佛陀種種身 實在佛陀非若此	似見虛空有低昂 而彼虛空實非是 所見佛陀種種身 實在佛陀非若此

（九）如大地

論本偈	譬如種種諸草木 依止大地得生起 大地無有分別心 亦令增固及成就	次說地譬喻。 偈言： 一切諸草木 依止大地生 地無分別心 而增長成就	草木之所依 無分別大地 於此得生長 廣大且繁茂	草木依止大地生 此無分別普增長 有情一切善業根 亦依佛地普增廣
	如是眾生諸善根 依止佛地得生起 佛陀無有分別心 亦令增固及成就	眾生心善根 依止佛地生 佛無分別心 而增廣成就	世間諸善根 亦如是依止 無分別大地 而能得長養	
		佛聲猶如響 以無名字說 佛身如虛空 遍不可見常 如依地諸法 一切諸妙藥 遍為諸眾生 不限於一人 依佛地諸法 白淨妙法藥 遍為諸眾生 不限於一人		

三、說九喻義

釋論偈	由於未見無勤作 而能成辦事業故 為除所化之疑惑 宣說此等九譬喻	遠離一切業 未曾見有果 為一切疑人 除諸疑網故 說九種譬喻 彼修多羅名 廣說此諸法 彼修多羅中 廣說九種喻 彼名智境界 快妙智莊嚴 有智者速入	佛離功用種種業 非我凡夫可察見 為受教化者除疑 是故說此九譬喻	佛離功用種種業 非諸凡夫可察覺 為具信者除疑惑 是故說此九譬喻
	於彼修多羅教中 廣說此等九譬喻 經名佛境智莊嚴 亦示此等之必要		此九譬喻之義理 依彼經題已廣說 是即〔九種譬喻義〕 能明其中之密義	依彼經中廣譬喻 依彼經名廣說法 光明莊嚴得智果 智者速入佛境界
	由聞此等所生智 廣大光明所莊嚴		聽聞〔經義〕能生起 廣大光明之莊嚴	

<table>
<tr><td>具足智慧之菩薩
速入佛陀諸境界</td><td></td><td>具足智慧〔菩薩
眾〕
速悟入諸佛境界</td><td></td></tr>
<tr><td>為示無勤事業義
已曾廣說琉璃地
帝釋影像等九喻
攝彼要義當了知</td><td rowspan="7">具足佛境界
說彼天帝釋
琉璃鏡像等
九種諸譬喻
應知彼要義
見說及遍至
以離諸相智
身口意業密
大慈悲者得
離諸功用心
無分別寂靜
以智故無垢
如大毘琉璃
帝釋等譬喻
智究竟滿足
故究竟寂靜
以有淨智慧
是故無分別
為成種種義
故說釋等喻
為成彼義者
說九種見等
離生離神通
諸佛現是事</td><td>為此說之為九喻
帝釋影像帝青寶
以及其餘諸譬喻
於其要義須應知</td><td rowspan="2">帝釋影相等九喻
今且略言其義理
說身語意及其業
其不思議及大悲</td></tr>
<tr><td>示現言說與周遍
幻化智慧放光芒
身口意之三秘密
獲得大悲自性者</td><td>示現教說與周遍
變化以及智出離
佛意語身秘密業
證得大悲之本性</td></tr>
<tr><td>一切勤作相續滅
無有分別之智慧
猶如離垢琉璃上
映現帝釋影像等</td><td>〔如來〕智慧無分
別
相續功用得寂息
以此喻為帝釋天
影像生於帝青寶</td><td rowspan="2">無分別故離功用
如帝青寶顯影相
如是建立因與宗
以喻說明所喻性</td></tr>
<tr><td>寂滅勤作是所立
無分別智是能立
為能成立自性義
喻者帝釋影像等</td><td>以離功用而立宗
無分別智慧是因
帝釋影像等為喻
如是證成立宗義</td></tr>
<tr><td>此處所表此義者
已說示現等九種
導師遠離生與死
無有勤作任運轉</td><td>今且略名立宗義
此說九種示現等
怙主已離生與死
示現皆離諸功用</td><td>今且略明所喻性
化身佛示種種現
示現皆離諸功用
以佛已離生與死</td></tr>
<tr><td>猶如帝釋妙鼓雲
梵天日輪如意寶
響空地般盡輪迴
無勤利他瑜伽知</td><td>喻如帝釋天鼓雲
梵日寶王響空地
利他事業無功用
唯知方便智者知</td><td>現如帝釋天鼓雲
梵日寶王響空地
利他事業離功用
唯有深定聖者知</td></tr>
<tr><td>現身如寶現帝釋
善說教誡如天鼓
遍主智悲廣大雲
遍至有頂無邊眾</td><td>示現有如寶石影
佛之善說如天鼓
佛之悲智雲壇城
周遍至於有頂天</td><td>化身佛如寶石影
殊勝法語如天鼓
智悲佛意猶如雲
周遍至於有頂天</td></tr>
<tr><td>如梵不動無漏界
示現種種變化相
如日智慧放光明
意密如淨摩尼寶</td><td></td><td>佛身不動無漏處
如梵王現諸化身
相
佛智如日放光明
佛意清淨摩尼寶</td><td>佛身不動如梵王
示現種種化身相
佛智如日光華遍
佛意清淨摩尼寶</td></tr>
</table>

<table>
<tr><td>佛語無字猶如響
身遍非色恆如空
如地眾生白法藥
一切所依爲佛地</td><td></td><td>佛語如響離文字
佛身如空常且遍
佛地則喻如大地
世間善法藥根基</td><td>佛語如響自然成
佛身如空恆且遍
佛地境界如大地
增上有情諸善行</td></tr>
<tr><td>猶如琉璃淨心地
彼爲現見佛陀因
即彼清淨心地者
增長不奪之信根</td><td></td><td>心淨有如帝青寶
如是即爲佛現因
以其心能持清淨
不壞信根而增長</td><td>心淨有如帝青寶
如是即爲見佛因
以其心能持清淨
於焉信心便增長</td></tr>
<tr><td>由自善根生與滅
故佛色身現生滅
然如帝釋天主身
法界之身無生滅</td><td></td><td>以此淨之具不具
由是佛身有顯隱
此則有如帝釋天
佛法身實離生滅</td><td>以此善之具不具
由是佛身有顯隱
此則有如帝釋天
佛法身實離生滅</td></tr>
<tr><td>如是遠離諸勤作
無生無滅法身中
乃至三有未空時
轉入示現等事業</td><td></td><td>是故釋現等事業
離功用而成化現
法身不生亦不滅
盡輪迴際常示現</td><td>由離生滅佛法身
離諸功用作事業
有情未空恆示現
諸佛自在常住世</td></tr>
<tr><td>以此諸喻攝要義
及其前後之次第
前喻難表不同分
後喻就同分宣說</td><td>是名爲略說
種種義譬喻
先喻解異後
後喻解異前</td><td>上來已總說諸喻
彼之次第實說明
前譬喻之相違處
須依後譬喻以除</td><td>依次第說諸喻義
此皆本論未曾說
諸能喻與諸所喻
此中實亦有相異</td></tr>
<tr><td>諸佛如來如影像
非具音故非如彼
具妙音故如鼓音
非普利故非如彼</td><td>佛體如鏡像
如彼琉璃地
人非不有聲
如天妙法鼓
非不作法事</td><td>佛體性喻如影像
然影像卻無音聲
佛音喻之如天鼓
天鼓不能普利他</td><td>佛身喻如帝釋影
然帝釋影卻無聲
佛語喻之如天鼓
天鼓不能普利他</td></tr>
<tr><td>能普利故如大雲
非斷惑故非如彼
能除貪故如梵天
非竟熟故非如彼</td><td>如彼大雲雨
非不作利益
而亦非不生
種種諸種子
如梵天不動
而非不淳熟</td><td>佛利他喻爲雨雲
雲不能存具義種
後者復如梵天王
梵王終不能成熟</td><td>佛意喻爲夏雨雲
雲不能除災厄種
佛身語業喻梵王
梵王不成熟有情</td></tr>
<tr><td>能竟熟故如日輪
非常照故非如彼
能常照故如摩尼
非難得故非如彼</td><td>如彼大日輪
非不破諸闇
如彼如意寶
而非不希有</td><td>成熟因喻爲大日
日非畢竟破黑暗
破暗雖如摩尼寶
摩尼寶王非稀有</td><td>佛意業喻爲大日
日非常恆破黑暗
意不思議如摩尼
摩尼寶王非稀有</td></tr>
</table>

	不可得故如谷響 依他緣故非如彼 不依緣故如虛空 非善依故非如彼	猶如彼聲響 非不因緣成 猶如彼虛空 非不爲一切 眾生作依止	此復譬喻爲谷響 谷響亦由緣起生 非緣起生如虛空 虛空卻非功德依	語不思議如谷響 谷響亦由緣起生 身不思議如虛空 虛空卻非功德處
	如是世間出世間 眾生一切之圓滿 乃爲彼等所依處 是故猶如大地般	猶如彼大地 而非不住持 一切種種物 以依彼大地 荷負諸世間 種種諸物故	佛喻地輪說爲基 善業成就所依處 無論世間出世間 此非大地能肩荷	佛事業因如大地 肩荷恆常利他事 不論其爲聖爲凡 此非大地所能荷
	即依如來大菩提 出生出世間道故 亦成善法與諸禪 四無量及四空故	依諸佛菩提 出世間妙法 成就諸白業 諸禪四無量 及以四空定 諸如來自然 常住諸世間 有如是諸業 一時非前後 作如是妙業	出世法依佛菩提 生起清靜事業道 四禪以及四無量 四無色等深禪定	依佛菩提出世法 成就種種善白業 導入出邊甚深定 如是證成無上覺

後分

甲、造論利益

論本偈	佛種性與佛菩提 佛陀法及佛事業 清淨有情亦難思 此等唯是諸佛境	佛性佛菩提 佛法及佛業 諸出世淨人 所不能思議	佛性以及佛菩提 佛功德及佛事業 此唯導師自證界 縱清淨者不思議	如來藏與證菩提 佛功德及佛事業 此唯佛自證境界 縱清淨者不思議
	具慧信解佛境界 成佛功德聚之器 於此不思德聚喜 映蔽一切有情福	此諸佛境界 若有能信者 得無量功德 勝一切眾生 以求佛菩提 不思議果報 得無量功德 故勝諸世間	勝者境界生信解 即成聚佛功德器 願得不思議功德 其福德勝諸有情	智者深信佛境界 能得無量佛功德 證不思議無上樂 其善勝於諸有情

<table>
<tr><td>若人爲求菩提果
珠寶嚴飾黃金剎
佛剎塵數日日中
供養一切諸法王</td><td>若有人能捨
摩尼諸珍寶
遍布十方界
無量佛國土
爲求佛菩提
施與諸法王
是人如是施
無量恒沙劫</td><td rowspan="2">日日珍寶作供養
十方佛土塵沙數
不若受持一句法
所生淨福勝布施</td><td rowspan="2">日日珍寶作供養
十方佛土塵沙數
不若受持一句法
所獲功德勝施者</td></tr>
<tr><td>餘人於此僅聞句
聞已生起勝解信
依此所生之福德
較前布施德更多</td><td>若復有人聞
妙境界一句
聞已復能信
過施福無量</td></tr>
<tr><td>若有具慧爲求取
無上菩提經多劫
身口意業無勤作
能護無垢諸律儀</td><td>若有智慧人
奉持無上戒
身口意業淨
自然常護持
爲求佛菩提
如是無量劫
是人所得福
不可得思議</td><td rowspan="2">求無上覺之智者
三門持戒無量劫
不若受持一句法
所生淨福勝持戒</td><td rowspan="2">深持戒律無量劫
身語意業皆清淨
不若受持一句法
所獲功德勝持戒</td></tr>
<tr><td>餘人於此僅聞句
聞已生起勝解信
依此所生之福德
較前持戒德更多</td><td>若復有人聞
妙境界一句
聞已復能信
過戒福無量</td></tr>
<tr><td>若人修持能息滅
三有煩惱火靜慮
修持天梵至究竟
菩提不動之方便</td><td>若人入禪定
焚三界煩惱
過天行彼岸
無菩提方便</td><td rowspan="2">入禪定消三界火
已勝梵天最上位
不若受持一句法
所生淨福勝禪定</td><td rowspan="2">入禪定焚三界毒
已勝梵天臨解脫
不若受持一句法
所獲功德勝禪定</td></tr>
<tr><td>餘人於此僅聞句
聞已生起勝解信
依此所生之福德
較前靜慮德更多</td><td>若復有人聞
妙境界一句
聞已復能信
過禪福無量</td></tr>
<tr><td>何故以施得受用
持戒升天定伏惑
慧斷煩惱所知障
此勝聞彼爲慧因</td><td>無慧人能捨
唯得富貴報
修持禁戒者
得生人天中</td><td>布施唯能得享樂
持戒唯生天界中
禪定能除煩惱苦
二障唯般若能除</td><td>布施唯能得樂果
持戒唯生善趣中
禪定能除煩惱苦
二障非智不能除</td></tr>
</table>

		修行斷諸障 悲慧不能除 慧除煩惱障 亦能除智障 聞法爲慧因 是故聞法勝 何況聞法已 復能生信心	是故般若爲最勝 彼因則爲聞此法	
釋論偈	自性住與彼轉依 彼功德及成就義 如來智慧之境界 四處如上已宣說	身及彼所轉 功德及成義 示此四種法 唯如來境界	佛性所依及所轉 佛之功德及義成 如是四法佛智境 此於上來已敘述	佛性所在及所轉 佛之功德及義成 如是四法佛境界 一切道種智所證
	於彼具慧信解有 力及具足諸功德 成就速疾能獲得 善逝果位之緣分	智者信爲有 及信畢竟得 以信諸功德 速證無上道	若然智者具深信 知此有得諸功德 即以信能而堪能 到達如來所住處	若然智者具深信 知此如來藏爲有 即以信力生功德 成就如來能速證
	如此不可思議境 信有如我亦可得 得果具足諸功德 於此由信勝解故	究竟到彼岸 如來所住處 信有彼境界 彼非可思議	於彼不思議境界 若能虔誠具深信 能證人人都如我 即證具此功德境	於彼不思議境界 若能虔誠具深信 能證人人都如我 即能生起此功德
	欲勤正念及靜慮 智慧等諸功德器 菩提心於此等中 定當恆時善安住	我等可得彼 彼功德如是 唯深信勝智 欲精進念定	若菩提心爲容器 於欲精進念定慧 〔諸善心所皆容納〕 〔菩提心〕即常現前	智者生起之功德 於欲精進念定慧 諸善心所能具足 菩提心即常生起
	彼者恆住菩提心 故彼佛子不退轉 圓滿福德波羅蜜 以及諸善得清淨	修智等功德 無上菩提心 一切常現前 以常現前故	以菩提心常現前 名爲不退轉佛子 所證圓滿清靜者 即福德波羅蜜多	以菩提心常現前 名爲不退轉佛子 無上功德由是成 究竟清淨到彼岸
	福德五種波羅蜜 於此無有三輪執 是故彼等皆圓滿 斷除違品是清淨	名不退佛子 彼岸淨功德 畢竟能成就 五度是功德	此中所謂福德者 即前五種波羅蜜 三輪體空離分別 淨除相違而清淨	所謂無上功德者 即前五種波羅蜜 三輪體空離分別 對治煩惱得清淨
	施所生善是施福 戒所生善是戒福	以不分別三 畢竟及清淨	布施福德布施生 持戒福德持戒生	布施功德得福報 持戒功德入正道

	忍定二種是修福 精進遍行於一切	以離對治法 施唯施功德	忍定〔福德〕修習生 精進則遍於五度	忍辱禪定由定生 精進則遍於五度
	三輪虛妄分別心 承許彼爲所知障 慳等虛妄分別心 承許彼爲煩惱障	持戒唯持戒 餘二度修行 謂忍辱禪定 精進遍諸處	若於三輪生分別 此即名爲所知障 慳等五度相違法 是即名爲煩惱障	若於三輪生分別 此即名爲所知障 若執貪等爲實有 如是即爲煩惱障
	若離智慧無餘因 能斷煩惱所知障 是故智慧最第一 慧依聞故聞最勝	慳等所治法 名爲煩惱障 虛分別三法 是名爲智障 遠離彼諸障 更無餘勝因 唯眞妙智慧 是故般若勝 彼智慧根本 所謂聞慧是 以聞慧生智 是故聞爲勝	若無般若波羅蜜 〔前五〕不爲除障因 是故般若最爲勝 至要爲聞般若法	若無般若波羅蜜 前五功德不除障 是故般若最爲勝 至要爲聞般若法

乙、如何造論

論本偈	如是依於正教理 爲令自心純一淨 具信善圓之智者 亦爲攝彼宣說此	我此所說法 爲自心清淨 依諸如來教 修多羅相應 若有智慧人 聞能信受者 我此所說法 亦爲攝彼人	依聖教量及道理 我已詳說此論藏 究竟清淨願能證 且攝具信解智者	依聖教量及因明 我已詳說此論藏 究竟清淨願能證 且爲具信生功德
	依燈電寶日月光 具眼能見眾色法 如是依佛義詞法 樂說光明說此法	依燈電摩尼 日月等諸明 一切有眼者 皆能見境界 依佛法光明 慧眼者能見 以法有是利 故我說此法	譬如得燈得電光 得摩尼寶得日月 如是具眼能見境 我即依此而造論 我依如日之牟尼 顯示此具大義法	譬如得燈得電光 得摩尼寶得日月 如是具眼能見境 我即依此而造論 我依世尊放光明 照見法義及句義 照見所說般若法 及陀羅尼如電射

何者具義相應法 能斷三界煩惱語 顯示寂靜之利益 即是佛說餘翻此	若一切所說 有義有法句 能令修行者 遠離於三界 及示寂靜法 最勝無上道 佛說是止經 餘者顛倒說	佛說具義具法句 能除三界諸雜染 且示寂靜之功德 非此即爲顛倒說	所說皆依佛教法 能除三界諸煩惱 且示大樂寂靜道 非此即爲外道說
何者唯依佛教法 無散亂心而宣說 與得解脫道相應 亦如佛經當頂受	雖說法句義 斷三界煩惱 無明覆慧眼 貪等垢所縛 又於佛法中 取少分說者 世典善言說 彼三尙可受	須心專注不散亂 唯一勝者所說故 順資糧道得解脫 頂禮奉持聖者教	須心專注不散亂 自主遵從佛教法 是能導入解脫道 視之如同佛所說
何故較佛善巧者 於此世間一亦無 無餘眞如殊勝者 如理遍知知非他	何況諸如來 遠離煩惱垢 無漏智慧人 所說修多羅 以離於諸佛 一切世間中 更無勝智慧 如實知法者	世無智慧勝佛者 一切智者如實知	世無智慧勝佛者 亦無如實知法智
是故大仙自安立 如是契經勿錯亂 若壞能仁聖教規 故彼亦損聖教法	如來說了義 彼不可思議 思者是謗法 不識佛意故	故於了義勿撓亂 否則謗聖壞正法	故於佛說勿生疑 否則謗聖及壞法
煩惱愚癡諸惡人 毀謗聖者並輕蔑 彼所說法彼皆以 妄計邪見而造作	謗聖及壞法 此諸邪思惟 煩惱愚癡人 妄見所計故	謗聖壞法愚癡性 此實起於執著見	具惑無明故貶佛 抑且污染所說法
是故具執邪見垢 智者與彼勿相合 猶如淨衣可染色 垢膩染色非如是	故不應執著 邪見諸垢法 以淨衣受色 垢膩不可染	不應墮入執見垢 污衣不染新衣染	是故不應執妄見 污衣不染淨衣染

慧劣遠離白法信 倒慢往昔謗法障 執不了義爲了義 貪著利養惡見制	問曰：以何因緣，有此謗法？ 答曰：偈言： 愚不信白法 邪見及憍慢 過去謗法障 執著不了義	劣智不信及憍慢 故謗法而受覆障 執不了亦爲眞實 貪著利養及邪見	無智不信及憍慢 輕忽或執不了義 貪求恭敬與供養 或則但執一己見
親近毀謗正法者 遠離受持正法士 信解劣故將捨棄 出有壞之諸聖法	著供養恭敬 唯見於邪法 遠離善知識 親近謗法者	承事彼等謗法者 遠離攝持正法者 於劣下法生喜悅 由是棄失聖者法	樂於親近謗法者 而卻遠離善知識 於此法義信不足 由是疑謗聖者法
如畏毀謗甚深法 如是智者於猛火 毒蛇仇怨及霹靂 不應極生畏懼心	樂著小乘法 如是等眾生 不信於大乘 故謗諸佛法 智者不應畏 怨家蛇火毒 因陀羅霹靂 刀杖諸惡獸	怨家蛇火與雷電 智者無畏畏失法 彼等但能斷人命 而非令墮無間獄	怨家蛇火與雷電 智者無畏畏失法 彼等但能斷人命 而非令墮無間獄
火蛇怨敵金剛火 彼等僅能斷命根 不能令人深陷墮 極爲可怖阿鼻獄	虎狼師子等 彼但能斷命 不能令人入 可畏阿鼻獄 應畏謗深法 及謗法知識 決定令人入 可畏阿鼻獄		
若由數近惡人故 具有惡心出佛血 殺父殺母殺羅漢 破壞最勝和合僧	雖近惡知識 惡心出佛血 及殺害父母 斷諸聖人命 破壞和合僧 及斷諸善根 以繫念正法 能解脫彼處	近惡知識出佛血 殺父母及阿羅漢	近惡知識出佛血 殺害父母及聖者

	若能思惟修法性 此人速疾從此脫 若人惡心謗聖法 此人焉能有解脫	若復有餘人 誹謗甚深法 彼人無量劫 不可得解脫 若人令眾生 覺信如是法 彼是我父母 亦是善知識 彼人是智者 以如來滅後 迴邪見顛倒 令入正道故	彼若觀想於法性 無間業亦速解脫 然於具謗法心者 何處而可得解脫	破僧等罪法可解 誰能解救謗法者

丙、發願迴向

論本偈	三寶以及淨種性 無垢菩提功德業 此七義處如理說 由此我獲諸善根	三寶清淨性 菩提功德業 我略說七種 與佛經相應	我已釋七金剛句 三寶圓滿清淨性 以及無垢與菩提 佛之功德與事業	我已釋七金剛句 三寶清淨如來藏 無垢無上菩提道 佛之功德與事業
	以此普願諸有情 面見無量光壽佛 見已生起淨法眼 得證殊勝菩提果	依此諸功德 願於命終時 見無量壽佛 無邊功德身 我及餘信者 既見彼佛已 願得離垢眼 成無上菩提	願以功德普迴向 見阿彌陀無量光 願開無垢之法眼 無上菩提願賜與	願以功德普迴向 見阿彌陀無量光 於佛願開離垢眼 無上菩提願成就
釋論偈	依於何因何必要 如何宣說何者義 於彼等流何者說 以四偈頌已顯示	依何等法說 依何等義說 依何等相說 如彼法而說 如彼義而說 如彼相而說 彼一切諸法 六行偈示現	何因造論如何造 依何義理而宣說 何者佛法之等流 於四頌中已宣說	何因造論如何造 依何義理而釋義 何者是為了義法 於四頌中已宣說

	四偈自淨之方便 二偈損壞聖法因 其次依於四偈頌 即爲顯示諸果報	護自身方便 以七行偈說 明誹謗正法 故有三行偈 六偈示彼因 以二偈示現	二頌說清淨方便 一頌說謗法之因 餘下二頌則宣說 疑謗正法之果報	二頌說清淨方便 二頌說疑謗之因 餘下二頌則宣說 疑謗正法之果報
	由說入佛眷屬中 獲得法忍菩提法 總之二種果法依 末後二偈作顯示	於彼說法人 深生敬重心 大眾聞忍受 得彼大菩提 略說三種法 示現彼果報	於輪迴之壇城中 得法忍而證菩提 法義能成此二果 此於結頌已宣說	於無量壽壇城中 於法不動成正覺 法義能成此二果 此於結頌已宣說

附錄二：「如來藏九喻」喻義相關圖

九種譬喻	萎花中佛	蜂中蜜	皮殼中果	糞中金	地中寶藏	果中芽	破衣之中寶佛像	貧賤醜女腹中王	焦泥模中妙寶像
能障	萎蓮花	蜜蜂	皮殼	糞穢	地蘊	果皮	破壞衣	苦醜女	黑泥模
所障	佛身	蜂蜜	果實	黃金	寶藏	胚芽	寶佛像	轉輪王	妙寶像
能障煩惱	貪隨眠煩惱	瞋隨眠煩惱	癡隨眠煩惱	增上貪瞋癡結使煩惱	無明住地所攝煩惱	見道所斷煩惱	修道所斷煩惱	不淨地所攝煩惱	清淨地所攝煩惱
行者	凡夫				阿羅漢	學人		菩薩	
						凡夫學人	聖者學人	不究竟的前七地菩薩	究竟的末三地菩薩
對治之智	出世間智			不淨觀智	菩提智	見出世間法智	見出世間法修道智	無分別智	金剛喻定
三自性	法身			眞如	種性				

<table>
<tr><td rowspan="3">三自性細分</td><td rowspan="3">眞證法身</td><td colspan="2">假教法身</td><td>無變異</td><td rowspan="3">本性住種性</td><td rowspan="3">習所成種性</td><td rowspan="3">本性住種性
⇕
自性身</td><td colspan="2">習所成種性</td></tr>
<tr><td rowspan="2">勝義諦深法</td><td rowspan="2">世俗諦廣法</td><td>勝善</td><td rowspan="2">化身</td><td rowspan="2">報身</td></tr>
<tr><td>清淨</td></tr>
</table>